SO GEHT BACKEN!

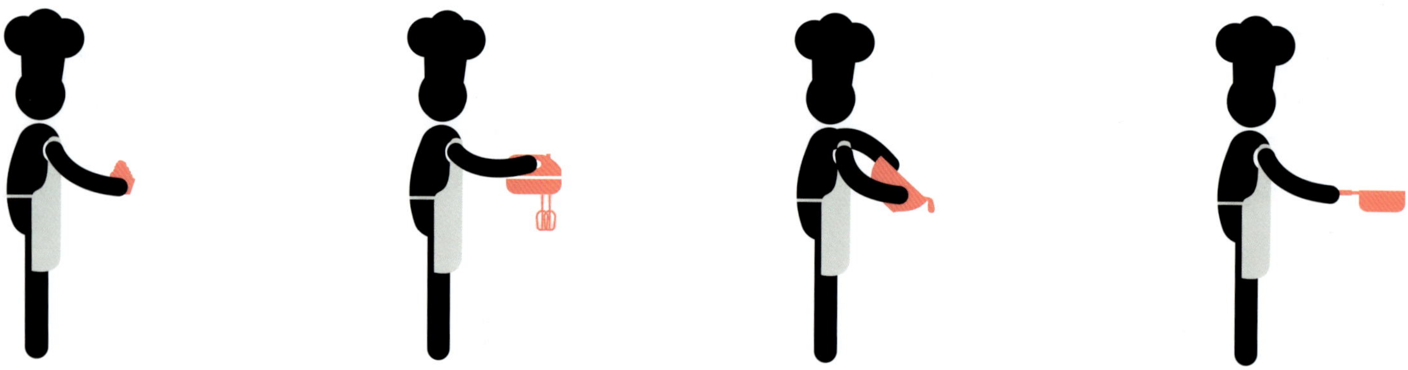

SO GEHT BACKEN!

DAS ULTIMATIVE ANLEITUNGSBUCH

250 LECKEREIEN UND WIE MAN SIE MACHT

GABRIELA SCOLIK & TEAM
INFOGRAFIK NO.PARKING

MOEWIG

Geräte, Tipps und Techniken

Grundmassen und Grundteige

Torten und Kuchen

Pies, Tartes und Aufläufe

Muffins und Cupcakes

Kleingebäck, Plätzchen und Macarons

Strudel, Brandteiggebäck und Cake-Pops

Soufflés und Puddings

Saucen, Cremes und Glasuren

Vorwort

058 Ricotta-Cheesecake

Herzlich Willkommen in unserer Backstube! Jeder kann backen – in **So geht Backen!** lernen Sie Schritt für Schritt alles, was Sie wissen müssen. Wir zeigen Ihnen, was Sie brauchen, um süße Köstlichkeiten für jeden Geschmack und jeden Anlass zu zaubern!

065 Schwarzwälder Kirschtorte

Wollten Sie schon immer Ihre Kekse selbst backen? Ihre Freunde mit einem raffinierten Cheesecake (# 058) oder Ihre Familie mit einer hausgemachten Schwarzwälder Kirschtorte (# 065) beeindrucken? Oder hatten Sie immer schon vor, Ihre Kinder mit einem selbstgemachten Apfel-Streusel-Riegel (# 195) für die Pause zu überraschen?

Ab jetzt gibt es keine Ausreden mehr! Ein Teig ist schneller gemacht, als Sie denken, die ganze Wohnung duftet köstlich und obendrein steckt ganz viel Liebe in den süßen Köstlichkeiten.

Raffinierte Deko-Tipps helfen Ihnen zudem, Ihre Kreationen auch optisch wie vom Zuckerbäcker aussehen zu lassen – verzuckern Sie Blütenblätter (# 026) oder machen Sie ein Schokoladengitter (# 033).

Einfache Schritt-für-Schritt-Anleitungen und anschauliche Illustrationen führen Sie durch jedes Rezept – so können Sie sicher sein, dass diese auch gelingen. Praktische Tipps helfen Ihnen dabei, alles richtig zu machen.

Also, nichts wie ran an die Waage, rühren, kneten und backen Sie die köstlichen Kuchen, Torten, Cupcakes und Kekse! Wir wünschen Ihnen viel Spaß, gutes Gelingen und vor allem viel Freude beim Genießen der süßen Leckerbissen!

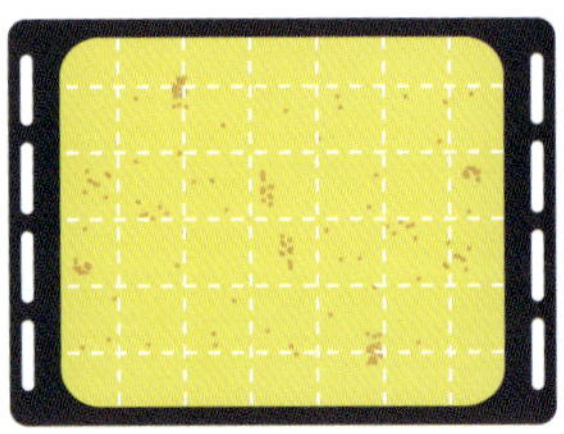

195 Apfel-Streusel-Riegel

026 Verzuckerte Blütenblätter

033 Schokoladengitter

AUFBAU DES BUCHS So geht backen! ist nach den verschiedenen Arten von süßen Köstlichkeiten eingeteilt. Sie können in der jeweiligen Kategorie suchen oder schlagen Sie das Buch einfach auf und lassen sich inspirieren.

Geräte, Tipps und Techniken

Hier finden Sie alle Geräte, die Sie brauchen, und deren Funktionen. Außerdem werden Grundtechniken erklärt und es gibt jede Menge Tipps zum guten Gelingen.

Grundmassen und Grundteige

Die wichtigsten Massen und Teige, die Sie immer wieder brauchen werden.

Torten und Kuchen

Klassiker, ganz spezielle Torten und Kuchen, von Sachertorte über Karottenkuchen bis zu Blechkuchen.

Pies, Tartes und Aufläufe

Saisonale Pies, köstliche Tartes, kleine Tartelettes bis zu Obstaufläufen – einfach und köstlich!

Muffins und Cupcakes

Verwöhnen Sie Ihre Lieben oder sich selbst mit kreativen Muffins oder zaubern Sie leckere Cupcakes!

Kleingebäck, Plätzchen und Macarons

Die ganze Welt der Kekse und Plätzchen – für das Weihnachtsfest oder den Kaffeeklatsch. Lassen Sie sich inspirieren von kreativen Deko-Ideen und beeindrucken Sie mit französischen Macarons!

Strudel, Brandteiggebäck und Cake-Pops

Süße Strudel als Hauptgericht oder zum Nachmittagskaffee, internationale Brandteigspezialitäten und bunte Cake-Pops für den Kindergeburtstag.

Soufflés und Puddings

Soufflés leicht gemacht – mit ein wenig Übung gelingen sie immer! Außerdem finden Sie hier gebrannte Cremes und im Ofen zubereitete Puddings.

Saucen, Cremes und Glasuren

Saucen zum Verfeinern diverser Aufläufe oder Kuchen. Cremes zum Füllen von Torten oder Macarons und Glasuren, um ein perfektes Finish für Ihre Köstlichkeiten zu zaubern.

001 Zu diesem Buch

Die Rezepte in **So geht Backen!** sind grafisch dargestellt. Alle Rezepte haben eine Nummer – damit man sie schnell und leicht findet. Im Register am Ende des Buchs finden Sie die Rezepte und weitere Stichwörter in alphabetischer Reihenfolge, falls Sie gerade ein Rezept mit einer bestimmten Zutat suchen.

TIPP Tipps und Tricks oder zusätzliche Informationen finden Sie in dem mit einem * markierten Text.

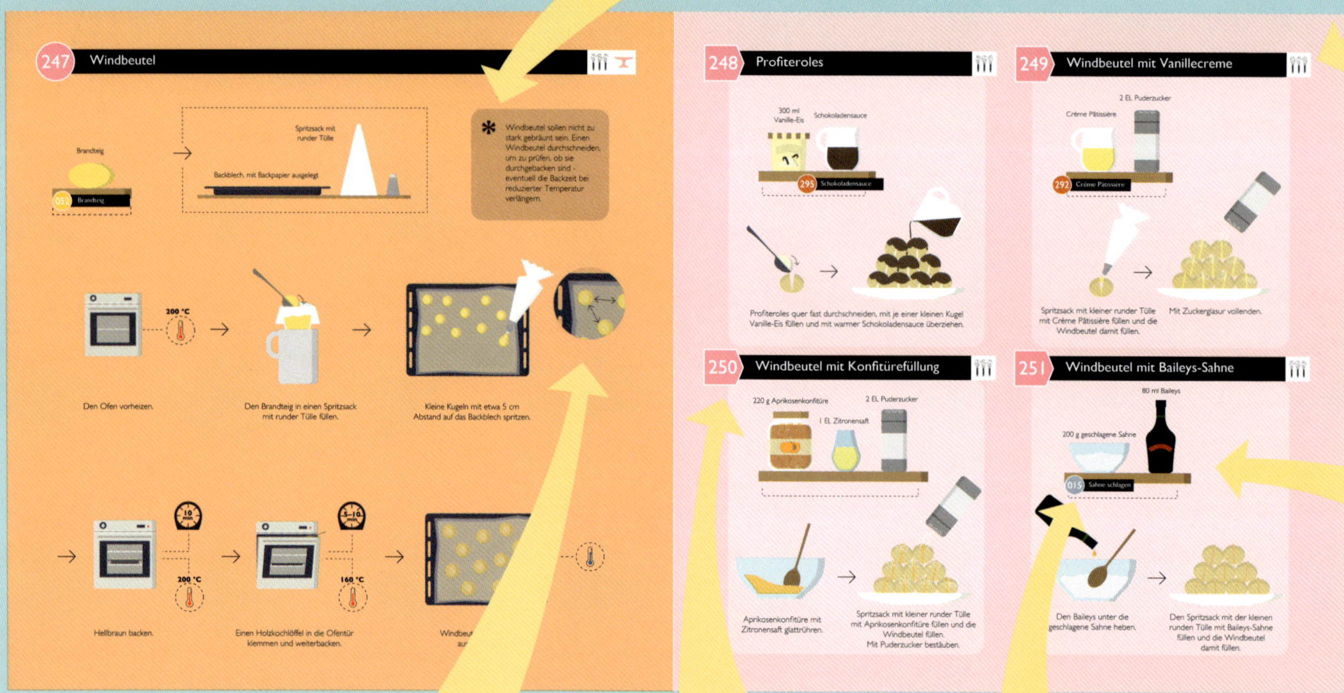

ZOOMS Vergrößerte Ausschnitte enthalten wichtige Details.

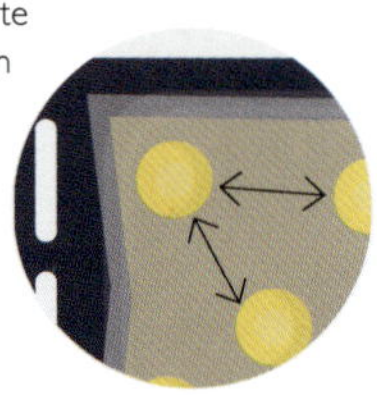

250 **VARIANTE** Manche Rezepte können variiert werden – sie sind mit einer Nummer in einem Pfeil gekennzeichnet.

QUERVERWEISE Manchmal führt eins zum anderen. Folgen Sie den Verweisen auf Techniken, andere Rezepte oder Beilagen. Im Kreis finden Sie die Nummer, auf die verwiesen wird.

015 Sahne schlagen

ICON-ERKLÄRUNGEN:

Schneebesen stehen für den Schwierigkeitsgrad:

- einfach
- mittel
- schwierig

In einem geschlossenen Behältnis aufbewahren

Sofort servierbereit, innerhalb von höchstens 3 Tagen verbrauchen

Schnelle Rezepte, deren Zubereitung weniger als 30 Minuten dauert (ohne Backzeit)

ZUTATENLEISTE Auf dem Arbeitsbrett finden Sie die Zutaten, deren Menge und Vorbereitung (z. B. 1 Apfel, geschält, entkernt und in Spalten geschnitten). Die Zutatenleiste ist also gleichzeitig die Einkaufsliste. Die gestrichelten Linien markieren die Zutaten für die jeweiligen Arbeitsschritte. Zudem finden Sie hier die Geräte, die Sie für das jeweilige Rezept benötigen.

SYMBOL-ERKLÄRUNG Eine Vielzahl von Symbolen weist auf wichtige Aspekte eines Rezepts wie Zeit, Hitze oder Temperatur hin. Hier sind die Symbole, die Sie immer wieder finden werden:

25 min – Der Küchenwecker zeigt die Mindestgar- oder Mindestkühldauer sowie die Ruhezeit.

Zeigt die Temperatur des Backofens an. Wenn Sie mit Umluft arbeiten, rechnen Sie mit ca. 20 °C weniger Temperatur.

Wie heiß? Bei geringer, mittlerer oder starker Hitze garen – das gilt für Elektro-, Gas- oder den Induktionsherd.

Kühlen im Kühl- oder Gefrierschrank

NÜTZLICHE HINWEISE

- Lesen Sie sich vor Beginn die Rezepte genau durch.
- Legen Sie sich alle Küchengeräte, die Sie benötigen, bereit (auch Topflappen und ein Geschirrtuch).
- Bereiten Sie die Zutaten wie angegeben vor. Mit guter Vorbereitung (Mise en Place) fällt das Backen leichter!
- Wiegen und messen Sie alle Zutaten sorgfältig ab – Backen verlangt Genauigkeit!
- Arbeiten Sie nicht zu schnell, lassen Sie sich Zeit.
- Wenn notwendig, zeichnen Sie Schablonen auf Backpapier vor. Drehen Sie dieses vor der Verwendung um.
- Beim Zubereiten von Plätzchen, Scones, Keksen etc. sollten die einzelnen Stücke möglichst gleich groß sein, dann benötigen Sie auch dieselbe Backzeit. Unterschiedliche Größen haben unterschiedliche Garzeiten.
- Manche Kleingebäckarten brauchen auf dem Backblech viel Platz, da sie während des Backvorganges auseinanderfließen. Lassen Sie genug Abstand zwischen den einzelnen Gebäckstücken, wiederholen Sie den Backvorgang lieber öfter.
- Zutaten, vor allem Butter und Eier, sofern nicht anders angegeben, nicht direkt aus dem Kühlschrank verwenden, sondern zuerst auf Zimmertemperatur bringen.
- Um zu prüfen, ob Eier einwandfrei sind, jedes Ei für sich in ein kleines Gefäß schlagen und erst dann den anderen beimengen. So können Sie vermeiden, dass ein verdorbenes Ei zu den anderen Eiern gelangt.
- Eischnee immer in einer fettfreien Schüssel schlagen, sonst gelingt er nicht!
- Eischnee nie auf einmal zur Masse geben, sondern immer nach und nach unterheben.
- Passen Sie die Zuckermenge Ihrem persönlichen Geschmack an.
- Statt mit dem Pürierstab kann man auch mit einem Standmixer arbeiten.
- Für längeres Rühren können Sie statt eines Schneebesens einen elektrischen Handmixer oder eine Küchenmaschine mit Rühr- oder Knethaken verwenden.
- Wird die Schale von Zitrusfrüchten verwendet, nur unbehandelte Bio-Früchte verwenden und mit heißem Wasser abwaschen.
- Kaufen Sie spülmaschinenfeste Spritzsäcke. Die Spritzsäcke zum Reinigen auf links drehen und auch so trocknen lassen.
- Manche Massen flocken aus, wenn sie zu stark erhitzt werden: auf die Temperatur achten oder im Wasserbad bei kleiner Hitze arbeiten.
- Streichen Sie Saucen oder aufgelöste Gelatine durch ein feinmaschiges Sieb, um Klümpchen zu entfernen, ebenso pürierte Früchte, die kleine Kerne enthalten.
- Decken Sie Teige, die Sie im Kühlschrank kalt stellen, immer gut ab, da sie sehr schnell Gerüche annehmen.
- Manche Gebäckarten eignen sich gut zur Lagerung oder sollten sogar vor dem Verzehr gelagert werden. Achten Sie darauf, diese in luftdichten Behältnissen aufzubewahren.

Geräte, Tipps und Techniken

Geräte

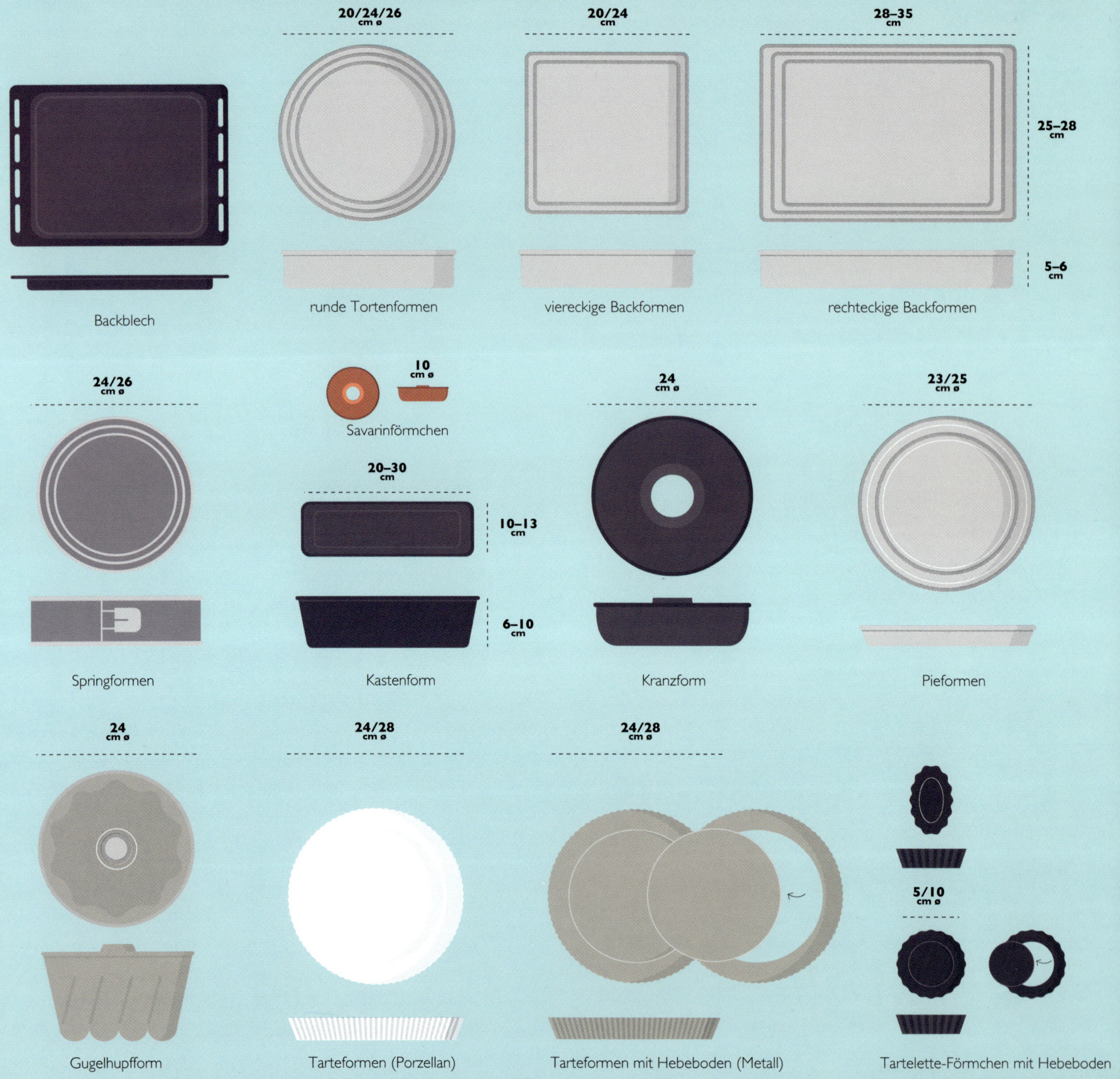
Backblech
20/24/26 cm ø
runde Tortenformen
20/24 cm
viereckige Backformen
28–35 cm
25–28 cm
5–6 cm
rechteckige Backformen
24/26 cm ø
Springformen
10 cm ø
Savarinförmchen
20–30 cm
10–13 cm
6–10 cm
Kastenform
24 cm ø
Kranzform
23/25 cm ø
Pieformen
24 cm ø
Gugelhupfform
24/28 cm ø
Tarteformen (Porzellan)
24/28 cm ø
Tarteformen mit Hebeboden (Metall)
5/10 cm ø
Tartelette-Förmchen mit Hebeboden

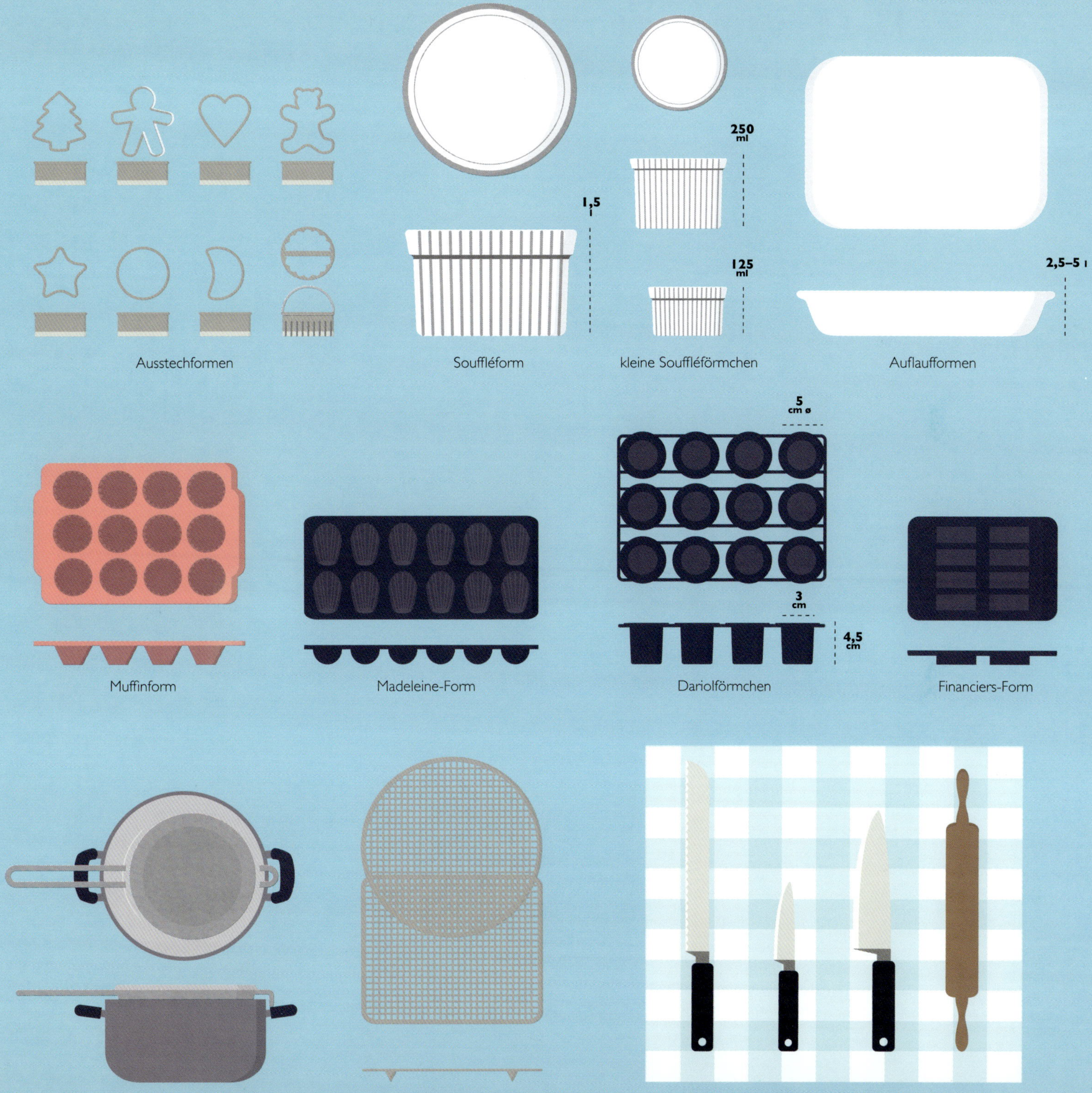
Ausstechformen
1,5 l
Souffléform
250 ml
125 ml
kleine Souffléförmchen
2,5–5 l
Auflaufformen
5 cm ø
3 cm
4,5 cm
Muffinform
Madeleine-Form
Dariolförmchen
Financiers-Form
Wasserbad
Auskühlgitter
Brotmesser
Gemüsemesser
großes Messer
Nudelholz

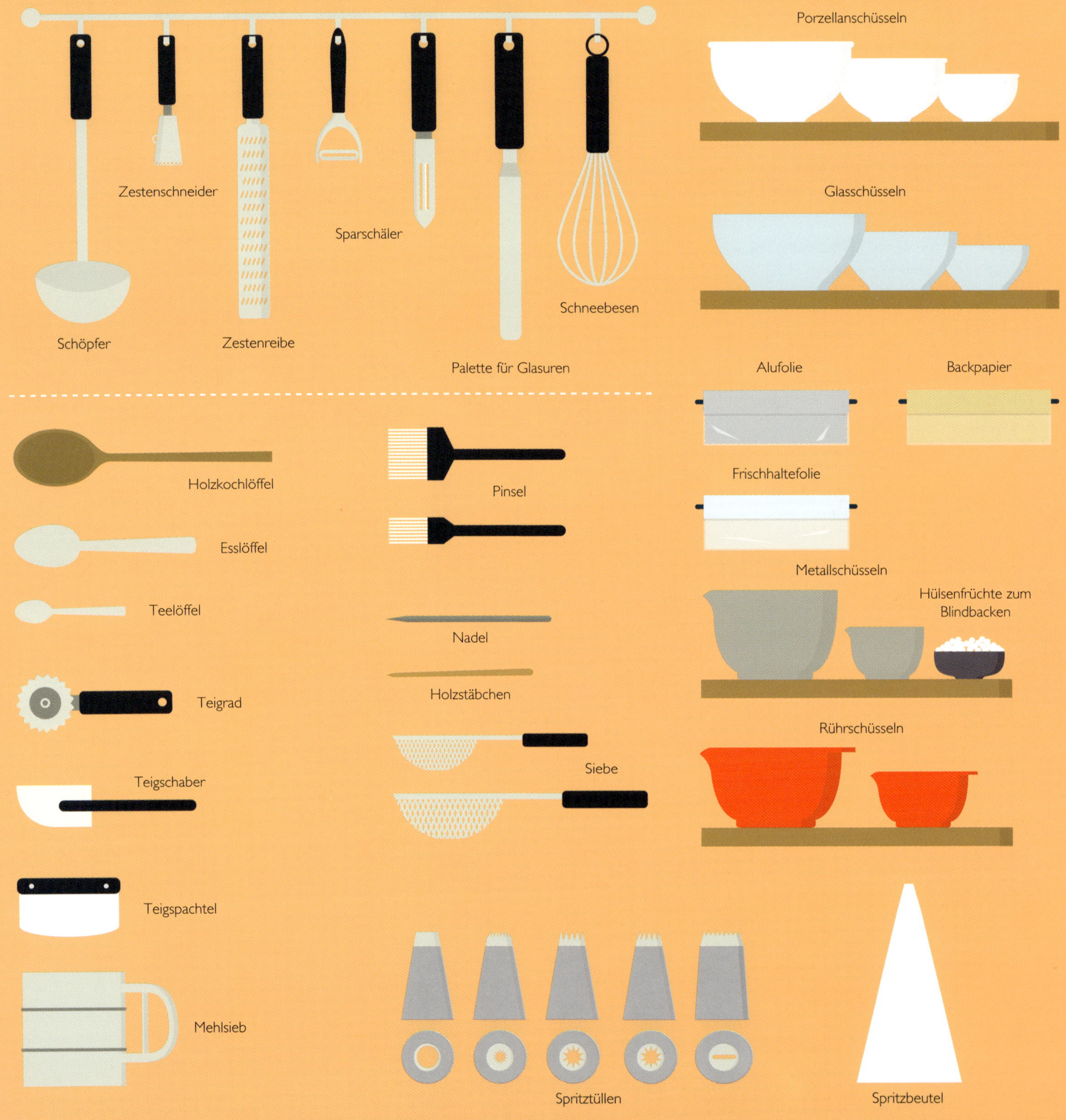
Porzellanschüsseln
Zestenschneider
Glasschüsseln
Sparschäler
Schneebesen
Schöpfer
Zestenreibe
Palette für Glasuren
Alufolie
Backpapier
Holzkochlöffel
Pinsel
Frischhaltefolie
Esslöffel
Metallschüsseln
Hülsenfrüchte zum Blindbacken
Teelöffel
Nadel
Teigrad
Holzstäbchen
Rührschüsseln
Siebe
Teigschaber
Teigspachtel
Mehlsieb
Spritztüllen
Spritzbeutel

003 Wiegen

Sahnespender
Gasbrenner zum Karamellisieren
Handmixer mit Rührbesen und Knethaken
Standmixer
Stabmixer
Messbecher
Messlöffel
Küchenwaage
amerikanische Messbecher
Küchenuhr
Küchenmaschine

004 Weizenmehlarten

005 Garprobe mit einer Nadel

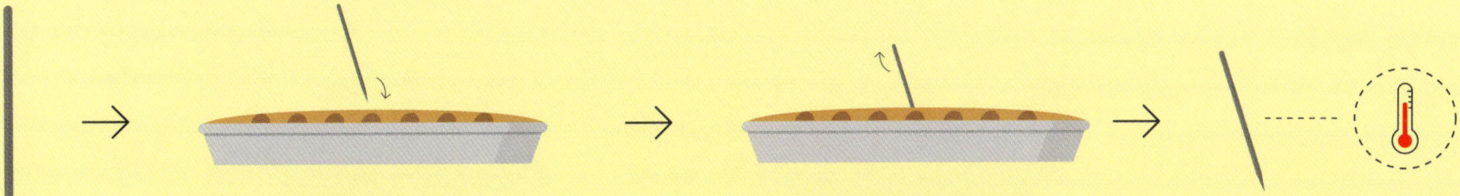

Zur Garprobe eine Nadel in die Mitte eines Kuchens stecken.

Die Nadel sollte gleichmäßig warm sein.

006 Garprobe mit einem Holzstäbchen

Zur Garprobe ein Holzstäbchen in die Mitte eines Kuchens stecken.

Wenn nichts mehr am Holzstäbchen haftet, ist der Kuchen gar.

007 Garprobe mit dem Finger

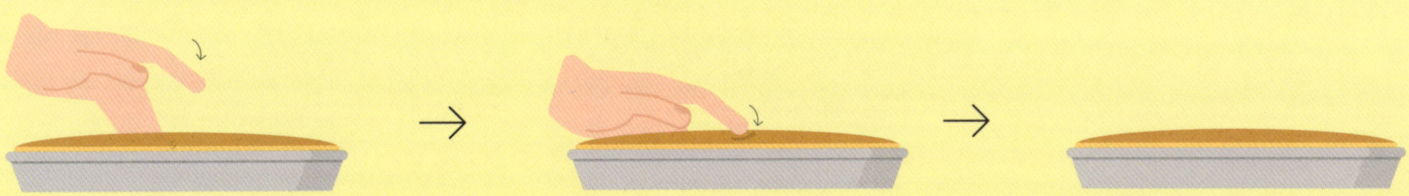

Vorsichtig mit einem Finger auf die Oberfläche des Kuchens drücken.

Wenn der Kuchen noch zu sehr nachgibt, die Backzeit verlängern.

008 Umrechnungstabelle: Volumen

Amerikanische Cups (Esslöffel)	Flüssigkeits-Unze (Fluid Ounces)	Milliliter
1 Esslöffel	½ fl oz	15 ml
2 Esslöffel	1 fl oz	30 ml
¼ Cup	2 fl oz	60 ml
⅓ Cup	3 fl oz	80 ml
½ Cup	4 fl oz	125 ml
⅔ Cup	5 fl oz	160 ml
¾ Cup	6 fl oz	180 ml
1 Cup	8 fl oz	250 ml
1½ Cups	12 fl oz	375 ml
2 Cups (1 US Pint)	16 fl oz	500 ml
3 Cups	24 fl oz	750 ml
4 Cups (1 Quart)	32 fl oz	1l

009 Umrechnungstabelle: Gewicht

Gramm	Unzen (Ounces)
7 g	¼ oz
10 g	⅓ oz
15 g	½ oz
20 g	¾ oz
30 g	1 oz
125 g	¼ lb (4 oz)
155 g	⅓ lb (5 oz)
250 g	½ lb (8 oz)
375 g	¾ lb (12 oz)
500 g	1 lb (16 oz)
1 kg	2 lb (32 oz)

010 Umrechnungstabelle: Temperatur

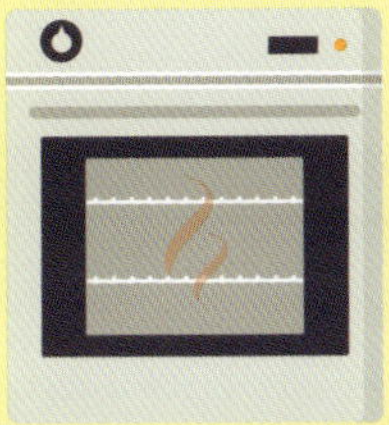

Celsius	Fahrenheit
38 °	100 °
60 °	140 °
80 °	175 °
95 °	200 °
110 °	225 °
120 °	250 °
135 °	275 °
150 °	300 °
165 °	325 °
180 °	350 °
190 °	375 °
200 °	400 °
220 °	425 °
230 °	450 °
245 °	475 °
260 °	500 °
275 °	525 °
290 °	550 °

011 Umrechnungstabelle: Länge

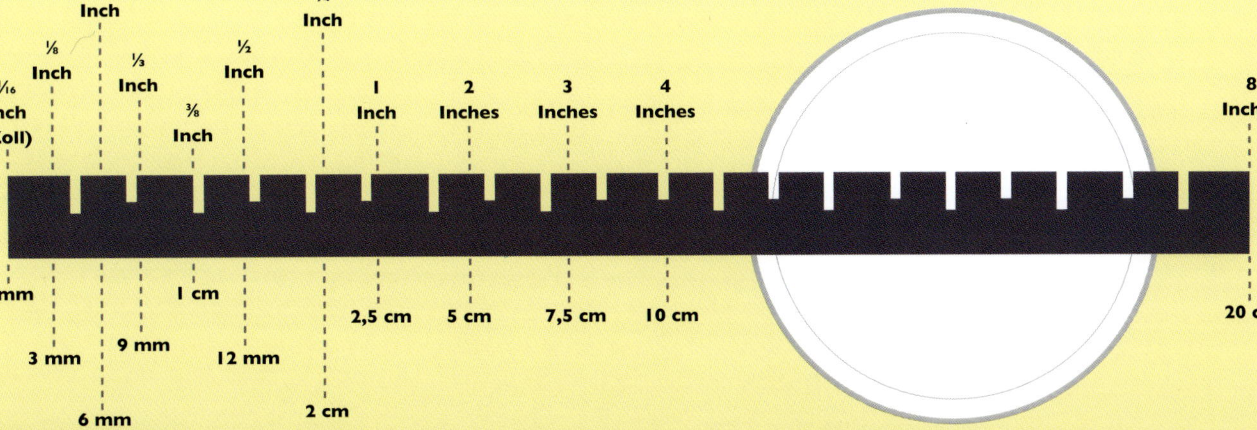

Inch (Zoll)	cm / mm
1/16 Inch (Zoll)	2 mm
⅛ Inch	3 mm
¼ Inch	6 mm
⅓ Inch	9 mm
⅜ Inch	1 cm
½ Inch	12 mm
¾ Inch	2 cm
1 Inch	2,5 cm
2 Inches	5 cm
3 Inches	7,5 cm
4 Inches	10 cm
8 Inches	20 cm

012 Eier trennen

✱ Eier immer über einer extra Schüssel aufschlagen. Falls ein Ei verdorben ist, kommt es so nicht zu den anderen Eiern.

Ei aufschlagen.

Eihälfte neigen und dass Eiweiß in die Schüssel gleiten lassen. Eidotter in die andere Eihälfte gleiten lassen. Vorgang wiederholen, bis das Eiweiß vollständig aus den Eischalen entfernt ist.

013 Eischnee schlagen

Eiweiße in eine fettfreie Schüssel geben.

✱ Eigelbe für andere Gerichte verwenden.

Eine Prise Salz dazugeben.

Mit dem Handmixer auf mittlerer Stufe zu schlagen beginnen.

Auf hoher Stufe zu festem Eischnee schlagen – der Eischnee muss Spitzen bilden.

014 Eischnee unterheben

Ein Drittel des Eischnees vorsichtig unter die Masse heben.

Den Rest des Eischnees unterheben.

015 Sahne schlagen

Gekühlte Sahne in eine Schüssel geben.

Mit dem Handmixer auf mittlerer Stufe schlagen. Wenn die Sahne zu stocken beginnt, kurz mit hoher Geschwindigkeit weiterschlagen, bis sie fest ist. Eventuell nach Geschmack süßen.

* Nicht zu lange schlagen, sonst wird die Sahne zu Butter. Um „überschlagene" Schlagsahne zu retten, flüssige Sahne dazugeben und nur unterrühren.

016 Backformen fetten

Butter in einem kleinen Gefäß auf Raumtemperatur bringen.

Butter mit einem Pinsel aufnehmen.

Backform mit dem Pinsel gut ausstreichen.

017 Backformen bemehlen

* Genauso mit Semmelbröseln oder Zucker arbeiten.

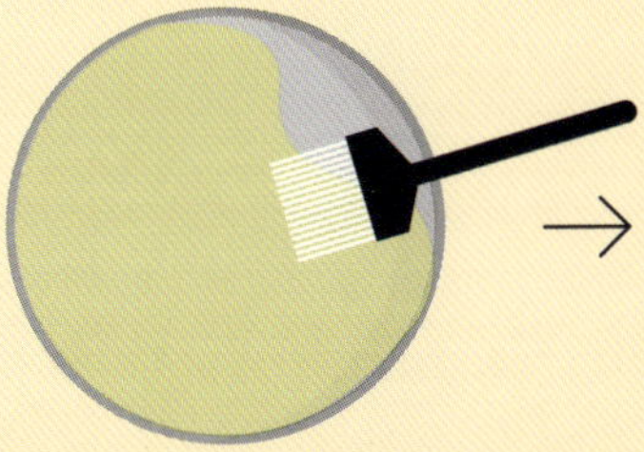

Zuerst die Backform fetten.

2 EL Mehl in die Form geben.

Die Form drehen, dass alle Seiten mit dem Mehl überzogen werden.

Überschüssiges Mehl aus der Form klopfen.

018 Butter und Zucker schaumig rühren

In eine Rührschüssel geben.

Auf mittlerer Stufe zu rühren beginnen.

Auf hoher Stufe weiterrühren, bis die Masse cremig ist und heller wird.

Mit den Fingern testen, der Zucker darf nicht mehr zu spüren sein.

019 Mit Gelatine arbeiten

Gelatineblätter in kaltem Wasser einweichen.

Gelatineblätter herausnehmen und gut ausdrücken.

Gelatinepulver und kaltes Wasser verrühren und quellen lassen.

Gelatineblätter bzw. Gelatinepulver nach Rezept in etwas Flüssigkeit erhitzen, bis die Gelatine aufgelöst ist. Nicht kochen.

Durch ein Sieb in die jeweilige Masse gießen und gut unterrühren.

2 Blatt Gelatine (3,5 g) = 1 TL Gelatinepulver → in 2 EL Wasser auflösen

4 Blatt Gelatine (7 g) = 1 EL Gelatinepulver → in 4 EL Wasser auflösen

6 Blatt Gelatine (10 g) = 1 ½ EL Gelatinepulver → in 6 EL Wasser auflösen

020 Mit Vanilleschoten arbeiten

Vanilleschote der Länge nach mit einem scharfen Messer aufschlitzen.

Das Mark aus der Vanilleschote kratzen.

021 Vanillezucker machen

✱ Sie können statt Vanille-Aroma selbst gemachten Vanillezucker verwenden – 1 TL Vanille-Aroma entspricht 7 g Vanillezucker. Reduzieren Sie dann die Zuckermenge des Rezepts ein wenig.

Zucker in das Glas füllen.

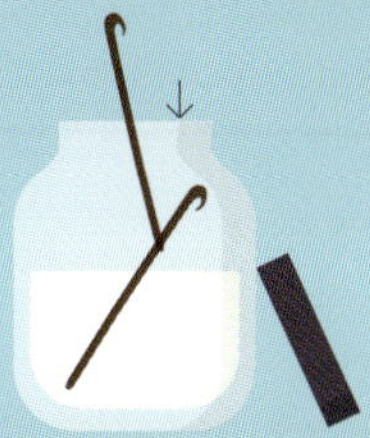

Vanilleschote in den Zucker stecken und das Glas fest verschließen.

Vor Verwendung 2 Wochen ziehen lassen.

022 Kuchengitter flechten

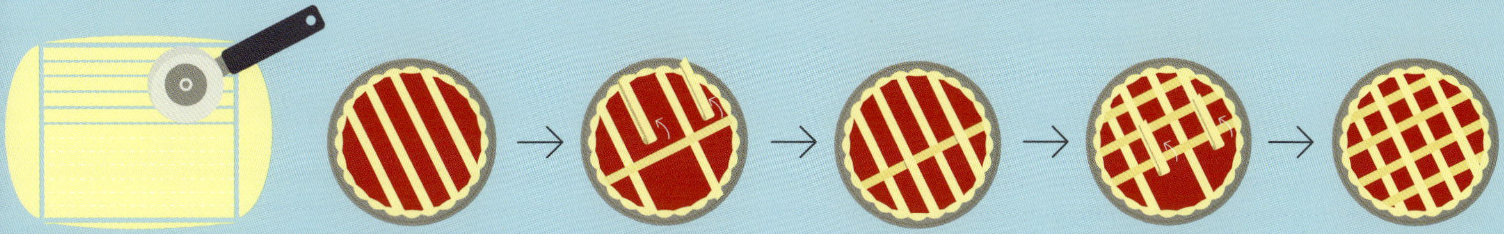

Weitermachen, bis das Gitter fertig ist.

023 Eine Torte aus der Form lösen

Torte auskühlen lassen.

Mit einem Messer vorsichtig am Rand entlangfahren.

Eine Tortenplatte auf die Torte legen.

Torte stürzen.

Torte wenden.

024 Eine Torte durchschneiden

Die Torte auf die Arbeitsfläche legen. Messer in die Hand nehmen und parallel zur Arbeitsfläche halten.

Mit der anderen Hand die Torte entlang des Messers drehen und leicht einschneiden.

Messer an der Schnittlinie ansetzen und durchschneiden. Wiederholen, wenn nötig.

025 Zuckerfäden

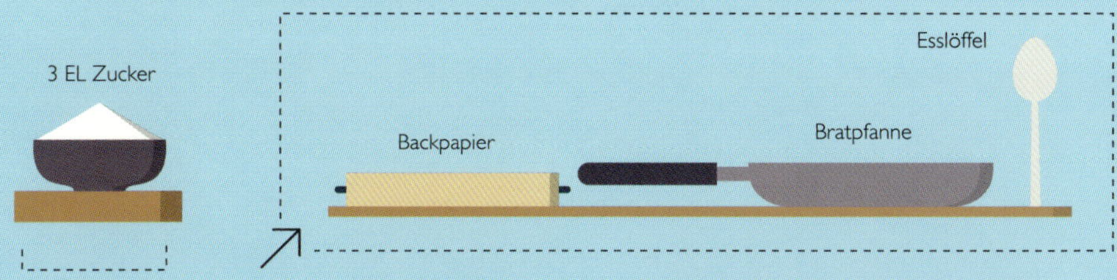

Backpapier auf ein Backblech legen.

Zucker in der Pfanne bei mittlerer Hitze unter ständigem Rühren schmelzen lassen, bis er goldfarben ist.

Vom Herd nehmen. Mit dem Löffel möglichst dünne Fäden auf das Backpapier gießen.

Erkalten lassen und vom Papier ablösen.

026 Verzuckerte Blütenblätter

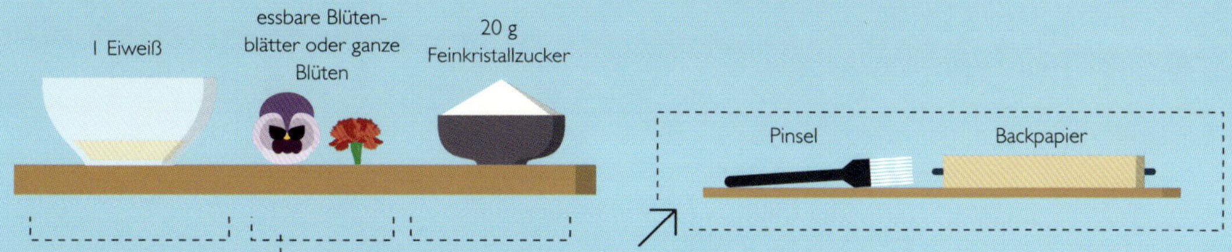

Eiweiß in einer kleinen Schüssel leicht schaumig schlagen.

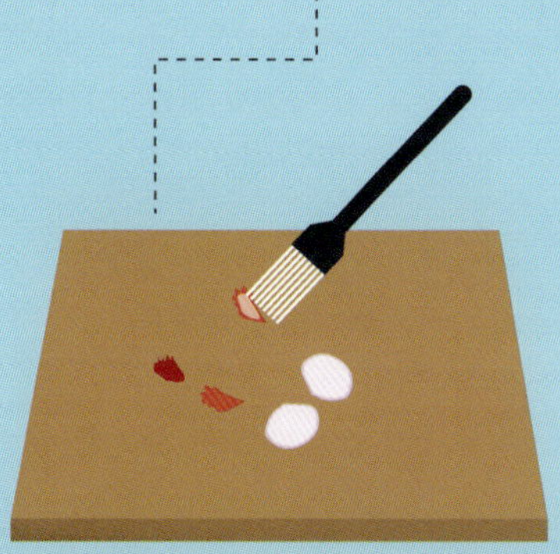

Mit dem Pinsel die Blütenblätter auf beiden Seiten mit Eiweiß überziehen.

Mit dem Zucker bestreuen.

Auf Backpapier auflegen und trocknen lassen.

027 Kandierte Orangenscheiben

* Den entstandenen Zuckersirup aufbewahren und weiterverwenden. Biskuitboden damit bestreichen oder mit Mineralwasser aufgießen und trinken.

Orangen gut waschen.

In dünne Scheiben schneiden.

Zucker und Wasser aufkochen.

Hitze reduzieren und Orangenspalten einlegen.

Simmern lassen.

Scheiben herausheben und auf Backpapier nebeneinander auflegen. Bei Zimmertemperatur trocknen lassen.

028 Kandierte Zitronenscheiben

3 Zitronen anstelle der Orangen verwenden und genauso zubereiten.

029 Orangenzesten kandieren

✱ Kandierte Orangenzesten können so 4–6 Wochen aufbewahrt werden.

Orangen gut waschen.

Mit einem Zestenschneider die Schale abziehen.

Zucker und Wasser aufkochen.

Hitze reduzieren und die Orangenzesten einlegen.

Simmern lassen.

Noch heiß in ein Glas mit Schraubverschluss füllen. Mindestens 3 Tage ziehen lassen. Vor dem Verwenden abtropfen lassen.

030 Zitronenzesten kandieren

3 Zitronen anstelle der Orangen verwenden und genauso zubereiten.

031 Schokoladenglasur

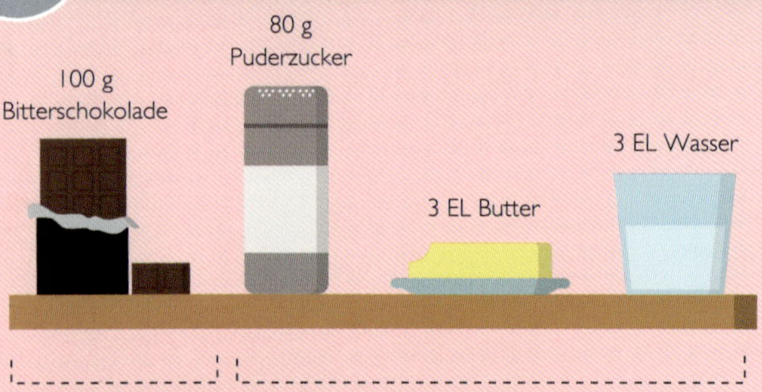

✱ Die Schüssel sollte das Wasser nicht berühren. Sie können statt dunkler auch weiße Schokolade verwenden.

Schokolade im Wasserbad schmelzen.

Puderzucker dazugeben und Butter darin schmelzen lassen. Wasser nach Bedarf dazufügen. Noch warm über den Kuchen geben.

032 Schokoladenblätter

Schokolade im Wasserbad schmelzen.

Minzblätter auf einer Seite mit Schokolade bestreichen. Im Tiefkühlfach aushärten lassen.

Blatt abziehen – die Schokoladenform bleibt.

033 Schokoladengitter

Dunkle oder weiße Schokolade im Wasserbad schmelzen.

In eine Garnierspritze oder einen Papierspritzbeutel geben und Muster auf Backpapier zeichnen. Im Tiefkühlfach aushärten lassen.

Vom Papier lösen und sofort verwenden.

034 Mit Schokoladenglasur überziehen

Abgekühlte Torte gerade schneiden.

Auf einen Tortenständer mit Kartonunterlage geben.

Eine dünne Schicht Glasur auftragen. Glasur im Kühlschrank abkühlen lassen.

Mehr Glasur darübergeben und verteilen.

Vom Rand zur Mitte glatt streichen. Seiten mit Glasur bedecken und mit der Palette glatt streichen.

Die Palette unter heißes Wasser halten.

Die Palette an die Torte halten und die Torte um die eigene Achse drehen.

035 Mit Schablonen dekorieren

Schablone auf die abgekühlte Torte legen.

Puderzucker darübersieben.

Schablone vorsichtig entfernen.

036 Schokoladenspäne

Schokolade mit der
Handfläche leicht erwärmen.

An der Schmalseite mit einem
Messer Späne abhobeln.

037 Schokoladenlocken

Mit einem Sparschäler über den
Schokoladenblock fahren.

038 Gehackte Schokolade

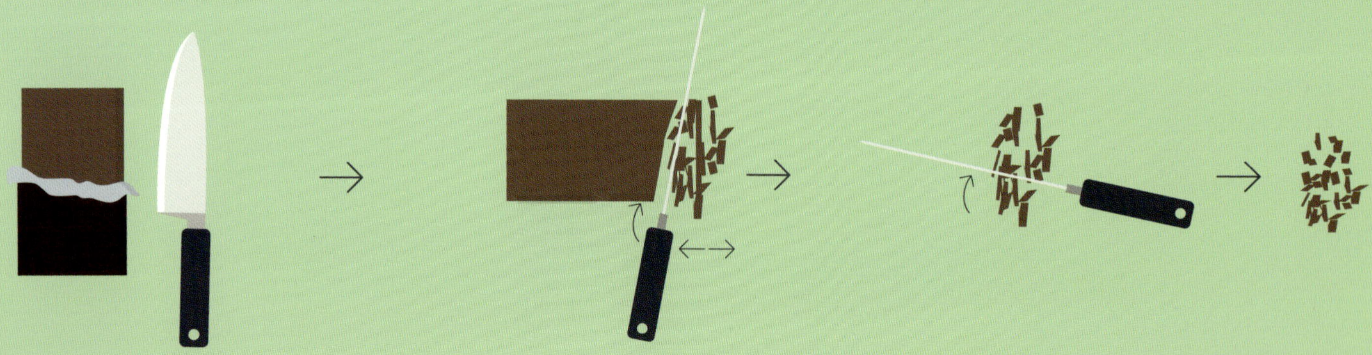

039 Dekorieren mit Spritzbeutel

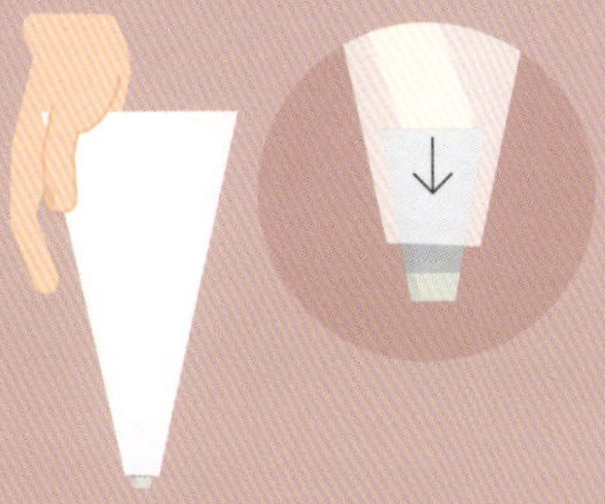

Die Tülle in den Spritzbeutel einsetzen.

Den Spritzbeutel knapp über der Tülle einmal falten, damit er verschlossen ist.

In einen hohen Becher stellen.

Den Rand nach außen umschlagen.

Den Spritzbeutel füllen.

Rand hochklappen.

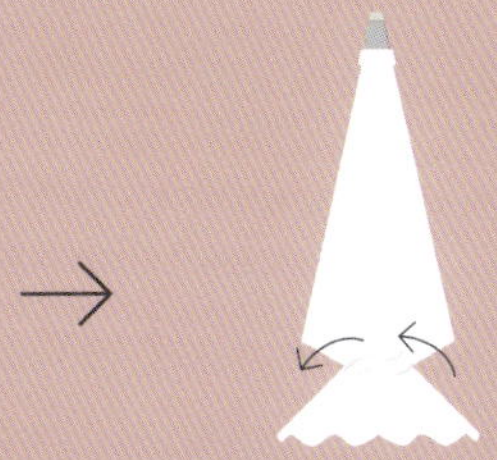

Aus dem Becher nehmen und mit der Tülle nach oben zudrehen.

040 Mit Schlagsahne dekorieren

041 Mit Schokoladenbuttercreme garnieren

042 Mit Baisermasse garnieren

043 Papierspritzbeutel basteln

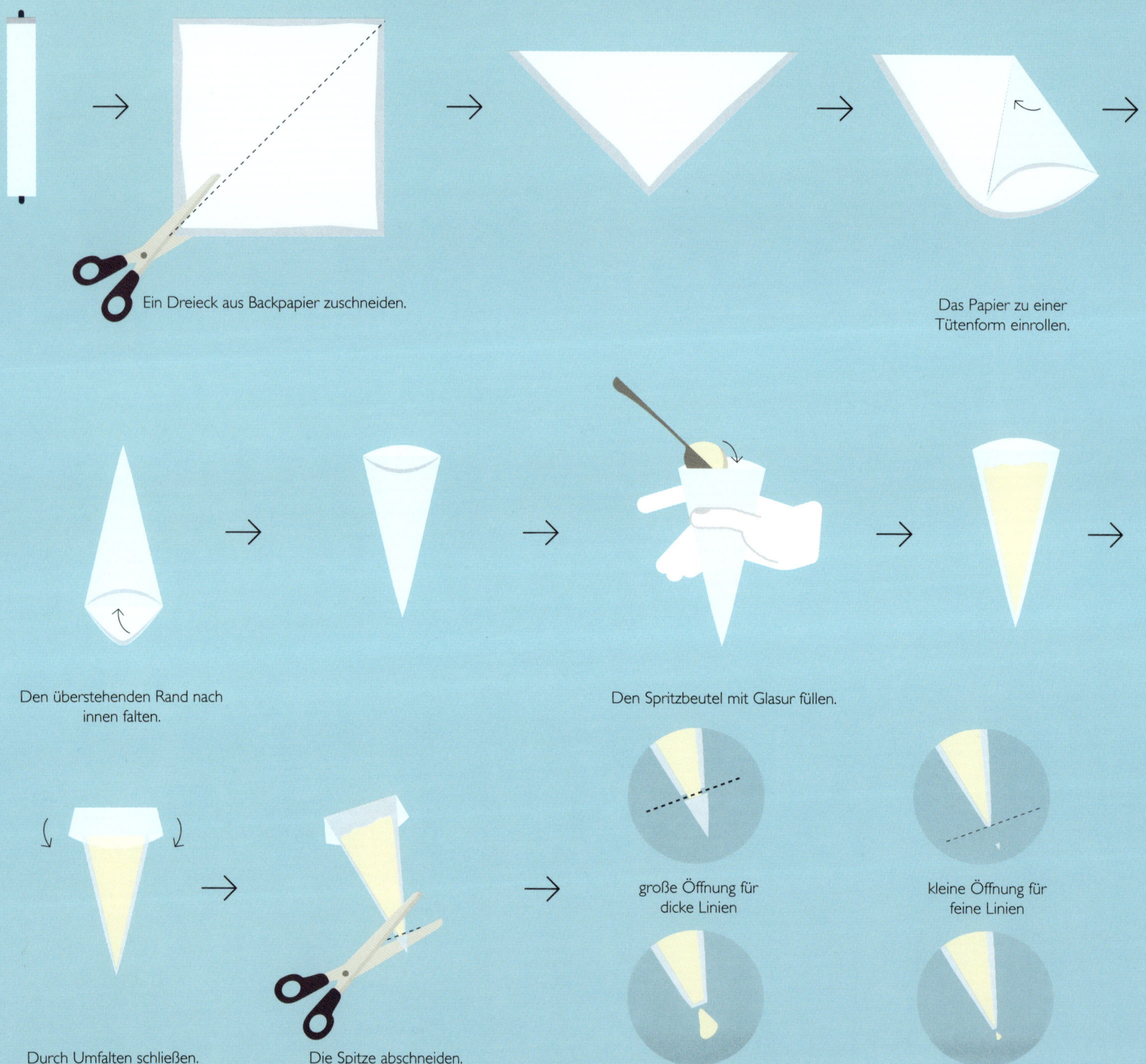

044 Dekorieren mit einem Papierspritzbeutel

Linien ziehen.

Umrisse nachzeichnen.

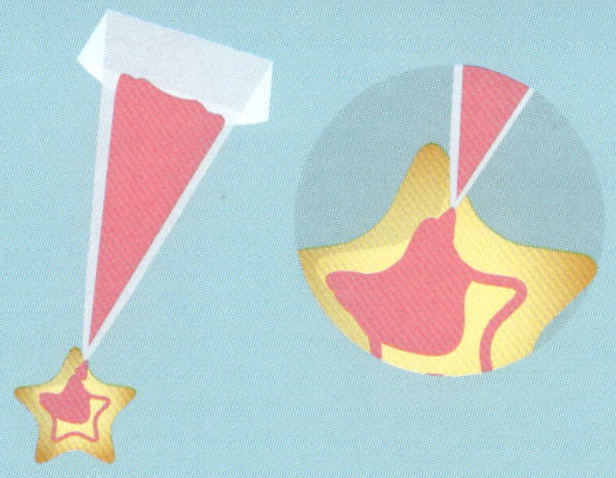

Die Umrisse nachziehen und das Innere ausfüllen.

Punkte machen.

Mit Glasur schreiben.

Wellen zeichnen.

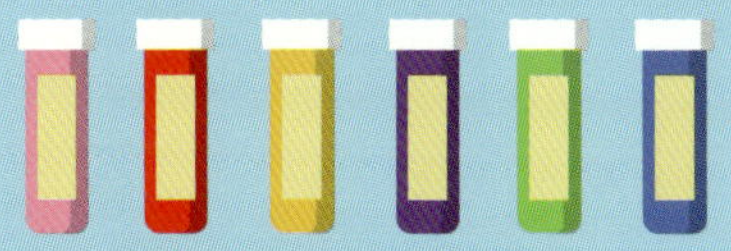

Den Zuckerguss mit Lebensmittelfarbe färben. Verschiedene Farben verwenden.

Grundmassen und Grundteige

045 Einfache Rührmasse

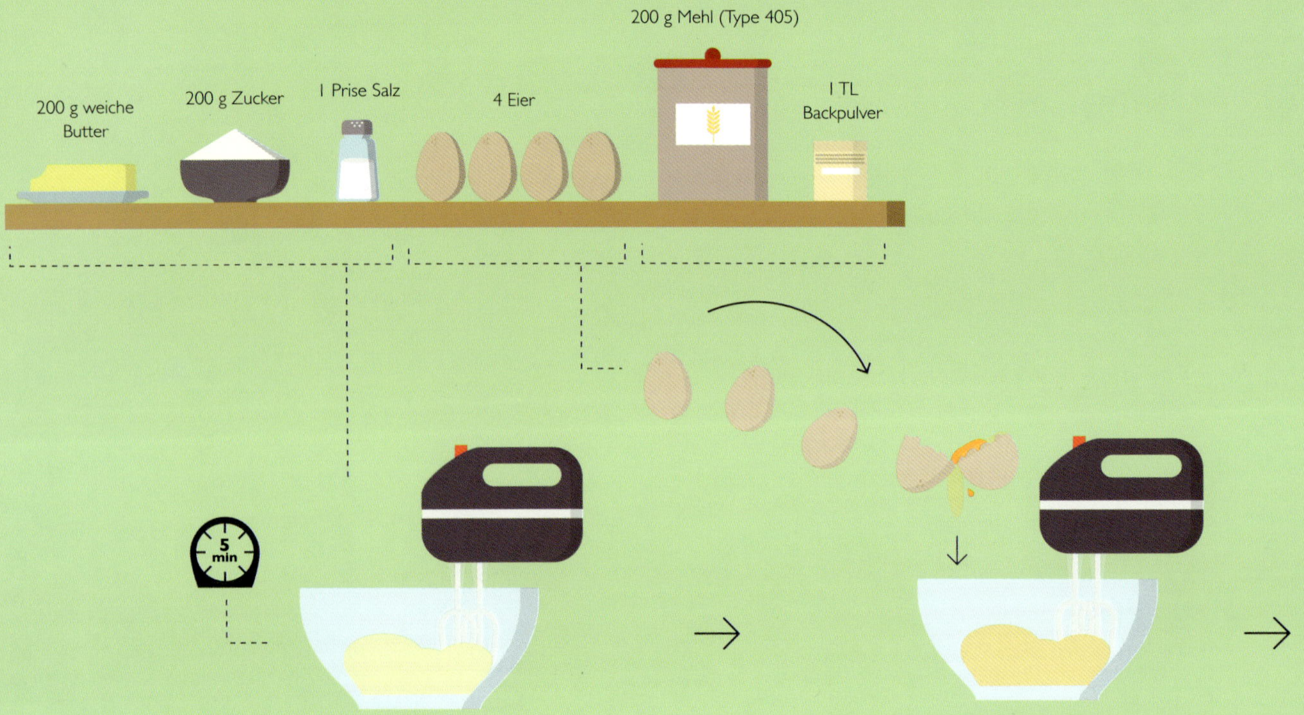

Butter, Zucker und Salz mit dem Handmixer ca. 5 Minuten schaumig schlagen.

Eier nach und nach zugeben und unterrühren.

Mehl und Backpulver darübersieben und mit einem Teigschaber kurz unterarbeiten. Sofort weiterverarbeiten.

Wird die Masse nicht sofort weiterverarbeitet, zudecken, denn sie nimmt leicht Gerüche an.

* So lange mixen, bis sich der Zucker vollständig gelöst hat. Die Masse zwischen den Fingern prüfen, sie muss sich glatt anfühlen.

046 Rührmasse

Eiweiße mit Salz zu steifem Schnee schlagen.

Butter und Zucker schaumig rühren.

Die Eigelbe nach und nach dazugeben und rühren, bis die Masse bindet.

Mehl und Backpulver darübersieben und unter die Eimasse mengen.

Ein Drittel des Eischnees unter die Masse heben.

Den Rest des Eischnees unterheben.

047 Biskuitmasse

75 g Mehl (Type 405)

4 Eiweiß
1 Prise Salz
4 Eigelb
75 g Zucker

*
Die Eiweiße nicht zu lange schlagen. Sie dürfen nicht zu trocken oder körnig werden.

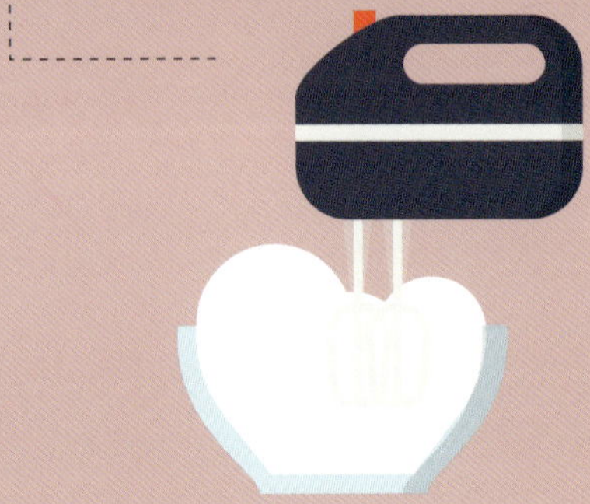

Eiweiße mit Salz zu steifem Schnee schlagen.

Eigelbe und Zucker schaumig rühren.

Mehl unterheben.

Ein Drittel des Eischnees unter die Masse heben.

Nach und nach den restlichen Eischnee unterheben.

Mürbeteig

Mehl auf die Arbeitsfläche geben und eine Mulde bilden.

Alle anderen Zutaten in die Mulde geben.

Von innen nach außen alles zu einem geschmeidigen Teig verkneten.

In Frischhaltefolie wickeln.

Kühl stellen und ruhen lassen.

049 Pie-Teig

- 425 g Mehl
- 1 EL Zucker
- ½ TL Salz
- 250 g kalte Butter, in kleinen Würfeln
- 125 ml Eiswasser oder etwas mehr

✱ Der Pie-Teig lässt sich in Frischhaltefolie bis zu 2 Monate einfrieren.

Die trockenen Zutaten in einer Schüssel vermischen.

Die Butterwürfel dazugeben und kurz mit dem Mehl vermengen.

Das Eiswasser hinzugießen und alles mit einer Gabel vermischen, bis der Teig zusammenhält, bei Bedarf mehr Wasser hinzufügen.

Den Teig auf eine Arbeitsfläche legen, einen Ball formen.

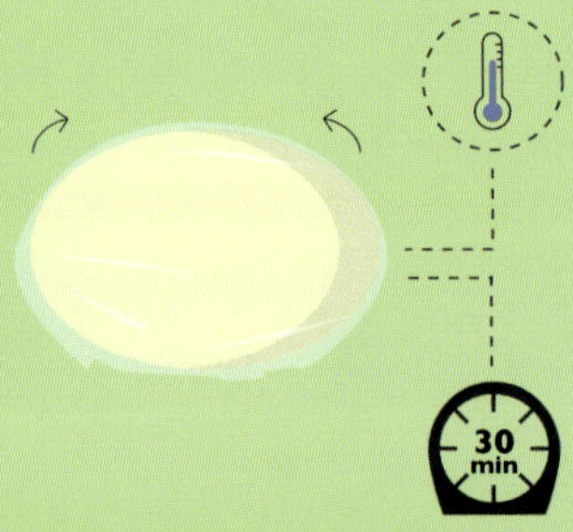

In Frischhaltefolie wickeln, kühl stellen und ruhen lassen.

Den Teig laut jeweiligem Rezept ausrollen.

050 Standard-Bröselboden

222 Ingwerplätzchen
190 Chocolate Chip Cookies
209 Mürbeteigplätzchen

125 g Kekse (z. B. Butterkekse, Ingwerplätzchen, Chocolate Chip Cookies, Mürbeteigplätzchen)

5 EL Butter

3 EL Zucker

Springform (24 cm)

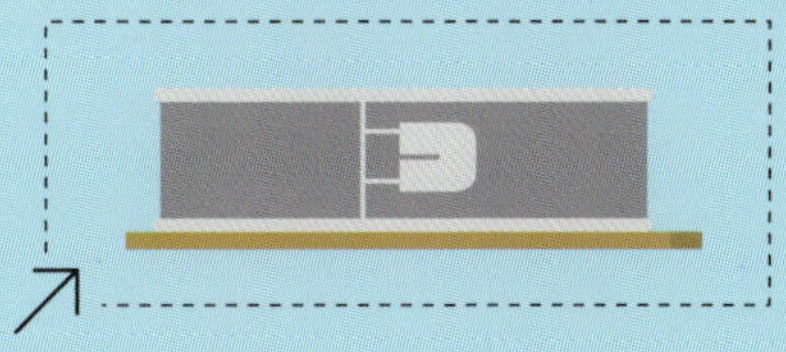

* Sie können die Kekse auch in einer Küchenmaschine mit Messereinsatz zerkleinern.

Kekse in einen Plastikbeutel geben.

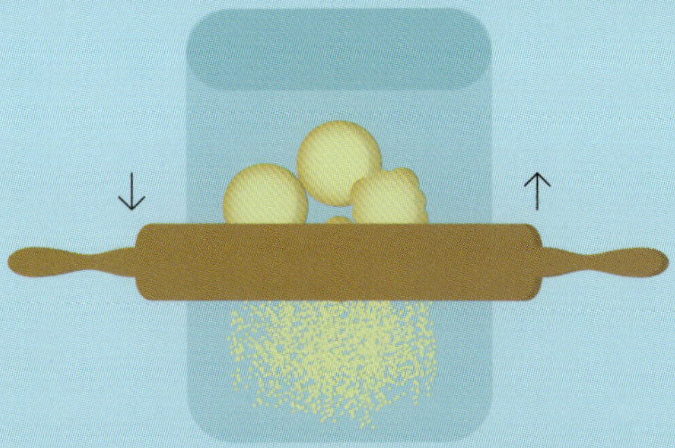

Mit dem Nudelholz zerkleinern.

Butter schmelzen.

Keksbrösel in einer Schüssel mit der flüssigen Butter und dem Zucker zu einer Masse verkneten.

Den Boden der Springform mit dem Bröselteig bedecken, gut festdrücken und auskühlen lassen.

051 Bröselboden mit Schokolade

190 Chocolate Chip Cookies
209 Mürbeteigplätzchen
222 Ingwerplätzchen

- 125 g Kekse (z. B. Butterkekse, Ingwerplätzchen, Chocolate Chip Cookies, Mürbeteigplätzchen)
- 150 g Butter
- 50 g weiße Schokolade
- 150 g geriebene Haselnüsse
- 150 g Bitterschokolade, gerieben
- 1 Prise Salz

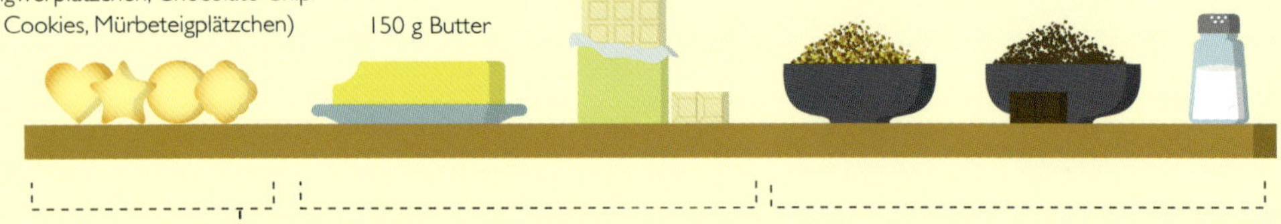

* Ideal für Cheesecakes, Moussetorten oder auch Kleingebäck.

Kekse in einen Plastikbeutel geben.

Mit dem Nudelholz zerkleinern.

Butter und weiße Schokolade schmelzen.

Keksbrösel mit der flüssigen Schokoladenmasse und allen anderen Zutaten zu einer Masse verkneten.

Den Boden der Springform mit dem Bröselteig bedecken, gut festdrücken und auskühlen lassen.

052 Brandteig

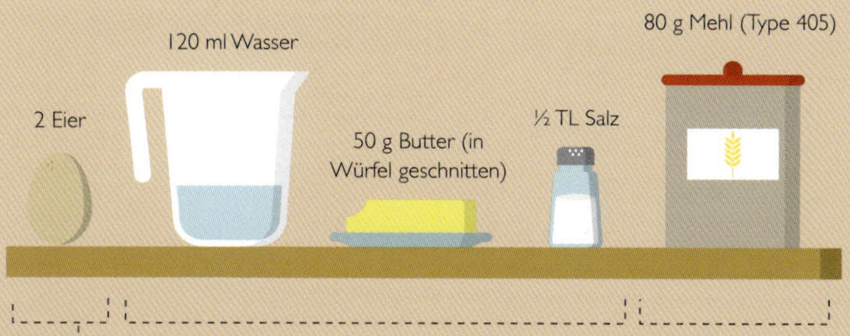

Die Eier verquirlen.

Wasser mit Butter und Salz aufkochen, vom Herd nehmen.

Das Mehl auf einmal dazugeben. Wieder auf den Herd stellen und bei niedriger Hitze kräftig rühren, bis sich die Masse vom Topf löst.

Vom Herd nehmen. Eier nach und nach unterarbeiten. Sofort weiterverarbeiten.

053 Einfacher Hefeteig

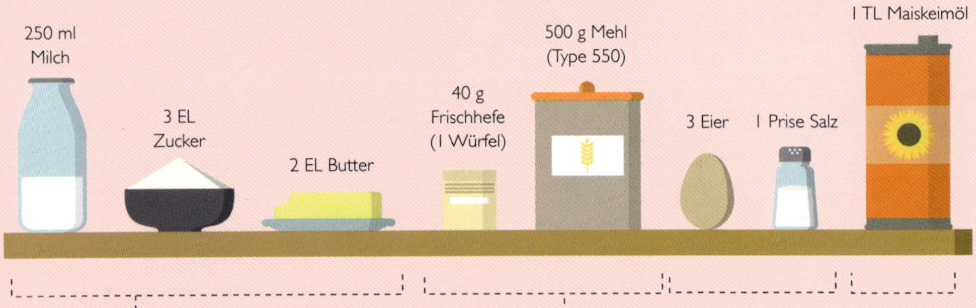

* Anstatt Frischhefe können Sie auch 7 g (1 Päckchen) Trockenhefe verwenden: Dann einfach alle Zutaten zu einem Teig verkneten und 1 Stunde gehen lassen.

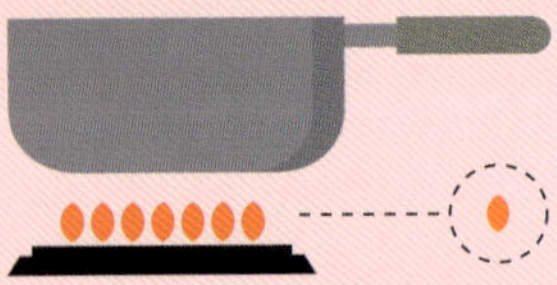

Die Milch zusammen mit Zucker und Butter erwärmen.

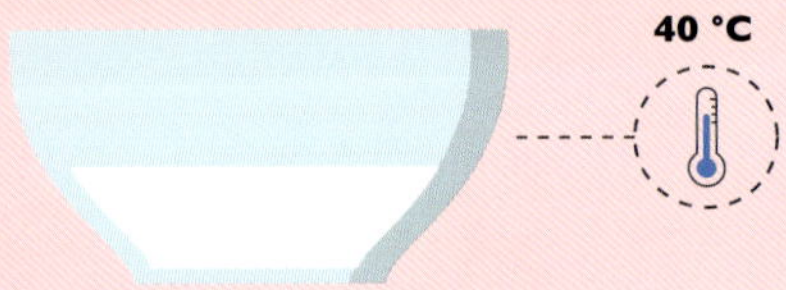

Vom Herd nehmen und abkühlen lassen.

Die Hefe zusammen mit 3 EL Mehl zur Milchmischung geben und verrühren.

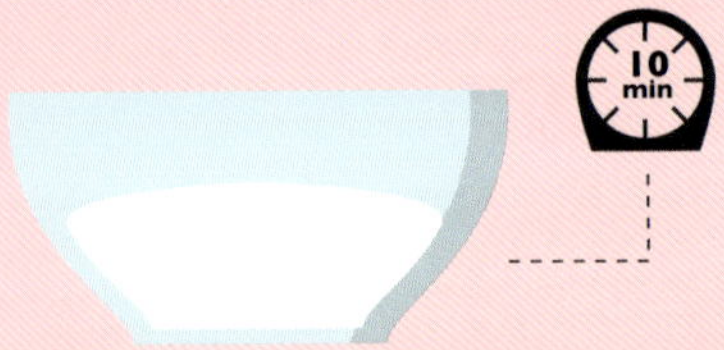

Stehen lassen, bis die Mischung beginnt, Blasen zu werfen.

Das Mehl in eine Schüssel geben und in der Mitte eine Mulde formen.

Milch-Hefe-Mischung, Eier und Salz dazugeben und kneten, bis ein klebriger Teig entsteht.

Den Teig auf einer bemehlten Arbeitsfläche kneten, bis er geschmeidig ist und nicht mehr klebt.

Eine Schüssel mit Öl bepinseln, den Teig hineingeben und mit Frischhaltefolie bedecken.

Den Teig an einem warmen Ort gehen lassen, bis er sich verdoppelt hat.

054 Briocheteig

* Anstatt Frischhefe können Sie auch 7 g (1 Päckchen) Trockenhefe verwenden: Dann einfach alle Zutaten zu einem Teig verkneten und 1 Stunde gehen lassen.

Die Milch zusammen mit Zucker und Butter erwärmen.

Vom Herd nehmen und abkühlen lassen.

Die Hefe zusammen mit 3 EL Mehl zur Milchmischung geben und verrühren.

Stehen lassen, bis die Mischung beginnt, Blasen zu werfen.

Das Mehl in eine Schüssel geben und in der Mitte eine Mulde formen.

Milch-Hefe-Mischung, Eigelbe, Eier und Salz dazugeben und kneten, bis ein klebriger Teig entsteht.

Den Teig auf einer bemehlten Arbeitsfläche kneten, bis er geschmeidig ist und nicht mehr klebt.

Eine Schüssel mit Öl bepinseln, den Teig hineingeben und mit Frischhaltefolie bedecken.

Den Teig an einem warmen Ort gehen lassen, bis er sich verdoppelt hat.

055 Strudelteig

Alle Zutaten zu einem geschmeidigen Teig verarbeiten.

Teig aus der Schüssel nehmen und eine Kugel formen.

Mit Frischhaltefolie abdecken und kühl stellen.

Auf ein feuchtes Tuch legen und ausrollen.

Mit den Händen unter den Teig fahren und ihn so dünn wie möglich auseinanderziehen.

056 Baisermasse

292 Crème Pâtissière
300 Weinschaum

* Die Eigelbe für Crème Pâtissière oder Weinschaum verwenden. Sie können im Kühlschrank zugedeckt maximal 1 Tag aufbewahrt werden.

Eiweiße mit 2 EL Zucker und Salz zu festem Eischnee schlagen.

Mit mittlerer Geschwindigkeit zu schlagen beginnen.

Den restlichen Zucker nach und nach dazugeben und weiterschlagen, bis die Masse glänzt.

057 Baisermasse färben

Eiweiße mit 2 EL Zucker und Salz zu festem Eischnee schlagen.

Mit mittlerer Geschwindigkeit zu schlagen beginnen.

Den restlichen Zucker nach und nach dazugeben und weiterschlagen, bis die Masse glänzt. Je nach gewünschtem Farbton 2–4 Tropfen Lebensmittelfarbe dazugeben.

Torten und Kuchen

058 Ricotta-Cheesecake

- Standard-Bröselboden
- 250 g Frischkäse
- 220 g Zucker
- 2 EL Vanillezucker
- 1 kg Ricotta
- 6 Eier
- 1 EL Mehl
- 1 EL abgeriebene Zitronenschale

050 Standard-Bröselboden

021 Vanillezucker machen

* Für einen dunklen Boden 2 EL Kakao unter die Keksbrösel mischen.

Springform (24 cm), gefettet

Den Bröselboden mit den Händen in die Springform drücken.

Kalt stellen. (2 h)

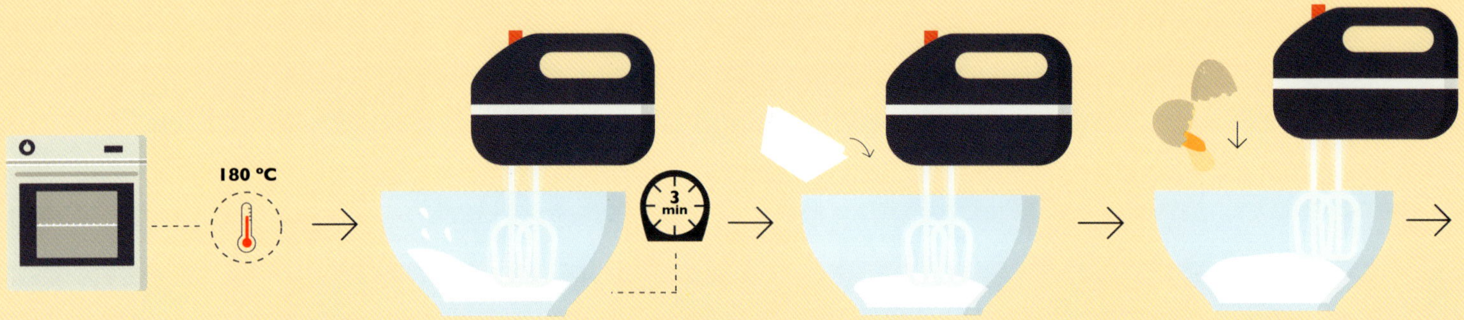

Den Ofen vorheizen. (180 °C)

Für die Füllung Frischkäse und Zucker cremig rühren. (3 min)

Ricotta dazugeben, verrühren.

Eier nach und nach dazugeben und unterrühren.

Mehl und Zitronenschale unterrühren.

Die Füllung über den Keksboden gießen.

Backen, bis sich die Oberfläche leicht fest anfühlt (1 h, 180 °C)

Abkühlen lassen, dann Im Kühlschrank zugedeckt kühl stellen. Vor dem Servieren aus der Form lösen. (3 h)

059 Vanille-Cheesecake

Vanille-Aroma zur Frischkäse-Mischung geben und wie Ricotta-Cheesecake zubereiten.

Im Kühlschrank zugedeckt kühl stellen. Vor dem Servieren aus der Form lösen.

060 Cheesecake mit Mascarpone

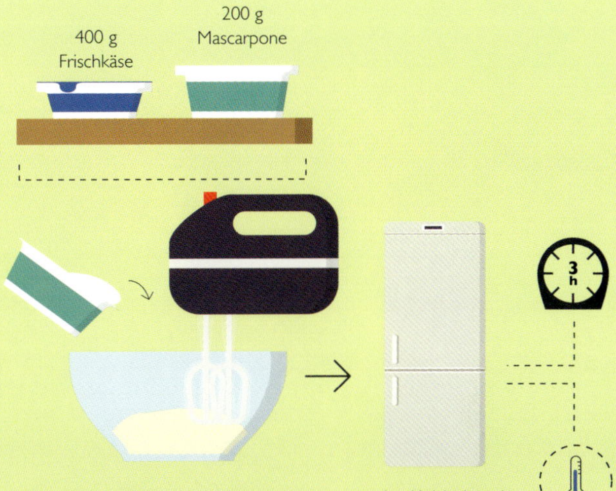

Mehr Frischkäse und Mascarpone statt Ricotta verwenden. Wie Ricotta-Cheesecake zubereiten.

Im Kühlschrank zugedeckt kühl stellen. Vor dem Servieren aus der Form lösen.

061 Beeren-Cheesecake

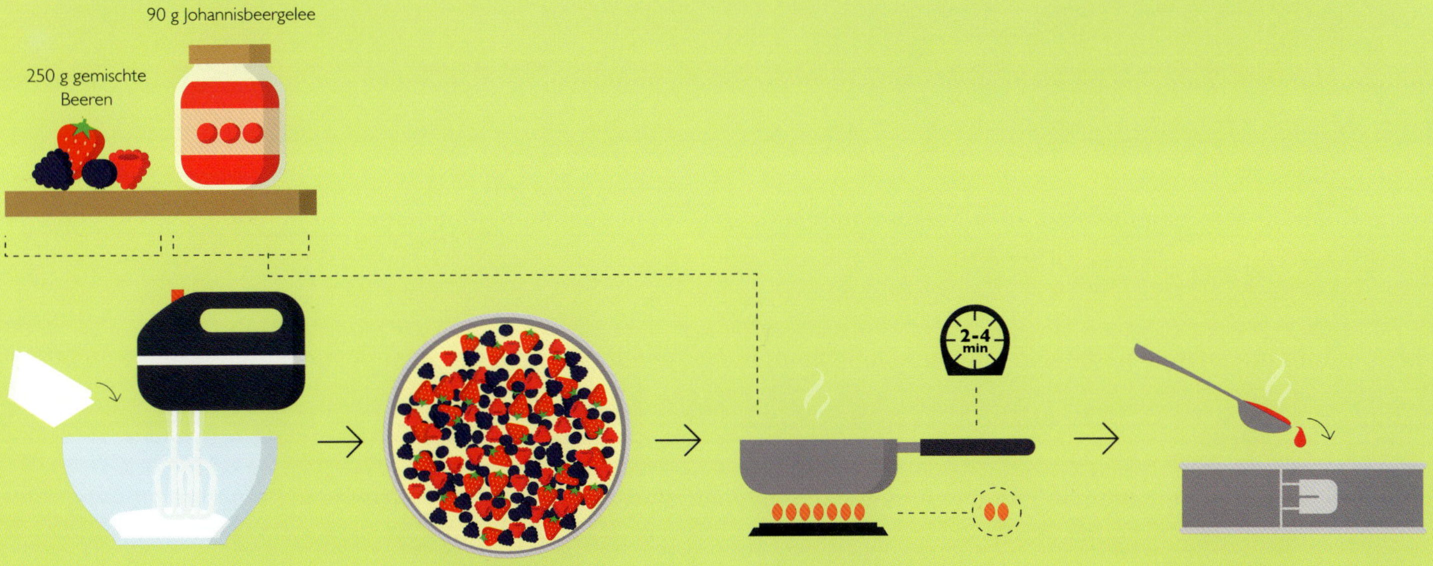

Ricotta-Cheesecake zubereiten.

Die Beeren dekorativ auf dem fertigen Cheesecake verteilen.

Das Johannisbeergelee erhitzen, bis es flüssig wird.

Das flüssige Gelee etwas abkühlen lassen, dann vorsichtig über die Beeren träufeln. Vor dem Servieren vollständig abkühlen lassen und aus der Form lösen.

062 Mandel-Kirsch-Cheesecake

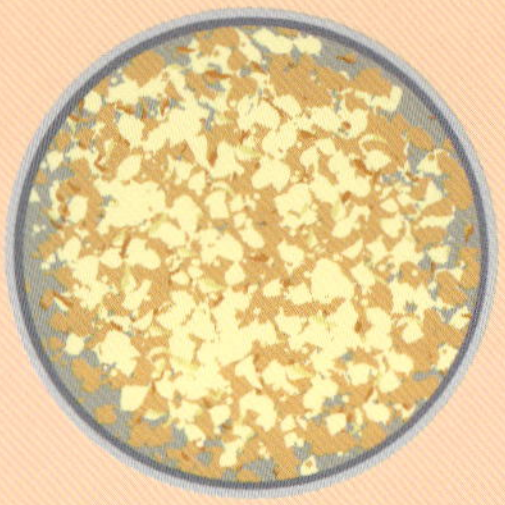

Den Bröselboden mit den Händen in die Springform drücken und kalt stellen. Die Ricotta-Frischkäse-Füllung wie beim Ricotta-Cheesecake vorbereiten.

Butter zerlassen und Kirschen, Zitronensaft, Zucker und Amaretto dazugeben. Aufkochen, köcheln lassen.

Den Ofen vorheizen.

Abkühlen lassen.

Die Kirsch-Mischung auf dem Keksboden verteilen, dann die Füllung darüber verteilen.

Backen, bis sich die Oberfläche leicht fest anfühlt

Butter schmelzen und die Mandelblättchen leicht bräunen.

Sauerrahm, Zucker, Vanille- und Mandel-Aroma gut verrühren.

Das Topping auf dem noch warmen Cheesecake verteilen.

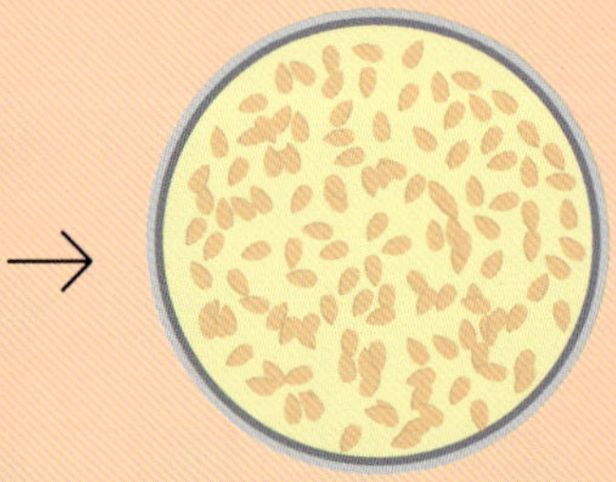

Mit den gerösteten Mandelblättchen bestreuen.

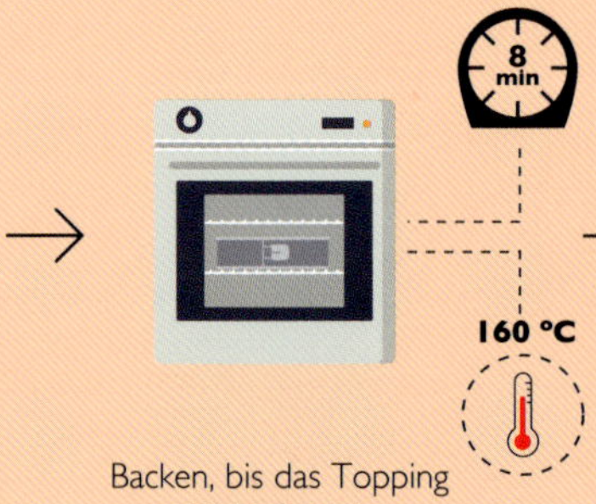

Backen, bis das Topping leicht fest ist.

Kühl stellen.
Vor dem Servieren aus der Form lösen.

063 Klassischer Käsekuchen

Mürbeteig
250 g Butter
250 g Zucker
1 Prise Salz
1 EL abgeriebene Zitronenschale
6 Eier
70 g Speisestärke
1 kg Magerquark

Springform (24 cm), gefettet

Den Teig auf einer bemehlten Arbeitsfläche 3 mm dick ausrollen.

Springform mit dem Teig auslegen und überstehende Ränder abschneiden.

Kalt stellen.

Den Ofen vorheizen.

Butter, Zucker, Salz und Zitronenschale schaumig rühren.

Eier, Speisestärke und Quark dazugeben und alles gut vermengen.

Die Quarkmasse auf dem vorbereiteten Mürbeteigboden verteilen.

Backen, bis sich die Oberfläche fest anfühlt. Etwas abkühlen lassen und vor dem Servieren aus der Form lösen.

064 Himbeercreme-Torte

065 Schwarzwälder Kirschtorte

- Biskuitmasse
- 60 g Kakao
- 3 EL Kirschwasser
- 1 Glas entsteinte Kirschen (350 g Abtropfgewicht), abgetropft, plus 3 EL Kirschsud
- 500 g geschlagene Sahne, mit 2 EL Puderzucker vermengt
- 12 entsteinte Kirschen, abgetropft
- Schokoladenlocken

Springform (24 cm), gefettet

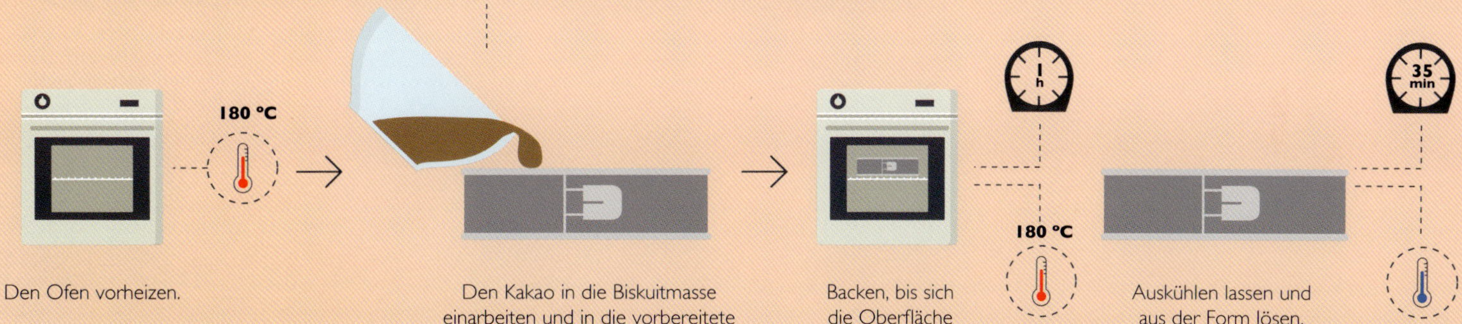

Den Ofen vorheizen.

Den Kakao in die Biskuitmasse einarbeiten und in die vorbereitete Springform füllen.

Backen, bis sich die Oberfläche fest anfühlt.

Auskühlen lassen und aus der Form lösen.

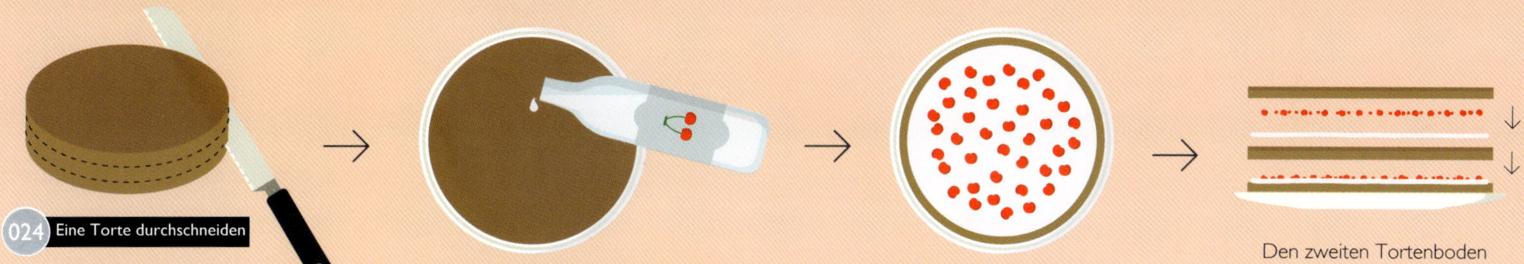

Die Torte zweimal durchschneiden.

Einen Boden auf eine Platte legen und mit Kirschwasser beträufeln. Den zweiten Boden mit Kirschsud beträufeln.

Ein Viertel der Schlagsahne aufstreichen, die Hälfte der Kirschen darauf verteilen, dabei 1 cm Rand freilassen.

Den zweiten Tortenboden darauflegen, leicht andrücken. Wiederholen und mit dem letzten Tortenboden abschließen.

Die Torte auf allen Seiten mit Schlagsahne bestreichen.

Den Deckel mit 12 Kirschen und die Torte ringsum mit Schokoladenlocken dekorieren.

Kühlen und kalt servieren.

066 Charlotte

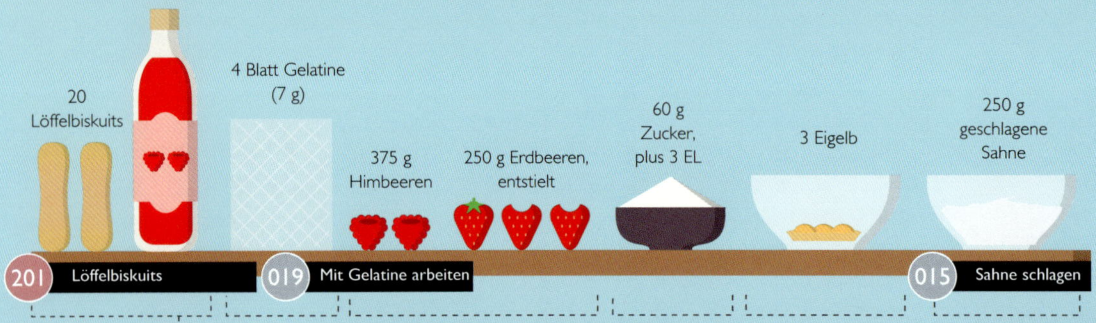

Das Backpapier zuschneiden und die Form damit auslegen.

Die Löffelbiskuits mit Himbeerlikör beträufeln.

Die Löffelbiskuits senkrecht dicht an dicht um den Rand der Form stelle

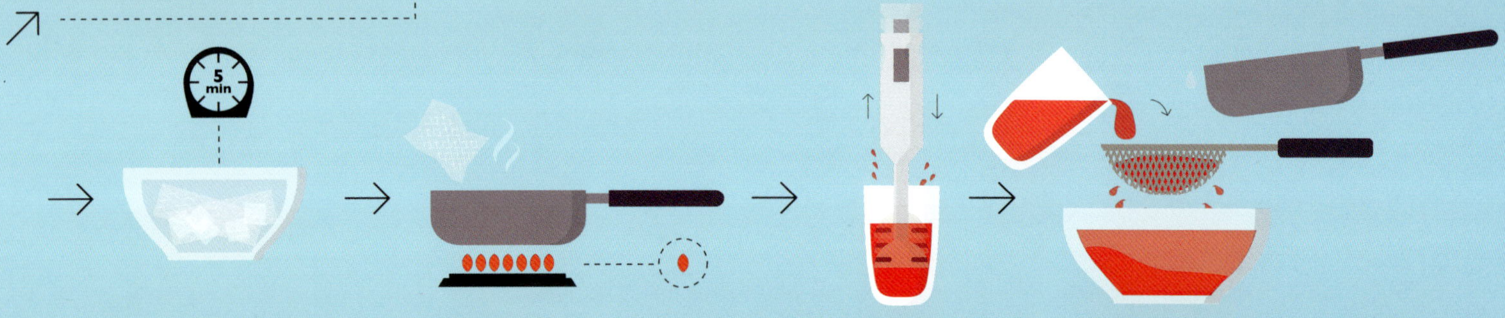

Gelatine in kaltem Wasser einweichen.

60 ml Wasser erhitzen, Gelatineblätter ausdrücken und im Wasser auflösen.

Einige Himbeeren zum Dekorieren beiseite legen. Die restlichen Himbeeren und Erdbeeren pürieren.

Die pürierten Beeren durch ein feines Sieb streichen. Zucker und die leicht abgekühlte Gelatine-Mischung zum Püree geben und gut verrühren.

Zucker zusammen mit 80 ml Wasser erhitzen, bis sich der Zucker auflöst.

Eigelbe leicht verquirlen, dann den Zuckersirup in einem dünnen Strahl dazugeben, dabei ständig rühren.

Eimasse über dem Wasserbad aufschlagen, bis sie dick und hellgelb ist, abkühlen.

Himbeerpüree und Eimischung unter die Schlagsahne heben.

Die Füllung vorsichtig in die mit Löffelbiskuit ausgekleidete Form gießen.

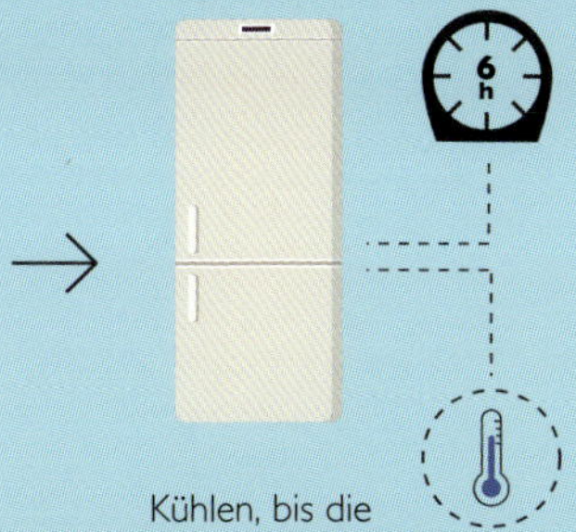

Kühlen, bis die Charlotte fest ist.

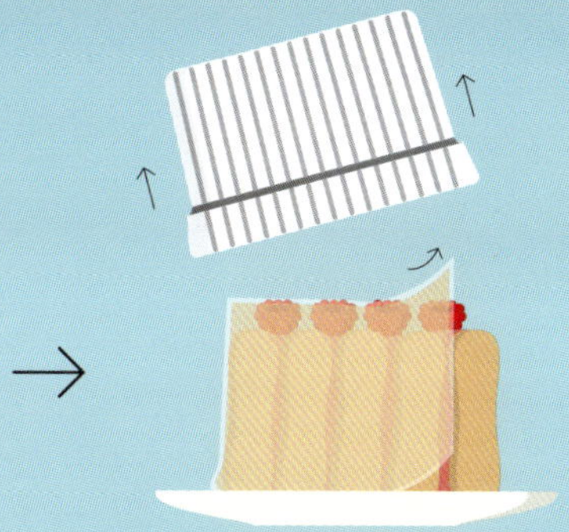

Vor dem Servieren eine Platte auf die Form legen, die Charlotte stürzen und das Backpapier vorsichtig abziehen. Mit ganzen Himbeeren dekorieren.

067 Charlotte mit Bayerischer Creme

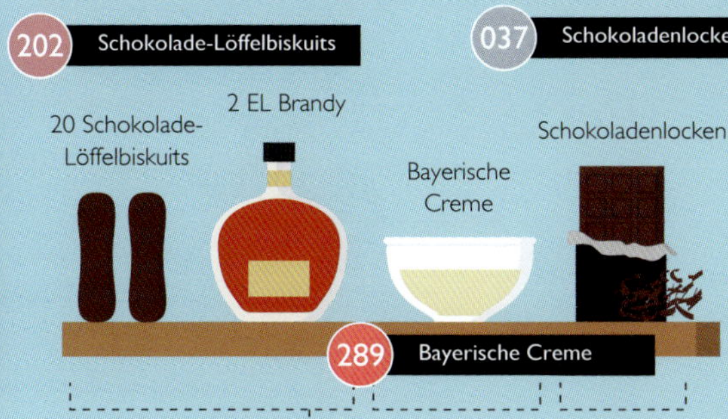

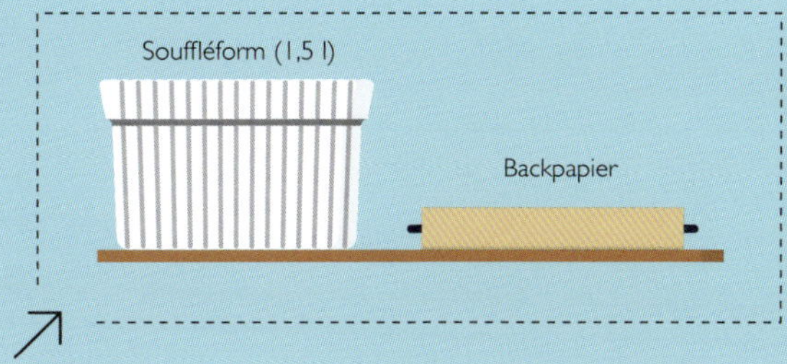

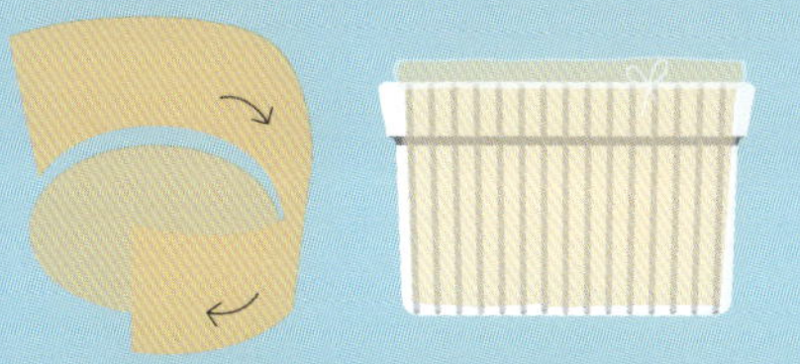

Das Backpapier zuschneiden und die Form damit auslegen.

Die Löffelbiskuits mit Brandy beträufeln.

Die Löffelbiskuits senkrecht dicht an dicht um den Rand der Form stellen.

Die Bayerische Creme wie beschrieben zubereiten, nicht kalt stellen, sondern nur leicht abkühlen lassen, dann in die mit Löffelbiskuits ausgekleidete Form füllen.

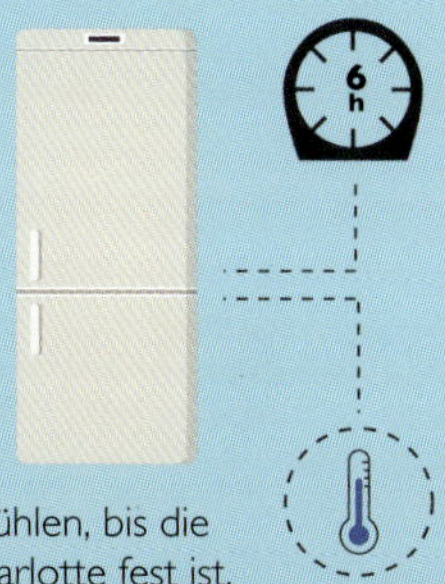

Kühlen, bis die Charlotte fest ist.

Vor dem Servieren, eine Platte auf die Form legen, die Charlotte stürzen und das Backpapier vorsichtig abziehen.

Mit den Schokoladenlocken dekorieren.

068 Italienische Haselnusskuppel

Biskuitmasse
2 EL Öl
4 cl Amaretto
4 cl Eierlikör
50 g Mandeln, gehackt
50 g Haselnüsse, gehackt
50 g Puderzucker, plus 3 EL
750 g geschlagene Sahne
100 g Baiser, zerkrümelt
100 g Schokolade, gehackt
3 EL Kakao

047 Biskuitmasse
015 Sahne schlagen
191 Baisers klassisch

Backblech, mit Backpapier ausgelegt
Schüssel
Frischhaltefolie

180 °C
Den Ofen vorheizen.

Die Biskuitmasse etwa 1 cm hoch auf dem vorbereiteten Backblech verstreichen.

35 min
180 °C
Goldgelb backen.

1 h
Stürzen, Backpapier abziehen und abkühlen lassen.

Eine Schüssel mit Öl bepinseln und mit Frischhaltefolie auskleiden. Falten glattstreichen.

Aus dem Biskuit einen Kreis ausschneiden.

Mit dem Biskuitkreis den Boden der Schüssel auslegen.

Den Rand der Schüssel ebenfalls mit Teig auslegen und mit Amaretto und Eierlikör tränken.

Mandeln und Nüsse kurz anrösten, dann mit Puderzucker vermengen.

Die Nussmischung unter die Schlagsahne heben.

Sahne-Nuss-Füllung in zwei Teile teilen.

Die Hälfte der gehackten Schokolade schmelzen.

Die geschmolzene Schokolade und die restliche gehackte Schokolade unter einen Teil der Sahnefüllung heben.

Den anderen Teil mit Baiserkrümeln vermischen.

Abwechselnd eine helle und eine dunkle Schicht Füllung einfüllen, mit einer Schicht Biskuit abdecken.

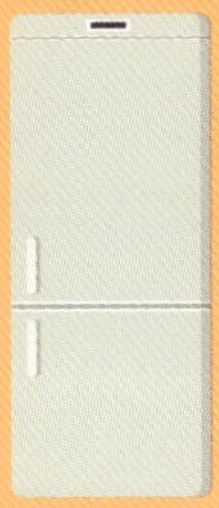

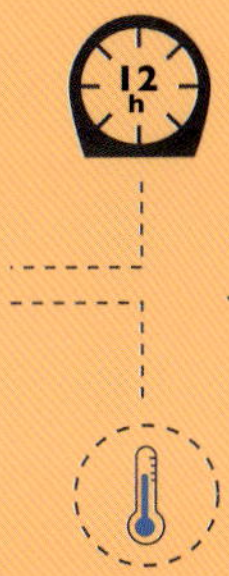

Kühl stellen.

Vor dem Servieren eine Platte auf die Form legen und die Kuppel stürzen

Die Frischhaltefolie vorsichtig abziehen.

Kakao und 3 EL Puderzucker vermischen.

Die Kuppel mit dem Kakaozucker bedecken.

* Kann auch mit Schokoladenglasur vollendet werden.

031 Schokoladenglasur

069 Malakofftorte

Biskuitmasse

150 g Zucker

250 ml Rum

180 g Butter

200 g Puderzucker

4 Eigelb

180 g gemahlene Mandeln

150 g Sahne

20 Löffelbiskuits

250 g geschlagene Sahne

047 Biskuitmasse

201 Löffelbiskuits

015 Sahne schlagen

Löffelbiskuits zum Dekorieren

Schokoladenlocken

037 Schokoladenlocken

Springform (24 cm), gefettet

Spritzsack mit Sterntülle

180 °C

Den Ofen vorheizen.

Die Biskuitmasse in die vorbereitete Springform füllen.

35 min

180 °C

Goldgelb backen.

024 Eine Torte durchschneiden

Die Torte einmal durchschneiden.

2-4 min

Zucker zusammen mit 150 ml Wasser zum Kochen bringen, bis sich der Zucker auflöst, Rum dazugeben.

Butter und Zucker schaumig rühren, Eigelbe nacheinander einrühren.

Gemahlene Mandeln und Sahne dazugeben und alles zu einer steifen Creme aufschlagen.

Einen Biskuitboden in die Springform legen, mit Rumsirup beträufeln und die Mandel-Sahne-Mischung etwa 2 cm hoch einfüllen.

Löffelbiskuits mit Rumsirup beträufeln.

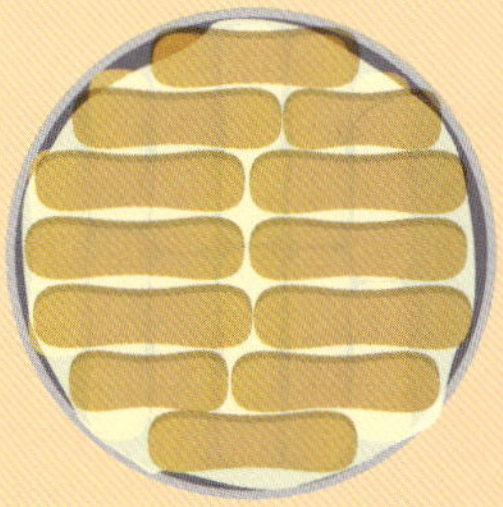

Die Creme mit den Löffelbiskuits belegen. Mit Creme bestreichen und wieder mit getränkten Löffelbiskuits bedecken.

Die restliche Creme auf den Löffelbiskuits verteilen.

Mit dem zweiten Tortenboden bedecken.

Kalt stellen.

Aus der Form lösen und auf eine Tortenplatte setzen.

Mit der Schlagsahne überziehen und am Tortenrand mit einer Gabel Wellenlinien ziehen.

Schlagsahne in einen Spritzsack mit Sterntülle füllen und Rosetten aufdressieren, diese mit je einem halben Löffelbiskuit belegen und die Torte in der Mitte mit Schokoladenlocken verzieren.

070 Baisertorte

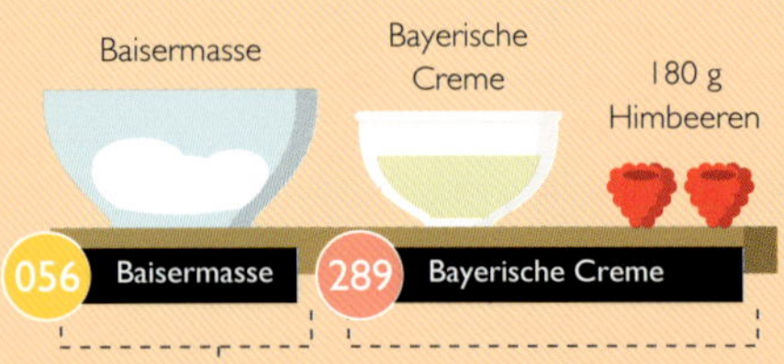

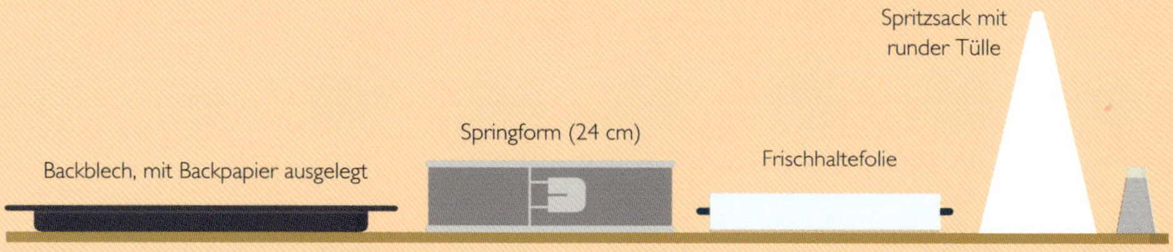

Den Ofen vorheizen.

Spritzsack mit Baisermasse füllen. Zwei Kreise (20 cm Durchmesser) auf das Backpapier dressieren und spiralförmig ausfüllen.

Hitze reduzieren und die Baisers im Ofen trocknen lassen, sie sollten keine Farbe annehmen.

* Kann auch mit kleinen Baiserkreisen zubereitet werden, dann statt der Springform kleine Soufflée-Förmchen verwenden.

Himbeeren pürieren und durch ein feines Sieb streichen.

Die Bayerische Creme zubereiten, aber nicht kalt stellen, sondern sofort mit dem frischen Himbeerpüree vermengen.

Eine Springform mit Frischhaltefolie auslegen.

Einen Baiserkreis in die Springform legen, mit der Creme bestreichen und mit dem zweiten Boden bedecken.

Kühl stellen.

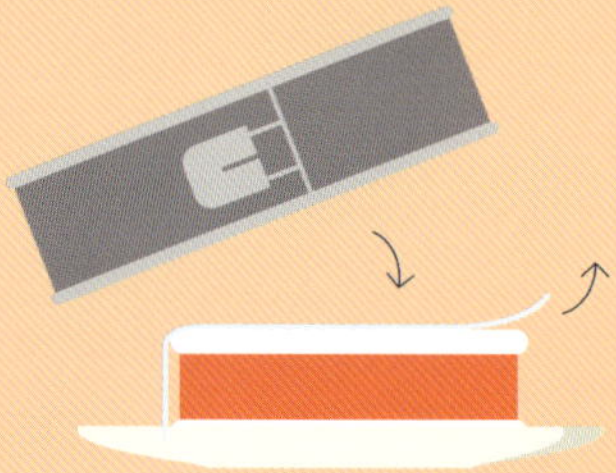

Vor dem Servieren eine Platte auf die Form legen, die Baisertorte stürzen und die Frischhaltefolie vorsichtig abziehen.

071 Schokoladentorte

- 200 g Schokolade (70% Kakaogehalt)
- 8 Eiweiß
- 8 Eigelb
- 160 g Puderzucker
- 200 g geriebene Mandeln
- 200 g Schokolade (70% Kakaogehalt)
- 80 g Butter
- 500 g Sahne
- 2 EL Puderzucker

Springform (26 cm), gefettet

Die Schokolade schmelzen.

Eiweiße steif schlagen.

Den Ofen vorheizen. (220 °C)

Eigelbe und Zucker schaumig schlagen.

Schokolade in die Eimasse rühren.

Eischnee und Mandeln unter die Schokoladenmasse heben und in die Springform füllen.

Backen, Hitze reduzieren und weiterbacken, bis sich die Oberfläche fest anfühlt. (15 min, 220 °C; 45 min, 180 °C)

Schokolade und Butter über dem Wasserbad schmelzen. Etwas abkühlen lassen, die Schokoladenglasur sollte flüssig bleiben. (5 min)

Sahne und Zucker steif schlagen.

Die Schlagsahne auf der Torte zu einer Kuppel verstreichen.

Die Glasur über die Torte gießen.

072 Sachertorte

- 6 Eiweiß
- 110 g Zucker
- 140 g Butter
- 110 g Puderzucker
- 6 Eigelb
- 130 g Schokolade
- 140 g Mehl
- 200 g Aprikosenkonfitüre
- Schokoladenglasur

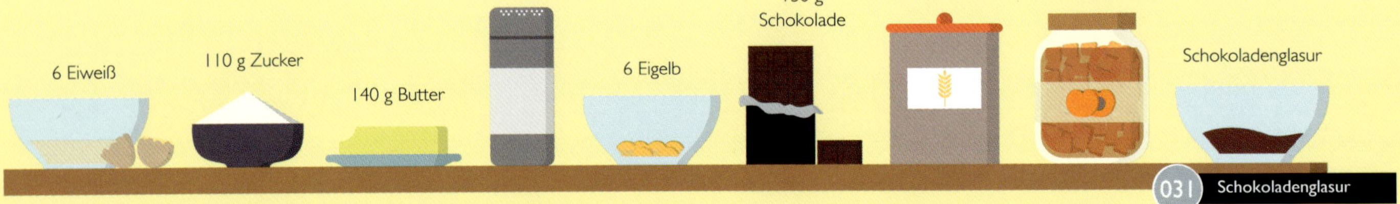

031 Schokoladenglasur

Springform (24 cm), gefettet und bemehlt

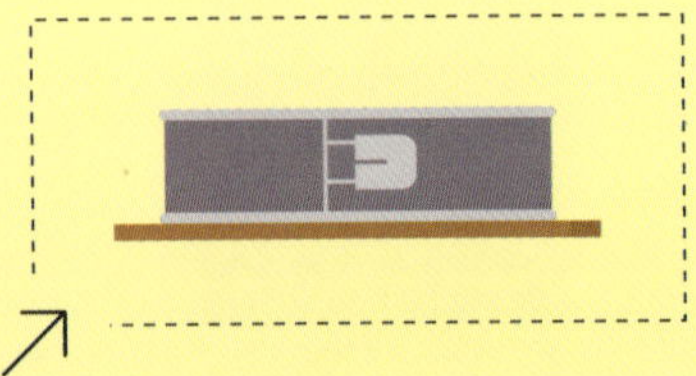

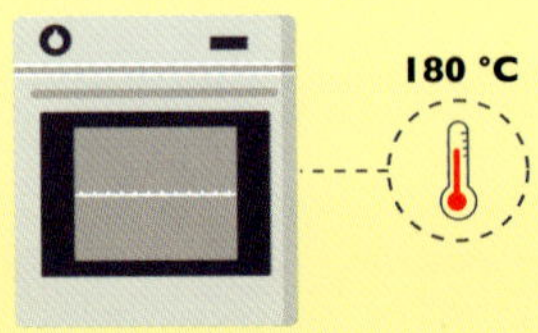

Den Ofen vorheizen.

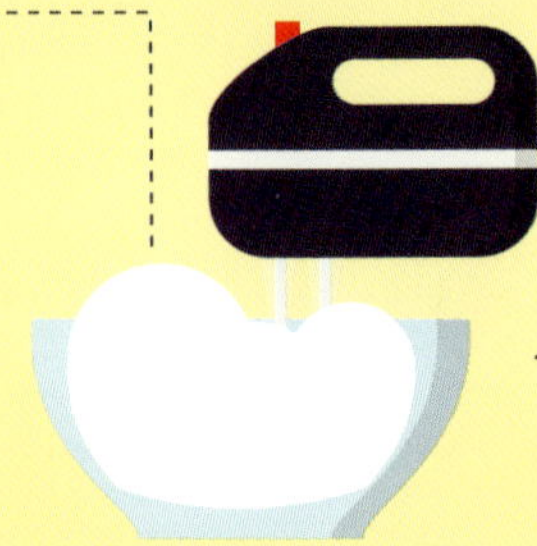

Eiweiße mit dem Zucker zu steifem Schnee schlagen.

Butter und Zucker schaumig rühren, Eigelbe nacheinander einarbeiten.

Schokolade über dem Wasserbad schmelzen.

Die geschmolzene Schokolade vorsichtig unter die Eimischung heben.

Ein Drittel des Eischnees gemeinsam mit einem Drittel des Mehls unter die Ei-Schokoladen-Mischung heben, zweimal wiederholen.

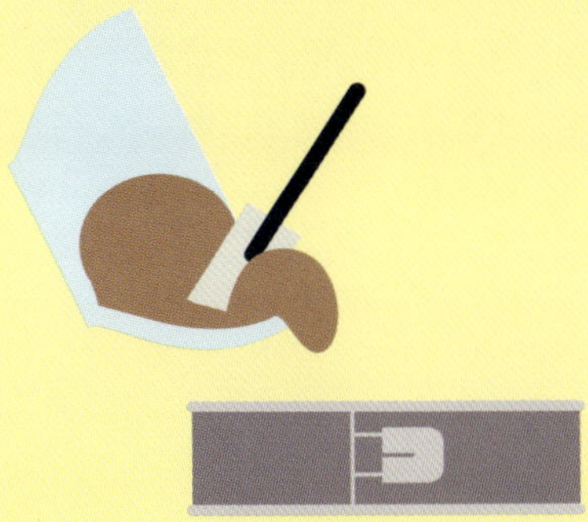

Die Masse in die vorbereitete Form füllen.

Backen, bis sich die Oberfläche fest anfühlt

In der Form auskühlen lassen.

Herauslösen.

024 Eine Torte durchschneiden

Die Torte einmal quer durchschneiden.

✱ Die Oberfläche der Torte soll gerade sein, wenn nötig, den oberen Tortenboden mit dem Messer gerade schneiden.

Die Aprikosenkonfitüre leicht erwärmen.

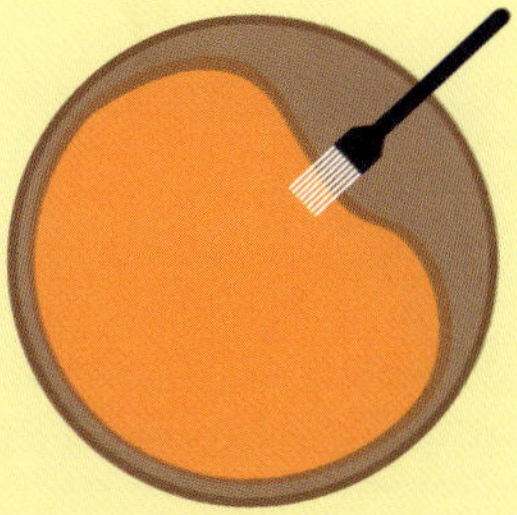

Die Hälfte der flüssige Aprikosenkonfitüre auf dem unteren Tortenboden verteilen.

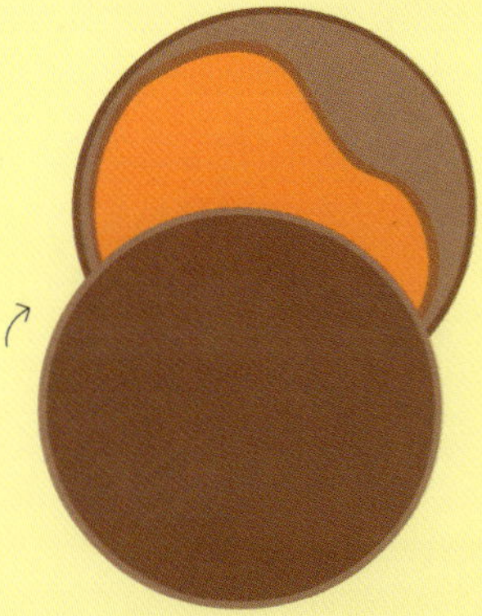

Den zweiten Tortenboden darauflegen.

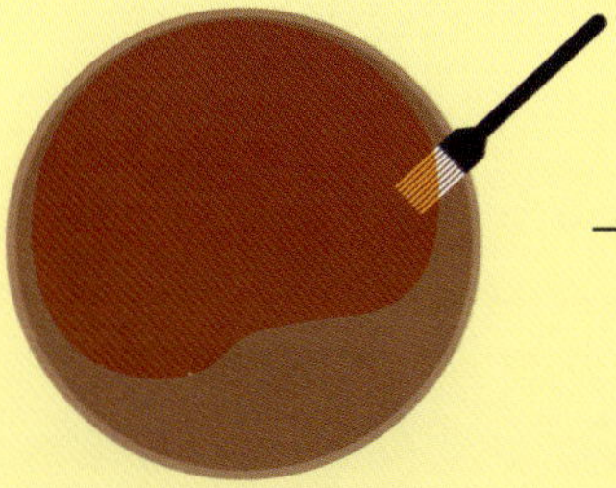

Die Torte rundherum mit Konfitüre bestreichen.

Mit Schokoladenglasur überziehen und die Glasur fest werden lassen.

✱ Mit Schlagsahne servieren.

015 Sahne schlagen

073 Schokoladenmousse-Torte

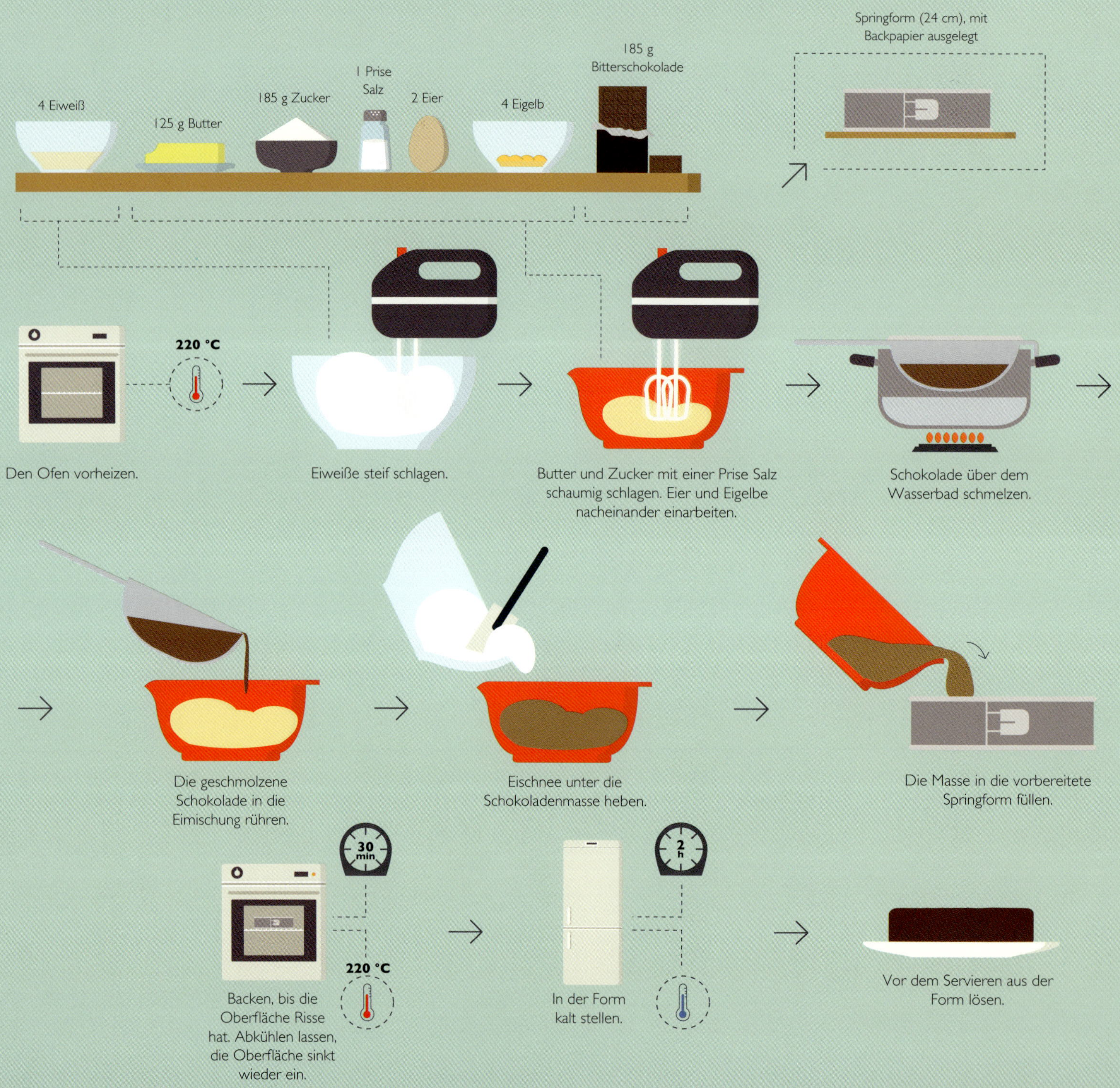

074 Linzertorte

250 g Mehl
250 g geriebene Mandeln
250 g Butter, in Flöckchen
250 g Zucker
1 Ei
1 EL Kakao-Pulver
1 TL Zimt
1 Prise gemahlene Nelken
150 g Johannisbeerkonfitüre
100 g Mandelblättchen

Springform (24 cm), gefettet und bemehlt

Mehl und Mandeln vermengen.

Butter, Zucker, Ei, Kakao-Pulver, Zimt und Nelken dazugeben und alles zu einem geschmeidigen Teig kneten.

Den Teig in Frischhaltefolie einwickeln und kalt stellen.

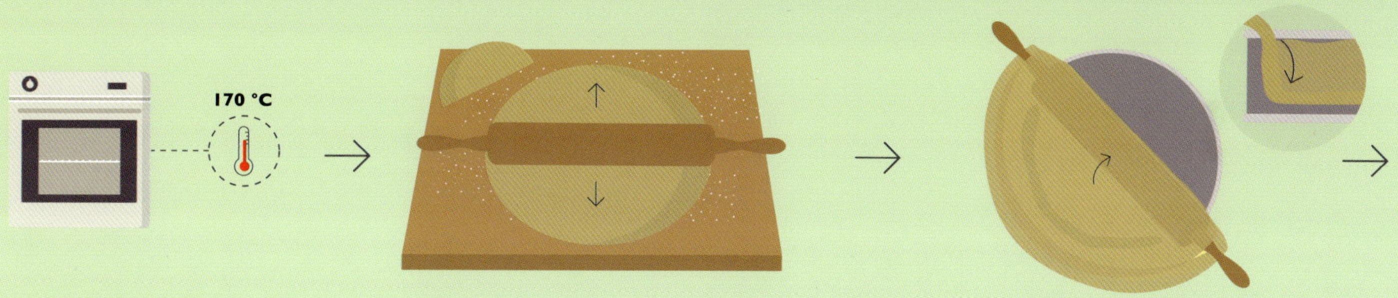

Den Ofen vorheizen.

Zwei Drittel des Teiges auf einer bemehlten Arbeitsfläche zu einer etwa 2 cm dicken Teigplatte ausrollen.

Die Teigplatte in die Springform geben.

Großzügig mit Johannisbeerkonfitüre bestreichen.

Aus dem restlichen Teig 1 cm dicke Teigstränge rollen und als Gitter auf die Torte legen.

Mit Mandelblättchen bestreuen und backen.

075 Engelskuchen

✱ Mit Fruchtsauce servieren.

298 Fruchtsauce

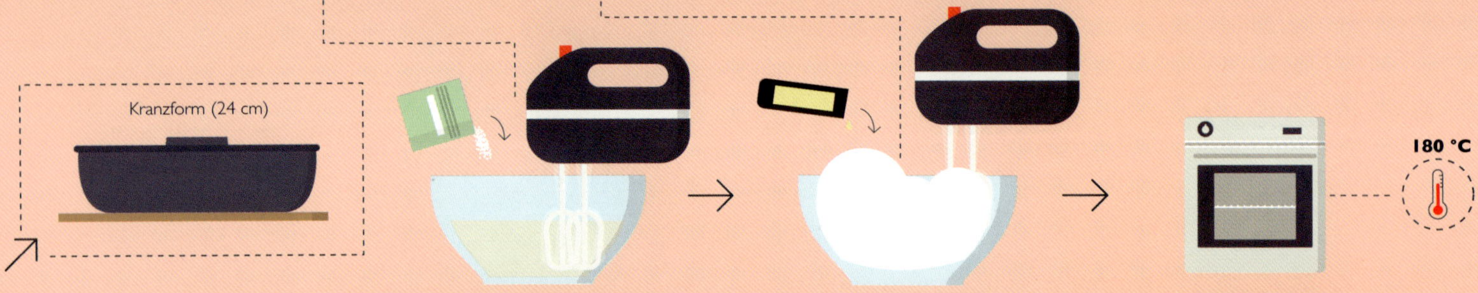

Eiweiße und ein Drittel des Zuckers halbsteif schlagen. Ein weiteres Drittel Zucker und Weinstein dazugeben und weiterschlagen.

Schließlich den Rest des Zuckers und das Vanille-Aroma dazugeben und die Eiweiße steif schlagen.

Den Ofen vorheizen.

Mehl, Zucker und Salz vermischen.

Die Mehl-Zucker-Mischung unter den Eischnee heben.

Die fertige Masse in die Kranzform füllen.

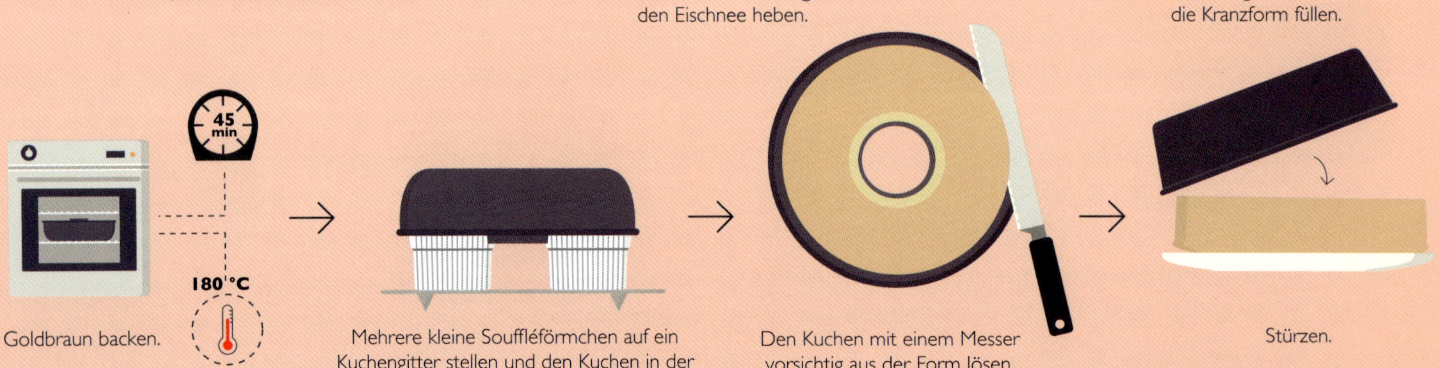

Goldbraun backen.

Mehrere kleine Souffléförmchen auf ein Kuchengitter stellen und den Kuchen in der Form darauf kopfüber abkühlen lassen.

Den Kuchen mit einem Messer vorsichtig aus der Form lösen.

Stürzen.

076 Biskuitboden

½ Biskuitmasse

047 Biskuitmasse

Springform (24 cm), gefettet und bemehlt

Den Ofen vorheizen.

180 °C

Teig 2 cm hoch in die vorbereitete Springform füllen, glatt streichen.

180 °C

Backen und vor der Weiterverarbeitung auskühlen lassen.

077 Beerentorte

½ Menge Crème Pâtissière

400 g gemischte Beeren

150 g geschlagene Sahne

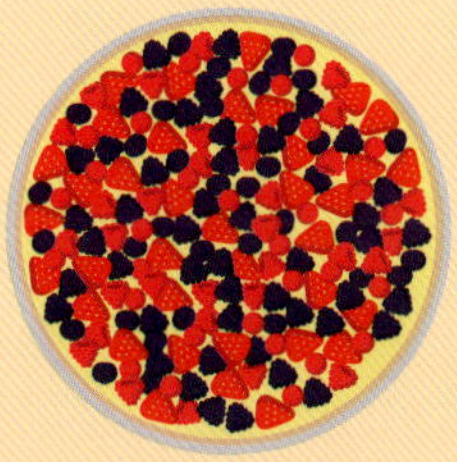

Den Biskuitboden mit Crème Pâtissière bestreichen und die Beeren dekorativ darauf verteilen.

Mit Schlagsahne servieren.

078 Pfirsich-Schokoladentorte

Schokoladenbuttercreme

4 Pfirsiche, entkernt, geschält und in Spalten geschnitten

2 EL Zitronensaft

Den Biskuitboden mit der Schokoladenbuttercreme bestreichen.

Zitronensaft über den Pfirsichspalten verteilen.

Pfirsichspalten dekorativ auf der Buttercreme verteilen.

* Die Pfirsichspalten erst kurz vor dem Servieren zubereiten und auflegen, sonst werden sie braun.

079 Biskuitrolle

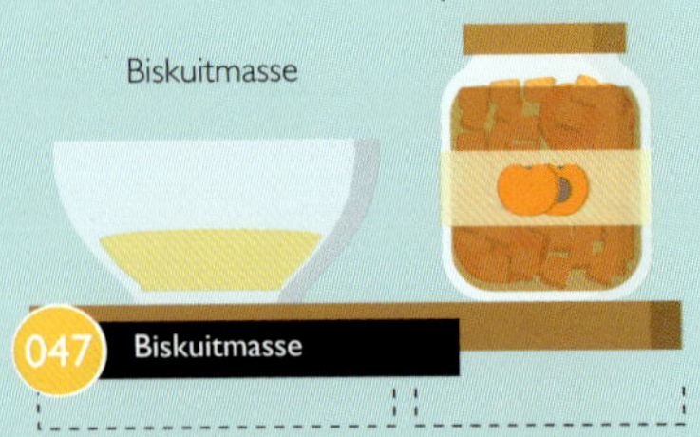

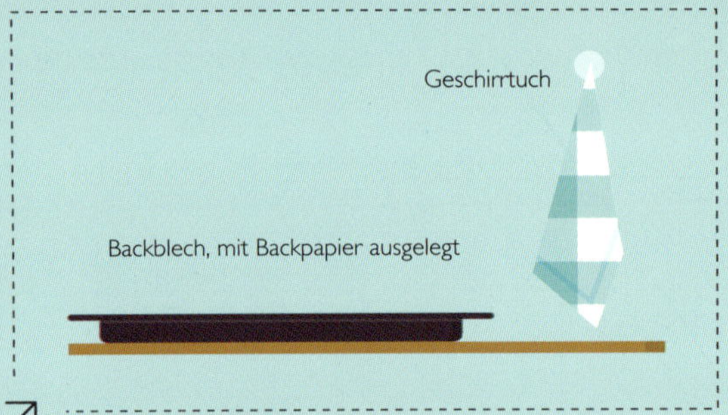

✱ Für die Füllung mit Schlagsahne oder Buttercremes das Biskuit möglichst kühl verarbeiten. Eventuell ein feuchtes Geschirrtuch verwenden, damit das Biskuit nicht bricht.

Die Biskuitmasse ca. 2 cm hoch auf das Backblech streichen.

Backen. Mit einer Nadel die Garprobe machen: Es darf nichts haften bleiben.

Sofort auf ein Geschirrtuch stürzen und das Backpapier abziehen.

Den warmen Biskuitboden etwas abkühlen lassen.

Mit der Konfitüre bestreichen.

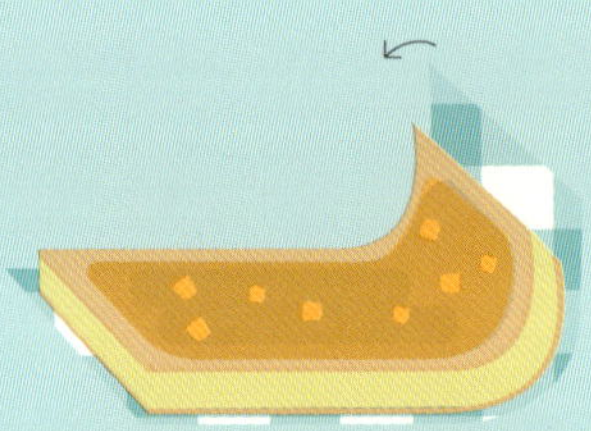

Den mit Konfitüre bestrichenen Boden mithilfe des Geschirrtuchs aufrollen.

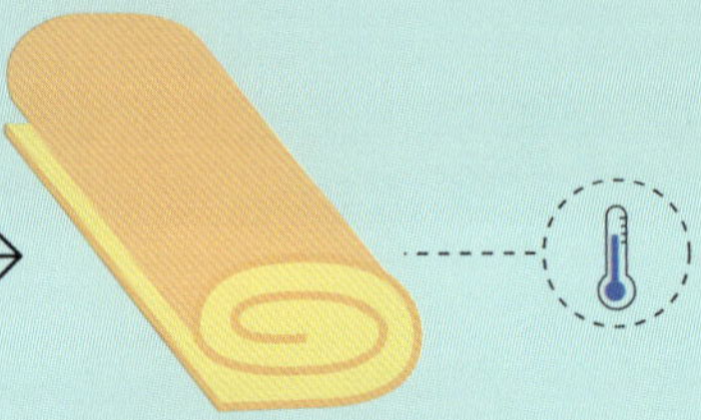

Die fertige Biskuitrolle ganz auskühlen lassen.

080 Brombeerroulade

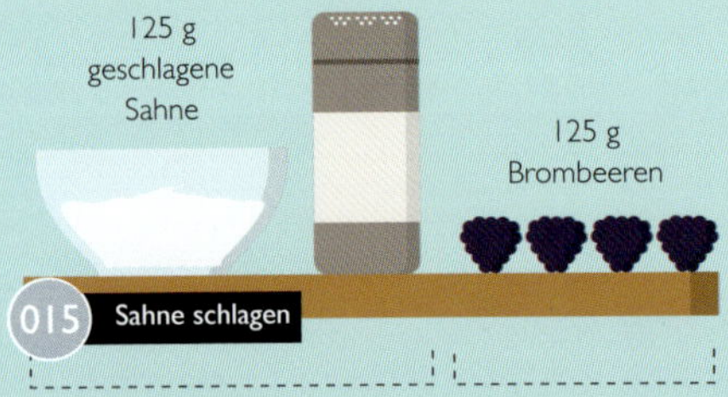

Geschlagene Sahne mit Puderzucker vermengen. Statt der Konfitüre die gesüßte Schlagsahne auf dem Biskuitboden verteilen.

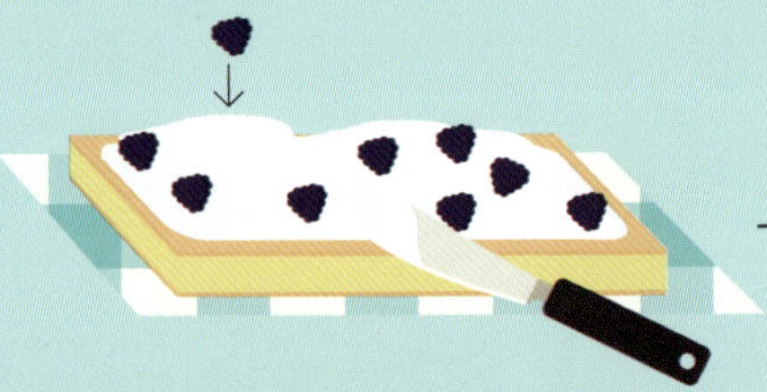

Die Brombeeren auf der Schlagsahne verteilen.

Wie Biskuitrolle rollen. Vor dem Servieren kurz kühlen.

081 Erdbeerroulade

60 g Puderzucker

125 g geschlagene Sahne

200 g Erdbeeren, entstielt und geviertelt

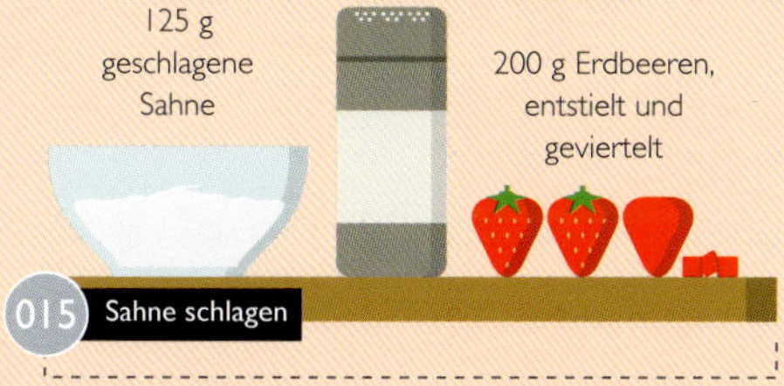

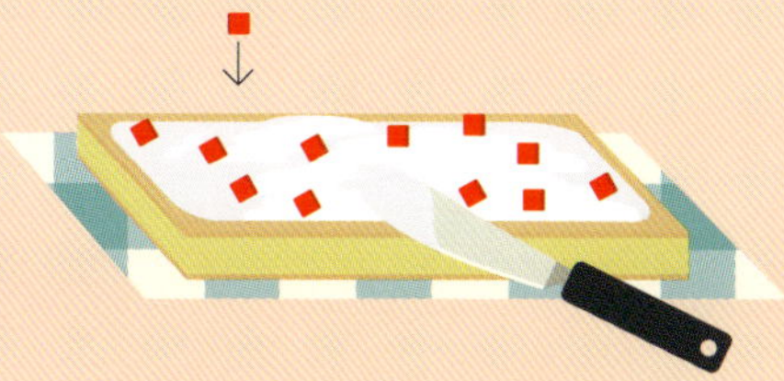

Anstelle der Brombeeren Erdbeeren verwenden.

082 Biskuitrolle mit Fruchtpüree

125 g geschlagene Sahne

125 ml Fruchtsauce (Himbeeren, Erdbeeren, Pfirsich)

Geschlagene Sahne mit Fruchtsauce vermengen.

Die Füllung auf der Biskuitrolle verteilen. Vor dem Servieren kurz kühlen.

083 Kaffeeroulade

4 EL starker Espresso

2 EL Zucker

Schokoladen-buttercreme

* Mit Schokoladen-kaffeebohnen dekorieren.

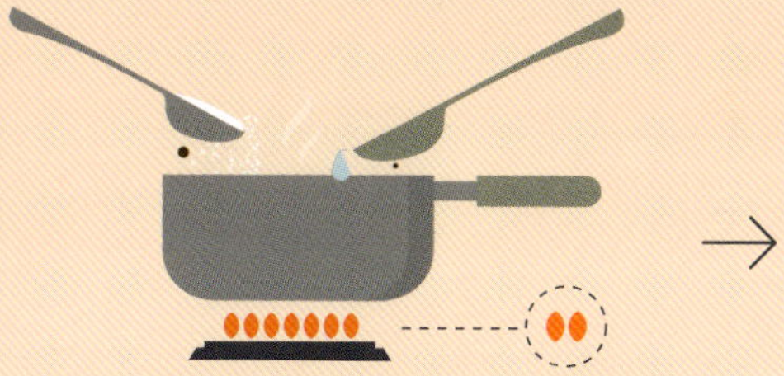

2 EL Espresso mit 3 EL Wasser und dem Zucker aufkochen, bis sich der Zucker aufgelöst hat.

Den Biskuitboden mit dem Kaffeesirup bestreichen.

Buttercreme mit Espresso aromatisieren.

Die Hälfte als Füllung für die Biskuitrolle verwenden und diese einrollen.

Die Rolle mit der restlichen Kaffeecreme bestreichen. Vor dem Servieren kurz kühlen.

084 Maroni-Roulade

Biskuitmasse und Kakao vermengen.

Wie Biskuitrolle backen.

Maronipüree vorsichtig unter die Schlagsahne mengen.

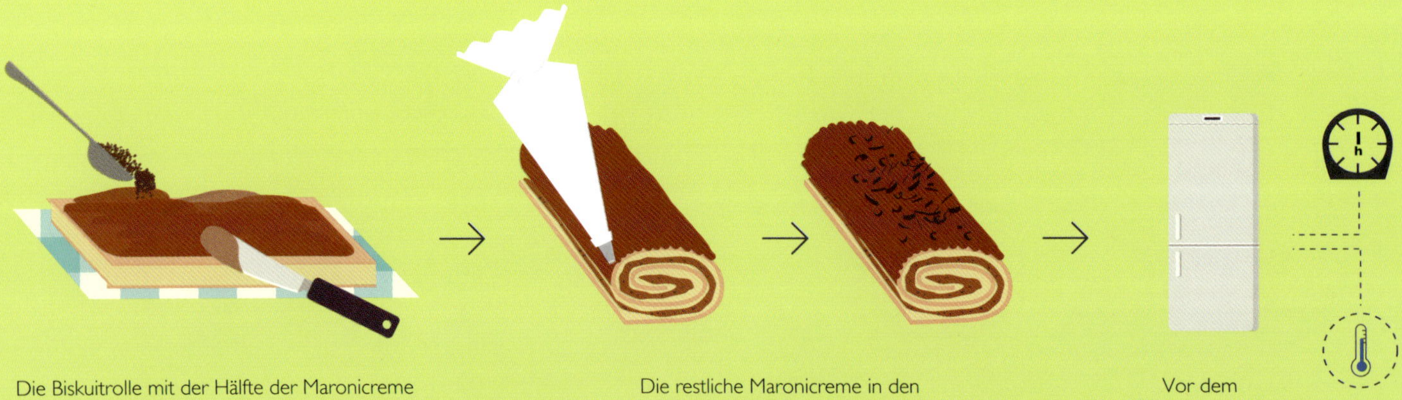

Die Biskuitrolle mit der Hälfte der Maronicreme bestreichen, mit gehackter Bitterschokolade bestreuen und aufrollen.

Die restliche Maronicreme in den Spritzsack füllen und lange Streifen auf die Biskuitrolle dressieren. Mit den Schokoladenlocken garnieren.

Vor dem Servieren kühlen.

085 Bûche de Noël

- 315 g Bitterschokolade, fein gehackt
- 560 g Sahne
- 1 TL Vanille-Aroma
- Biskuitmasse
- 90 g Zucker
- 2 EL Kaffeelikör
- 2 EL Schokoladenlocken

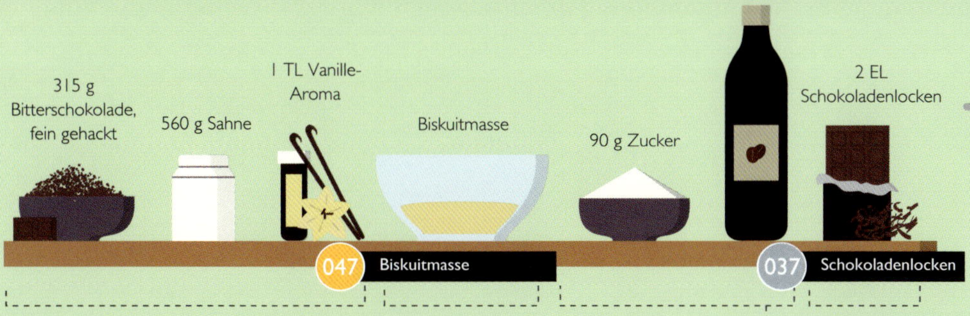

047 Biskuitmasse

037 Schokoladenlocken

Schokolade in Sahne über dem Wasserbad schmelzen.

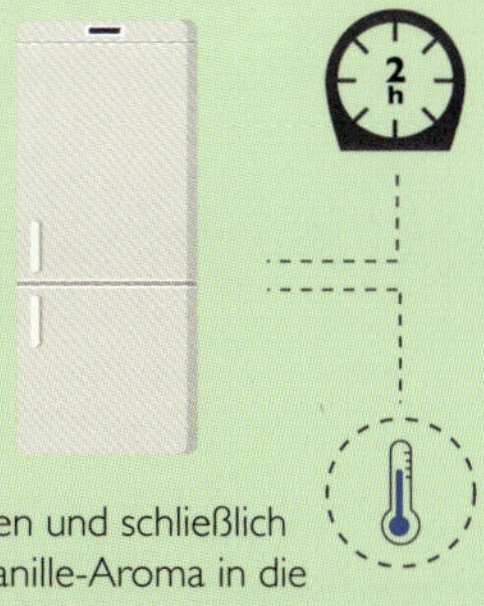

Kühlen und schließlich das Vanille-Aroma in die abgekühlte Creme rühren.

Die Biskuitmasse wie für die Biskuitrolle backen.

Den Zucker zusammen mit 80 ml Wasser und dem Kaffeelikör erhitzen, bis sich der Zucker löst. Die Mischung darf nicht kochen.

Den Biskuitboden mit dem Kaffee-Zuckersirup bestreichen.

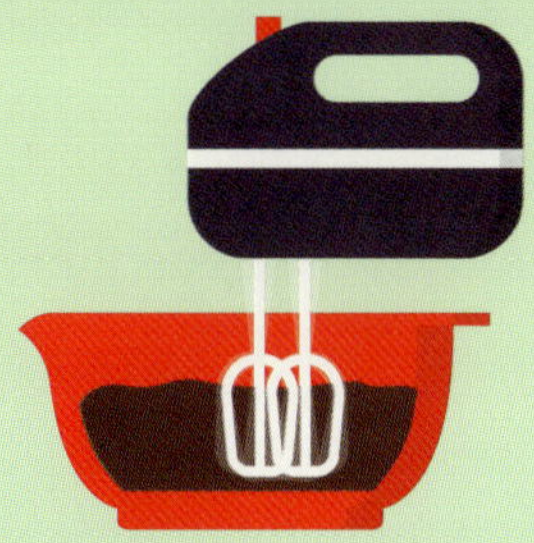

Schokoladencreme aufschlagen.

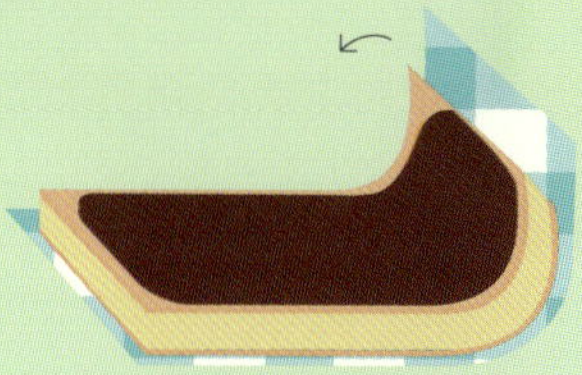

Die Biskuitrolle mit der Hälfte der Creme füllen und aufrollen.

Von beiden Enden der Rolle zwei Keile im 45-Grad-Winkel abschneiden.

Die kleinen Stücke diagonal versetzt wie Astgabeln anlegen. Die Schokoladencreme auf der Rolle verstreichen, und so die beiden kleinen Stücke fixieren.

Mit der Gabel Wellenlinien ziehen.

Mit Schokoladenlocken garnieren. Kühl stellen.

086 Schokoladenkuchen ohne Mehl

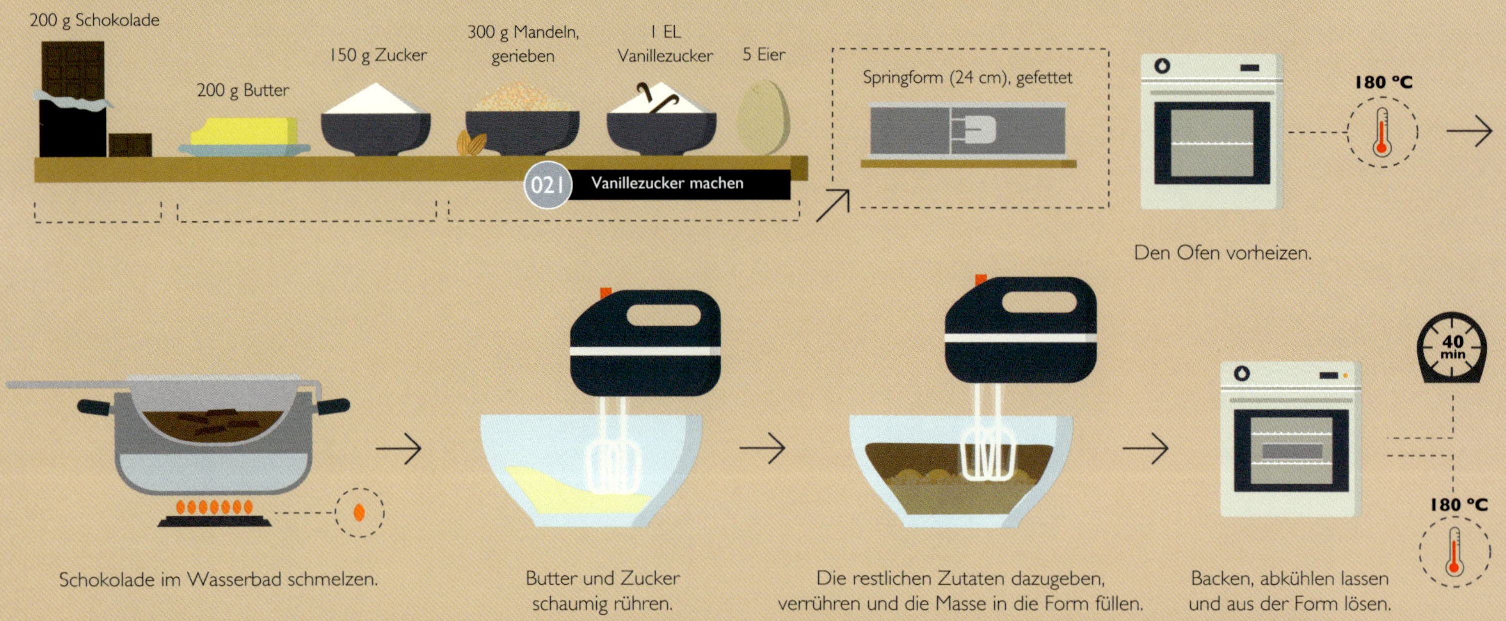

087 Lebkuchen

088 Karottenkuchen

- 155 g Mehl
- 1 TL Backpulver
- ½ TL gemahlener Zimt
- 2 Eier
- 250 g Zucker
- 4 EL Zitronensaft
- 125 ml Sonnenblumenöl
- 90 g Karotten, gerieben
- 60 g Walnüsse, gerieben

Springform (24 cm), gefettet

Den Ofen vorheizen.

Mehl mit Backpulver und Zimt in einer Schüssel vermischen.

In einer zweiten Schüssel Eier und Zucker schaumig rühren.

Zitronensaft und Öl dazugeben und verrühren.

Zuerst die Mehlmischung, dann die Karotten und Nüsse unterrühren.

Die Masse in die vorbereitete Springform füllen.

Backen, abkühlen lassen und aus der Form lösen.

✱ Mit Zuckerglasur garnieren.

089 Bananen-Nuss-Kuchen

- 150 g Butter
- 150 g Zucker
- 3 Eier
- 4 Bananen
- 1 EL Vanille-Aroma
- 350 g Mehl
- 2 TL Backpulver
- 1 Prise Salz
- 75 g Walnüsse, gehackt

Kastenform (21,5 x 11,5 cm), gefettet

Den Ofen vorheizen.

Butter und Zucker schaumig schlagen, dann die Eier nacheinander unterrühren.

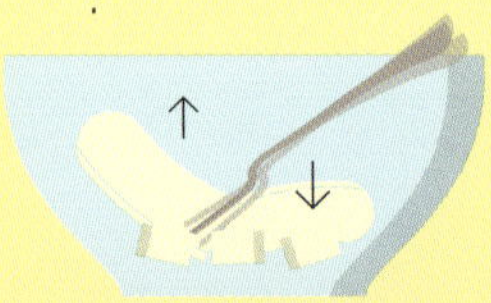

Bananen mit einer Gabel zerdrücken.

Die zerdrückten Bananen zusammen mit dem Vanille-Aroma zur Buttermasse geben.

Mehl, Backpulver und Salz vermischen.

Mehl und Backpulver unter die Bananenmasse heben.

Die Masse in die vorbereitete Kastenform gießen und backen.

Zur Garprobe mit einem Holzstäbchen in den Kuchen stechen, bleibt kein Teig daran kleben, ist der Kuchen gar.

Leicht abkühlen lassen und aus der Form stürzen.

090 Sandkuchen

185 g Butter
220 g Zucker
1 TL Vanille-Aroma
½ TL Mandel-Aroma
2 Eier
½ TL Backpulver
200 g Mehl
1 Prise Salz
125 ml Sauerrahm

Kastenform (21,5 x 11,5 cm), gefettet und bemehlt

Den Ofen vorheizen. 180 °C

Butter, Zucker, Vanille- und Mandel-Aroma schaumig schlagen.

Eier nacheinander zur Buttermasse geben.

Mehl, Backpulver und Salz vermengen.

Die Hälfte der Mischung unter die Ei-Butter-Masse rühren.

Dann den Sauerrahm und schließlich die restliche Mehlmischung unter die Masse heben.

Die Masse in die vorbereitete Kastenform füllen und backen. 70 min, 180 °C

Zur Garprobe mit einem Holzstäbchen in den Kuchen stechen, bleibt kein Teig daran kleben, ist der Kuchen gar.

Leicht abkühlen lassen und aus der Form stürzen.

091 Mohnsandkuchen

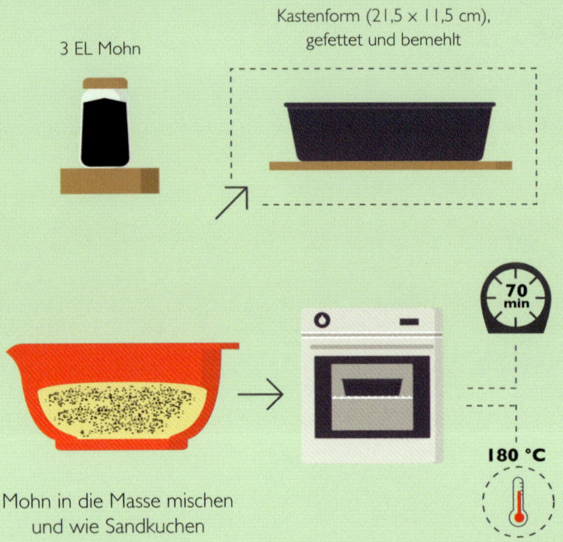

Mohn in die Masse mischen und wie Sandkuchen zubereiten.

092 Zitronensandkuchen

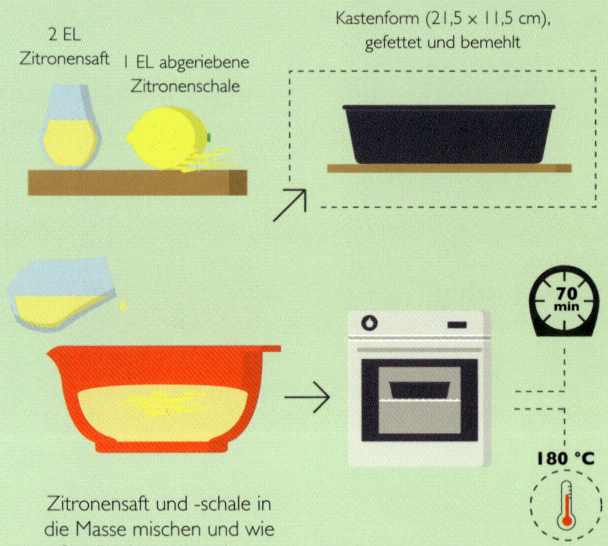

Zitronensaft und -schale in die Masse mischen und wie Sandkuchen zubereiten.

093 Espresso-Sandkuchen

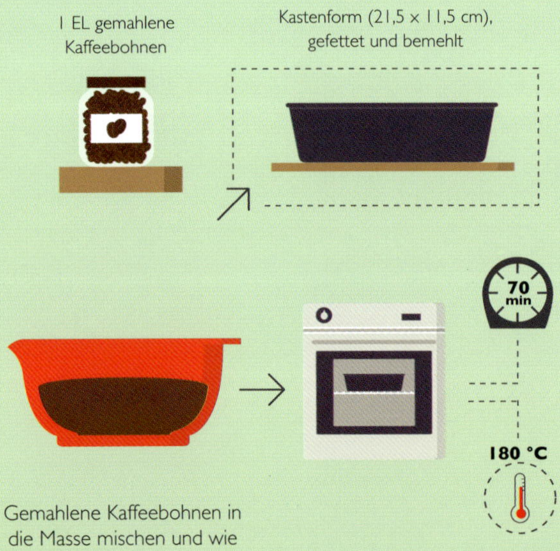

Gemahlene Kaffeebohnen in die Masse mischen und wie Sandkuchen zubereiten.

094 Kokos-Sandkuchenkranz

Kokosraspeln mit dem Mehl vermengen, unter die Masse heben und wie Sandkuchen zubereiten.

095 Kirschkuchen

½ Sandkuchenmasse

200 g Kirschen, entsteint

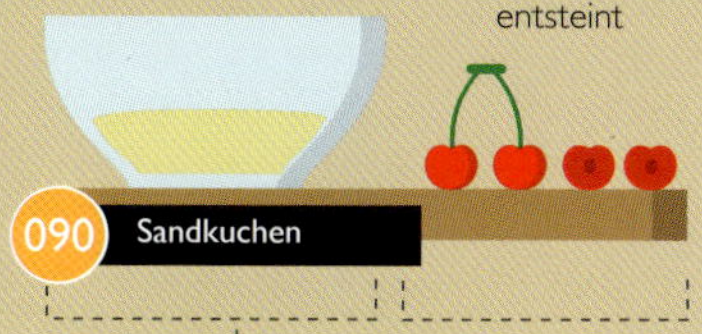

Tarteform (24 cm), gefettet

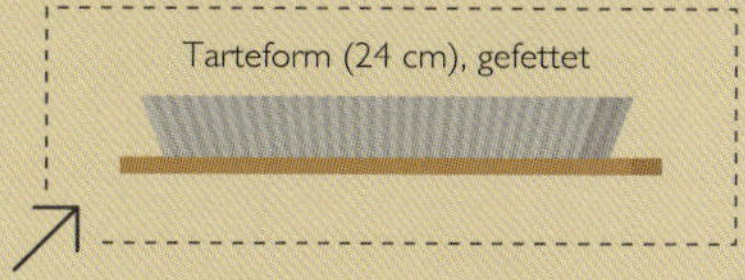

* Funktioniert auch mit anderen Früchten, wenn sie beim Backen nicht zu viel Saft verlieren.

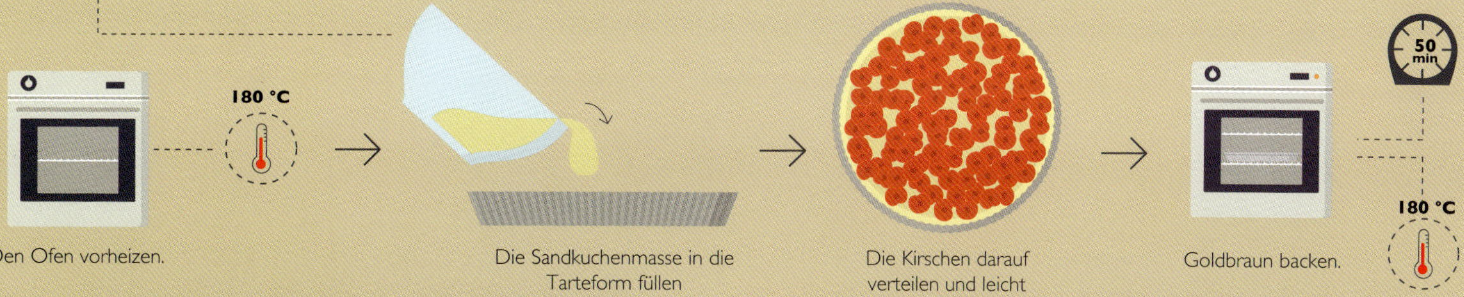

Den Ofen vorheizen.

Die Sandkuchenmasse in die Tarteform füllen

Die Kirschen darauf verteilen und leicht eindrücken.

Goldbraun backen.

096 Brombeersandkuchen

½ Sandkuchenmasse

185 g Brombeeren

Brombeeren statt Kirschen verwenden.

097 Johannisbeersandkuchen

½ Sandkuchenmasse

180 g rote Johannisbeeren

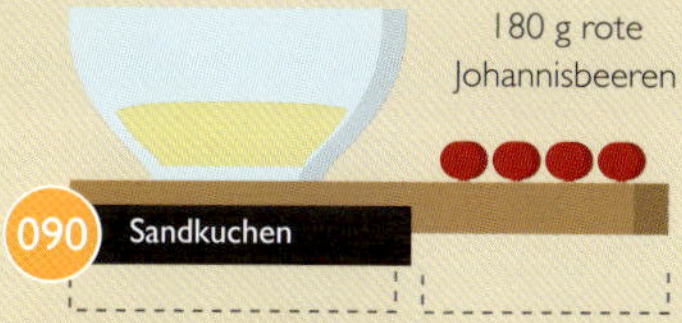

Johannisbeeren statt Kirschen verwenden.

098 Gugelhupf

099 Rotweingugelhupf

150 g Butter
150 g Zucker
1 Prise Salz
1 TL Vanille-Aroma
3 Eier
150 g Mehl
1 EL Backpulver
50 g Schokolade, sehr fein gehackt
100 ml Rotwein
250 ml Rotwein
80 g Zucker
1 Prise Zimt
1 Prise Nelkenpulver
1 EL Maisstärke

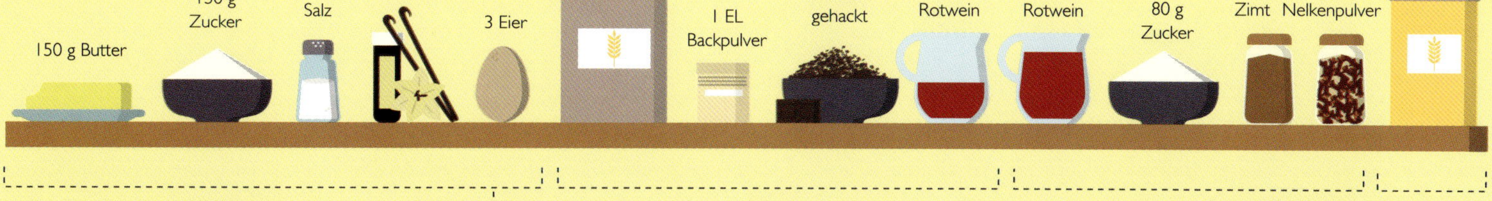

250 g geschlagene Sahne – 015 Sahne schlagen

2 EL Schokoladenlocken – 037 Schokoladenlocken

Gugelhupfform (24 cm), gefettet

Den Ofen vorheizen. 180 °C

Butter, Zucker, Salz und Vanille-Aroma schaumig rühren. Die Eier nacheinander unterrühren.

Mehl, Backpulver, Schokolade und Rotwein unterühren.

Die Masse in die vorbereitete Gugelhupfform füllen und backen. 45 min, 180 °C

Rotwein, Zucker, Zimt und Nelkenpulver aufkochen, bis sich der Zucker löst. Leicht abkühlen lassen und mit der Maisstärke binden.

Vorsichtig unter die Schlagsahne heben.

Den Gugelhupf einmal quer durchschneiden.

Die Hälfte der Rotwein-Sahne-Creme auf dem unteren Teil des Gugelhupf verteilen, den oberen Teil wieder daraufsetzen.

Den Gugelhupf mit der restlichen Creme bestreichen und mit den Schokoladenlocken bestreuen.

100 Marmorkuchen

Einfache Rührmasse

1 EL Kakao

045 Einfache Rührmasse

Kastenform (21,5 x 11,5 cm), gefettet und bemehlt

180 °C

Den Ofen vorheizen.

Die Rührmasse in zwei Hälften teilen. Einen Teil mit dem Kakaopulver vermischen.

Abwechselnd hellen Teig und dunklen Teig in die Form geben.

30 min

180 °C

Goldbraun backen.

Leicht abkühlen lassen und aus der Form stürzen.

101 Schokoladenkuchen

185 g Butter

220 g Zucker

3 EL Kakao-Pulver

2 Eier

125 g Sauerrahm

205 g Mehl

1 TL Backpulver

Kastenform (21,5 x 11,5 cm), gefettet und bemehlt

180 °C

Den Ofen vorheizen.

Butter, Zucker und Kakao-Pulver schaumig schlagen.

Eier und Sauerrahm verrühren. Unter Rühren langsam zur Buttermasse geben.

Mehl und Backpulver unterrühren. Die Masse in die vorbereitete Form füllen.

60 min

180 °C

Backen. Leicht abkühlen lassen und aus der Form stürzen.

102 Pfirsich-Streuselkuchen

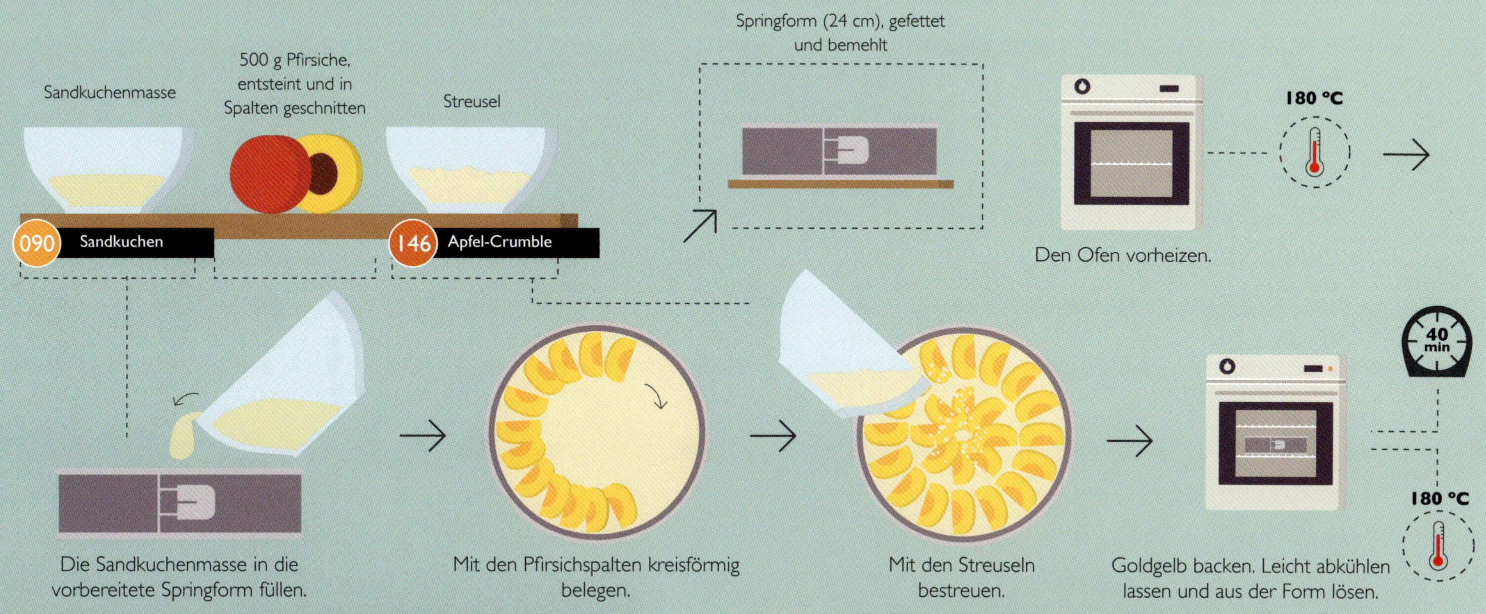

103 Aprikosen-Streuselkuchen

104 Pflaumen-Streuselkuchen

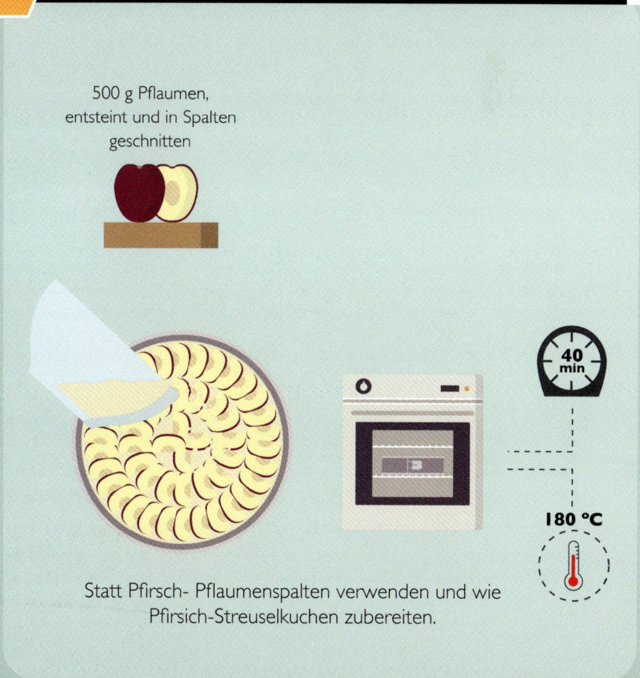

105 Joghurtkuchen

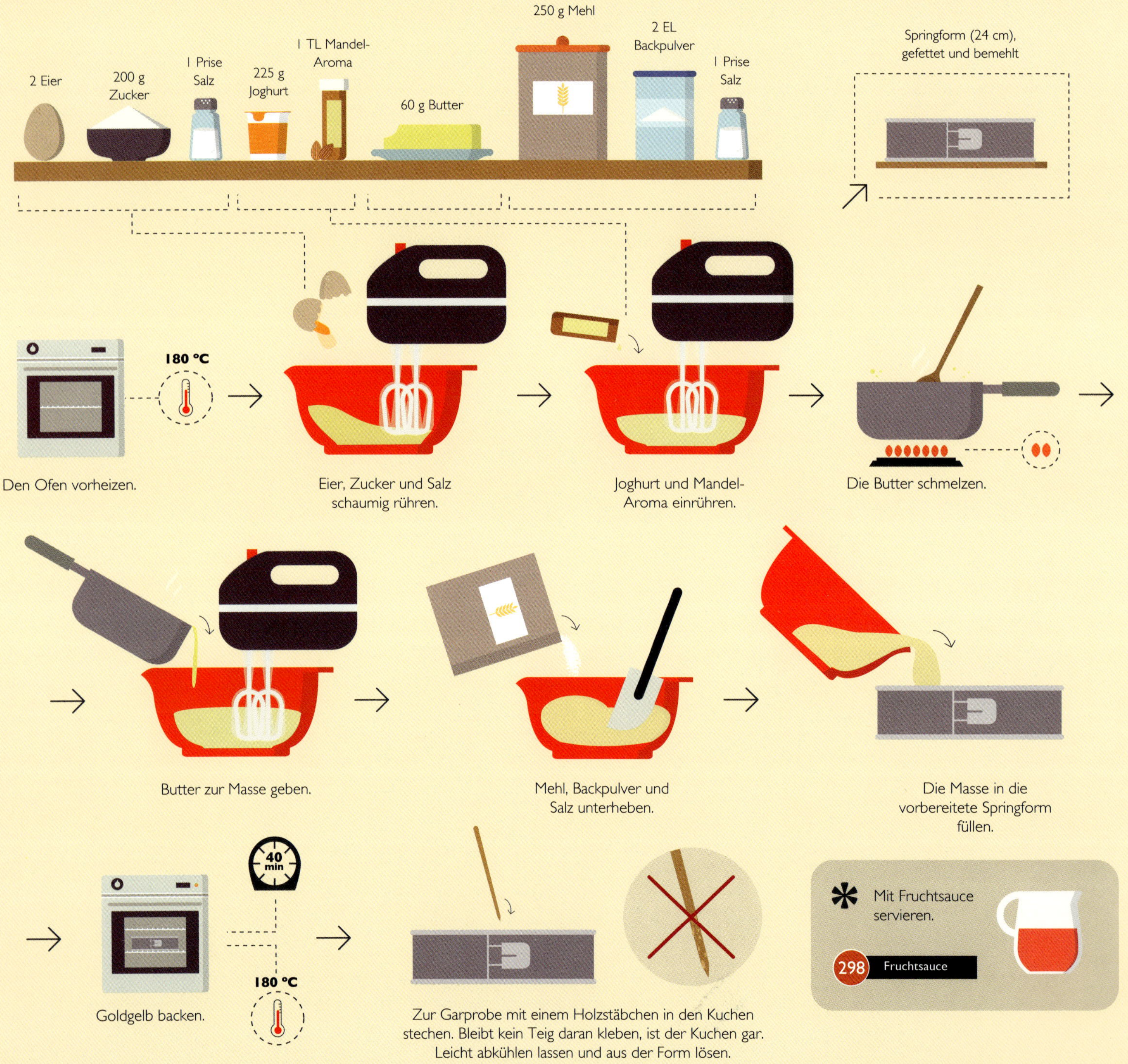

106 Baba au Rhum

Savarinform (24 cm), gefettet

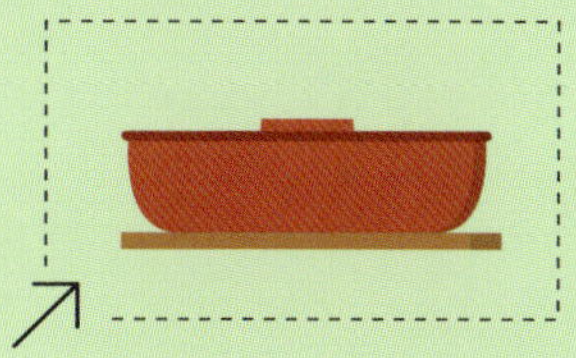

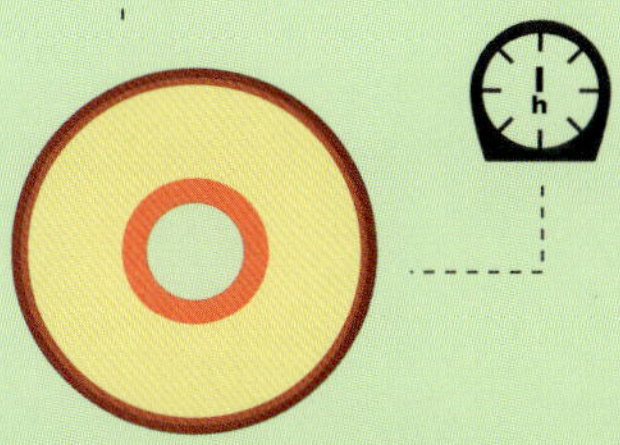

Den Hefeteig in die vorbereitete Form füllen. An einem warmen Ort nochmals gehen lassen.

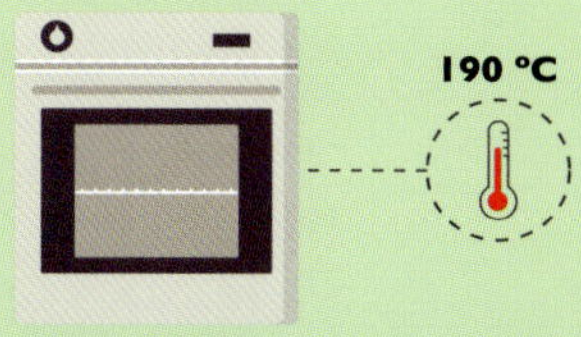

Den Ofen vorheizen.

Zucker zusammen mit 225 ml Wasser erhitzen, bis sich der Zucker aufgelöst hat.

Etwas abkühlen lassen und dann den Rum unterrühren.

Den Baba backen, bis er leicht gebräunt ist.

Aus der Form lösen, noch warm in den Sirup einlegen und ziehen lassen, dabei immer wieder wenden.

Mit Schlagsahne servieren.

* Für Mini-Babas können Sie 12 Dariolförmchen (Durchmesser 5 cm) statt der Savarinform verwenden. 15–20 Minuten backen.

Mit Vanilleeis servieren.

107 Panettone

- Hefeteig
- 100 g kandierte Früchte, kleingeschnitten
- 100 g Rosinen
- 3 EL Rum
- 2 EL Hagelzucker
- 1 EL geschälte Mandeln

053 Hefeteig

Runde Tortenform (20 cm)

Backpapier

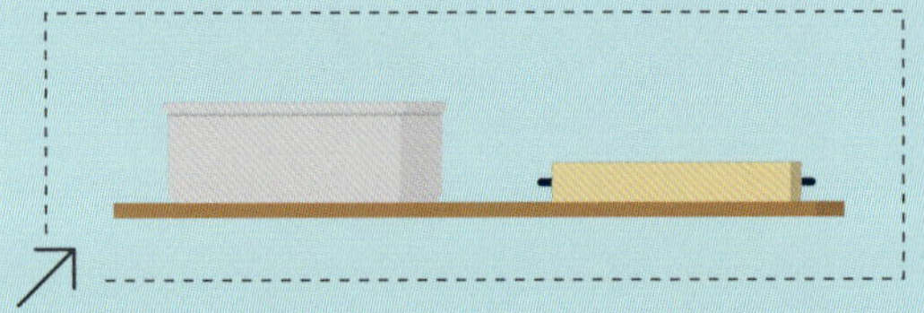

Die Tortenform mit Backpapier auslegen.

Einen 40 cm breiten Streifen Backpapier der Länge nach falten und mit Bindfaden von außen an der Tortenform fixieren.

Kandierte Früchte und Rosinen im Rum einweichen.

Den Hefeteig zusammenschlagen und nochmals gehen lassen.

Wieder zusammenschlagen, die eingeweichten kandierten Früchte einarbeiten und den Teig zu einer Kugel formen.

Die Kugel in die Tortenform geben und an einem warmen Ort gehen lassen.

Den Ofen vorheizen.

Die Oberfläche mit Hagelzucker und Mandel bestreuen.

Backen, bis die Oberfläche leicht gebräunt ist. Leicht abkühlen lassen, aus der Form lösen und Backpapier abziehen.

108 Brioche

½ Briocheteig

1 Eigelb

054 Briocheteig

6 Brioche- oder kleine Souffléförmchen (125 ml), gefettet

Den Teig auf einer bemehlten Arbeitsfläche gut durchkneten.

In 7 Teile teilen.

6 Teigstücke zu Kugeln rollen.

Die Kugeln in die Förmchen setzen.

In jede Kugel ein Loch machen.

Aus dem letzten Teigstück Zapfen formen, diese in die Löcher einsetzen.

Wieder gehen lassen.

Den Ofen vorheizen.

Das Eigelb verquirlen und die Brioches damit bepinseln.

Goldgelb backen. Leicht abkühlen lassen und aus den Förmchen lösen.

109 Briochezopf

- Briocheteig
- 1 Eigelb
- 1 EL Hagelzucker
- 1 EL Mandelblättchen

054 Briocheteig

Backblech, mit Backpapier ausgelegt

Den Teig auf einer bemehlten Arbeitsfläche durchkneten.

Den Teig dritteln und Rollen formen.

Auf dem Backblech einen Zopf flechten.

An einem warmen Ort gehen lassen.

Den Ofen vorheizen.

Das Eigelb verquirlen und den Zopf damit bepinseln.

Mit Hagelzucker und Mandelblättchen bestreuen.

Goldbraun backen.

110 Blechkuchen mit Rührmasse

Rührmasse

046 Rührmasse

Backblech, mit Backpapier ausgelegt

180 °C

Den Ofen vorheizen.

Die Masse auf dem Backblech verteilen und glatt streichen.

35 min

180 °C

Nach Belieben belegen und backen.

Abkühlen lassen und in Stücke schneiden.

111 Aprikosenblechkuchen

30 Aprikosen, entsteint und halbiert

2 EL Mandelblättchen

Die Aprikosen mit der offenen Seite nach oben auf den Teig legen. Mit Mandelblättchen bestreuen und wie Blechkuchen mit Rührmasse backen.

112 Kirschblechkuchen

500 g Kirschen, entsteint

2 EL Mandelstifte

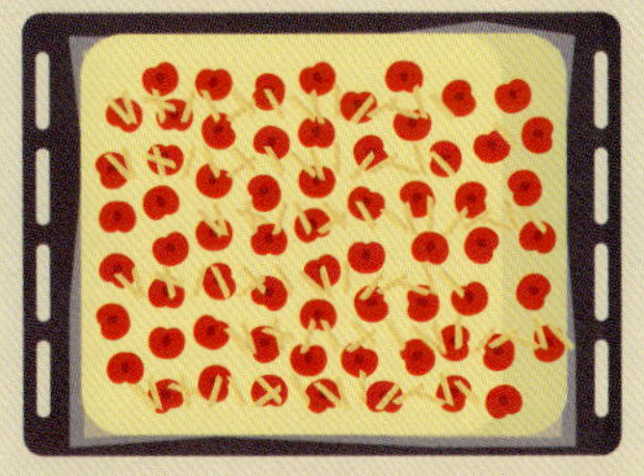

Kirschen und Mandelstifte auf dem Teig verteilen. Wie Blechkuchen mit Rührmasse backen.

113 Rhabarber-Erdbeer-Blechkuchen

250 g Rhabarber

3 EL Zucker

250 g Erdbeeren, geputzt, entstielt und geviertelt

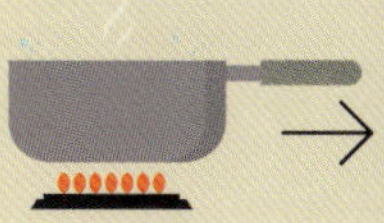

Rhabarber und Zucker mit 125 ml Wasser kurz aufkochen lassen, dann durch ein Sieb abgießen und abtropfen lassen.

Rhabarber und Erdbeeren auf dem Teig verteilen und wie Blechkuchen mit Rührmasse backen.

114 Blechkuchen mit Hefeteig

Hefeteig

Backblech, mit Backpapier ausgelegt

Den Ofen vorheizen.

Den Teig nochmals durchkneten und ausrollen.

Den Teig auf das Backblech legen, in die Ecken ziehen.

Nach Belieben belegen und backen.

Abkühlen lassen und in Stücke schneiden.

115 Zwetschgenkuchen

30 Zwetschgen, entsteint und in Spalten geschnitten

Die Zwetschgenspalten dicht an dicht auf den Teig legen, der Teig sollte ganz bedeckt sein, und wie Blechkuchen mit Hefeteig backen.

116 Apfelkuchen

3 Äpfel, geschält, entkernt und in Spalten geschnitten

1 EL Zitronensaft

2 EL Zucker

Die Apfelspalten dicht an dicht auf den Teil legen, der Teig sollte ganz bedeckt sein. Mit Zitrone beträufeln und den Zucker darüberstreuen. Wie Blechkuchen mit Hefeteig backen.

117 Apfelstreusel-Kuchen

3 Äpfel, geschält, entkernt und in Spalten geschnitten

1 EL Zitronensaft

Streusel

Die Apfelspalten dicht an dicht auf den Teil legen, der Teig sollte ganz bedeckt sein. Mit Zitrone beträufeln. Die Streusel darüber verteilen und wie Blechkuchen mit Hefeteig backen.

118 Blechkuchen mit Biskuitmasse

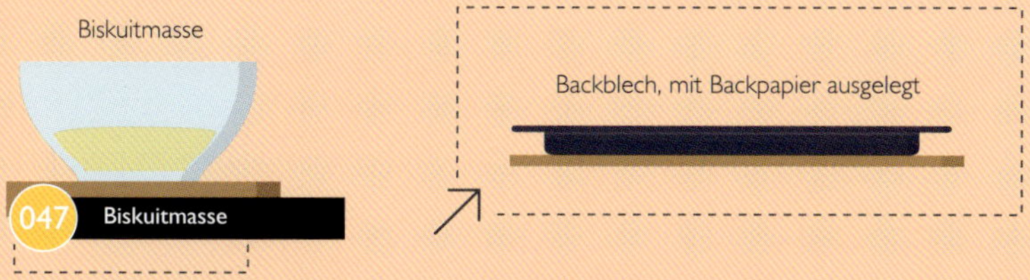

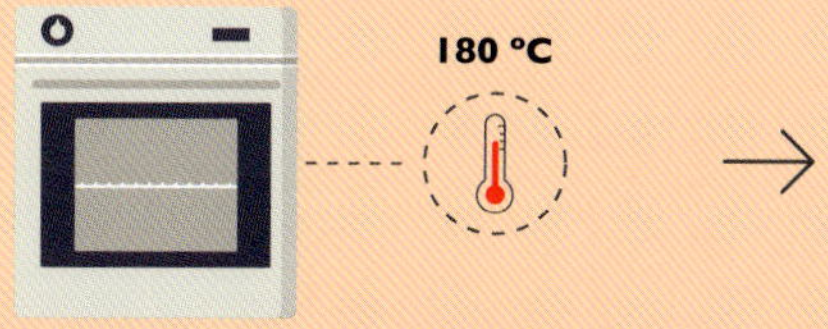

Den Ofen vorheizen.

Die Masse auf dem Backblech verteilen und glatt streichen.

Nach Belieben belegen und backen.

Abkühlen lassen und in Stücke schneiden.

119 Zitronenblechkuchen

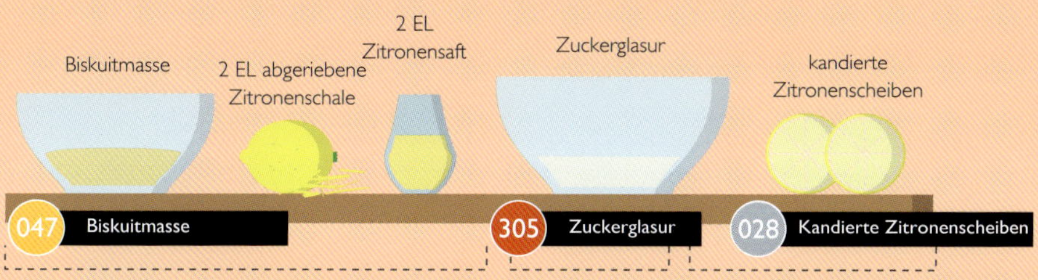

Zitronenschale und -saft in die Biskuitmasse einarbeiten.

Die Masse auf dem Backblech verteilen und glatt streichen.

Wie Blechkuchen mit Biskuitmasse backen und abkühlen lassen.

Mit der Zuckerglasur bestreichen und mit den kandierten Zitronenscheiben dekorieren.

120 Eierlikör-Schnitten

Wie Blechkuchen mit Biskuitmasse backen und abkühlen lassen.

* Den Blechkuchen vor dem Servieren in gleichmäßige Stücke schneiden und mit Eierlikör beträufeln.

Den abgekühlten Biskuitboden mit 2 EL Eierlikör bestreichen.

4 EL Eierlikör unter die Schlagsahne heben.

Die Schlagsahne auf dem Boden verteilen und glatt streichen.

121 Schokoladen-Schnitten

Den Kakao unter die Biskuitmasse rühren.

Die Schokoladenstücke unterheben.

* Eventuell mit Rum beträufeln und mit frischen Früchten belegen.

Die Masse auf dem Backblech verteilen und glatt streichen.

Wie Blechkuchen mit Biskuitmasse backen und abkühlen lassen.

In Stücke schneiden.

122 Pudding-Blechkuchen

Wie Blechkuchen mit Biskuitmasse backen und abkühlen lassen.

Den noch flüssigen Vanillepudding auf dem Biskuitmasse-Boden verteilen und fest werden lassen.

Mit Früchten dekorieren.

Vanillepudding schmeckt besonders gut mit Erdbeeren, Mandarinen, Pfirsichen, roten Beeren, Mandelsplittern und Pinienkernen.

Den noch flüssigen Schokoladenpudding auf dem Biskuitmasse-Boden verteilen und fest werden lassen.

Mit Früchten dekorieren.

Schokoladenpudding schmeckt besonders gut mit Himbeeren, Kirschen, Walnüssen, kandierten Orangen, Schokoladenlocken und Schokoladenblättern.

Pies, Tartes und Aufläufe

123 Kirsch-Pie

- Pie-Teig
- 750 g frische Kirschen, entsteint
- 185 g Zucker
- 3 EL Maisstärke
- 1 Prise Salz
- 1 TL Vanille-Aroma
- ½ TL Mandel-Aroma

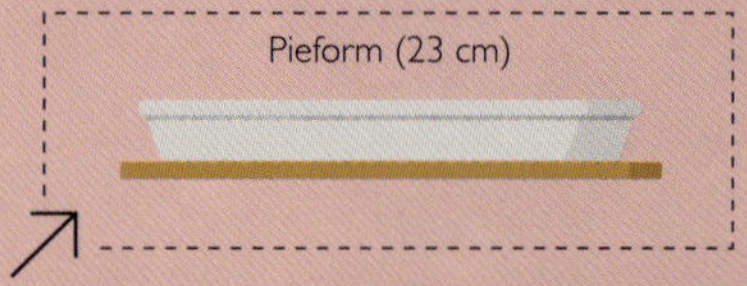

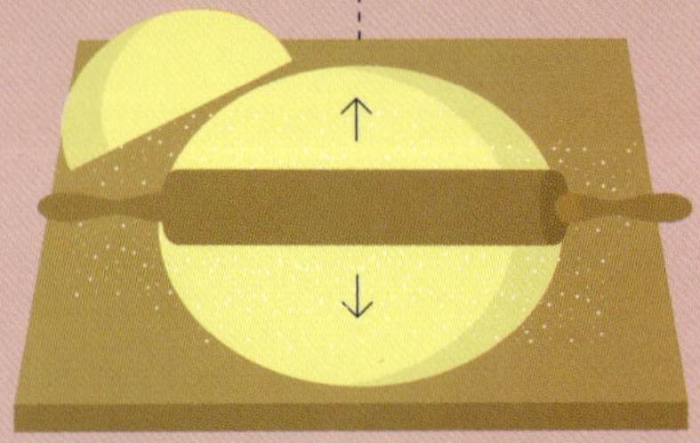

Den Teig in zwei Teile teilen und beide auf einer bemehlten Arbeitsfläche 3 mm dick ausrollen.

Eine Pieform mit einer Teigplatte auslegen.

Ränder abschneiden, dabei etwa 1 cm Überhang lassen.

Pieboden und die zweite Teigplatte kalt stellen.

Alle Zutaten vermengen und ziehen lassen.

Den Ofen vorheizen.

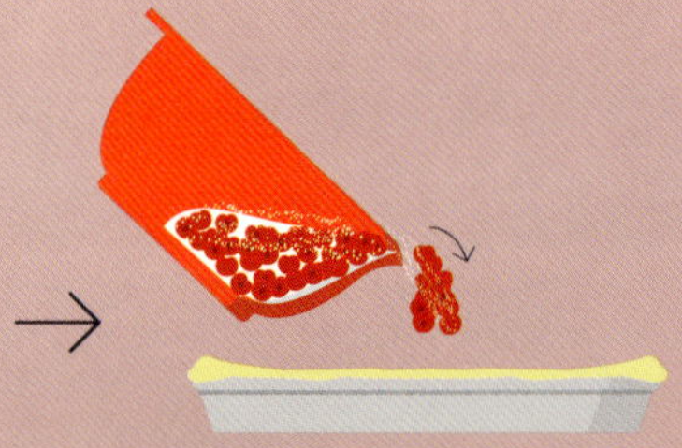

Kirschenmischung gleichmäßig in der Form verteilen.

Die zweite Teigplatte in Streifen schneiden und ein Kuchengitter flechten.

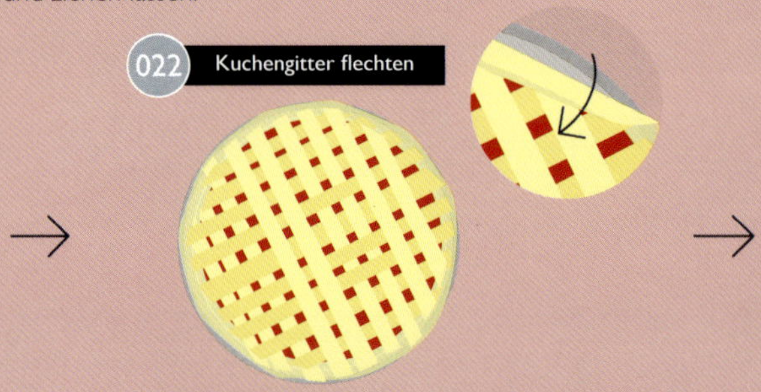

Überhängende Streifen abschneiden, den Überhang der Bodenplatte anheben und über die Streifenenden falten.

Auf mittlerer Schiene backen. Hitze reduzieren und weiterbacken.

124 Heidelbeer-Pie

1 kg Heidelbeeren

* Kann auch mit geschlossenem Teigdeckel zubereitet werden - den Deckel 4 oder 5 Mal einschneiden, damit Dampf entweichen kann.

Heidelbeeren statt Kirschen verwenden und wie Kirsch-Pie zubereiten.

125 Sommerbeeren-Pie

750 g gemischte Beeren (Himbeeren, Johannisbeeren, Erdbeeren)

* Eventuell die Beerenmischung nachsüßen.

Sommerbeeren statt Kirschen verwenden und wie Kirsch-Pie zubereiten.

126 Pfirsich-Pie

1 kg Pfirsiche, entsteint und in Spalten geschnitten

Pfirsiche statt Kirschen verwenden und wie Kirsch-Pie zubereiten.

127 Erdbeer-Rhabarber-Pie

375 g Rhabarber, Blätter entfernt, geschält und in 1,5 cm große Stücke geschnitten

375 g Erdbeeren, geputzt und geviertelt

Erdbeeren und Rhabarber statt Kirschen verwenden, zusätzlich 65 g Zucker zur Erdbeer-Rhabarber-Mischung geben und wie Kirsch-Pie zubereiten.

128 Kirsch-Mini-Pies

½ Pie-Teig

750 g frische Kirschen, entsteint

185 g Zucker

3 EL Maisstärke

1 TL Vanille-Aroma

½ TL Mandel-Aroma

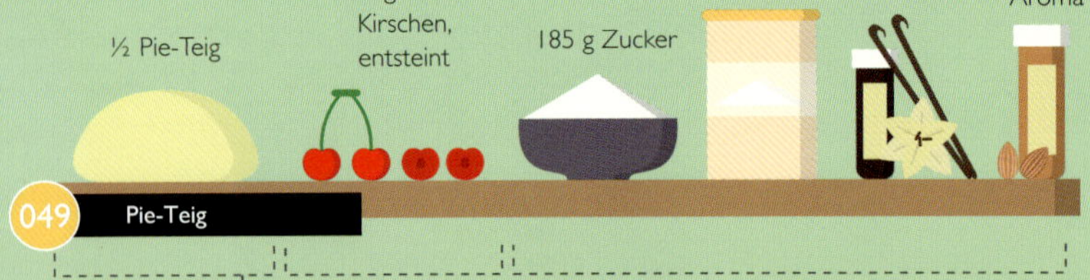

049 Pie-Teig

4 kleine Souffléförmchen (250 ml)

✱ Kann auch mit anderen Früchten zubereitet werden.

Den Teig 3 mm dick ausrollen.

4 Teigkreise ausschneiden, deren Durchmesser etwa 2 cm größer als die Form ist.

Kirschen gleichmäßig in den Förmchen verteilen.

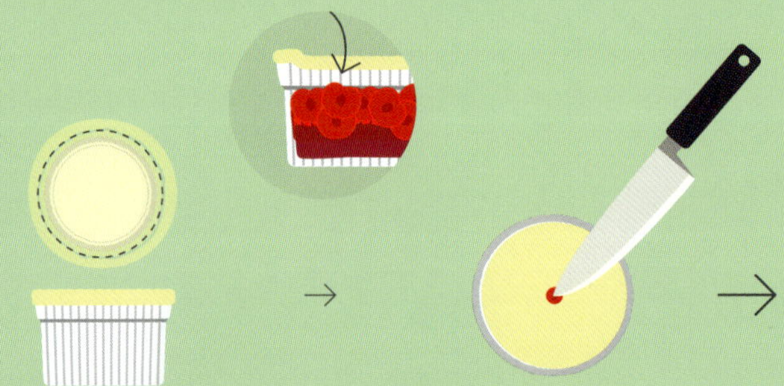

Die Mini-Pies mit den Teigkreisen bedecken, den Rand andrücken und ein Loch in den Deckel schneiden.

Auf mittlerer Schiene backen.

129 Gewürz-Apfel-Pie

- Pie-Teig
- 2 kg Äpfel, geschält und in Spalten geschnitten
- 155 g brauner Zucker
- 2 EL Zitronensaft
- 1 TL gemahlener Zimt
- ¼ TL Nelkenpulver

Pieform (23 cm)

Den Teig in zwei Teile teilen und beide auf einer bemehlten Arbeitsfläche 3 mm dick ausrollen.

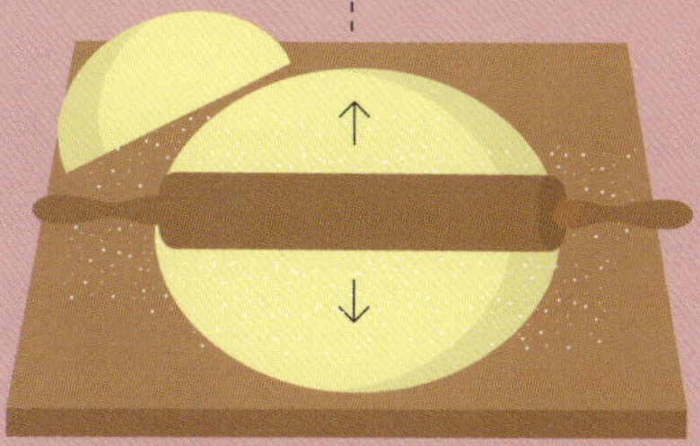

Mit einer Teigplatte die Pieform auslegen.

Ränder abschneiden, dabei etwa 2 cm Überhang lassen.

Pieboden und die zweite Teigplatte kalt stellen.

Alle Zutaten vermengen und ziehen lassen.

Den Ofen vorheizen.

Apfelspalten in die Form schichten.

Mit der zweiten Teigplatte bedecken, Überhang abschneiden und den Rand andrücken. Mit einem Messer den Deckel 4 bis 5 Mal einschneiden, damit Dampf entweichen kann.

Auf mittlerer Schiene backen.

130 Süße Kürbis-Pie

½ Pie-Teig

300 g Kürbis, geschält, entkernt und in kleine Stücke geschnitten

75 g brauner Zucker

2 EL Zitronensaft

1 TL Zimt

¼ TL Nelkenpulver

1 TL Ingwer, gerieben

1 Prise frisch geriebene Muskatnuss

225 g getrocknete Hülsenfrüchte

2 Eier

75 g brauner Zucker

375 g Sahne

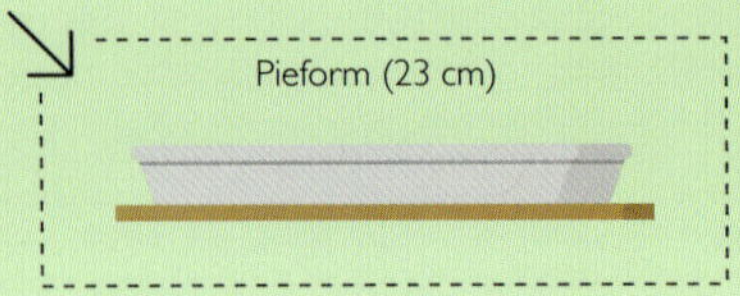

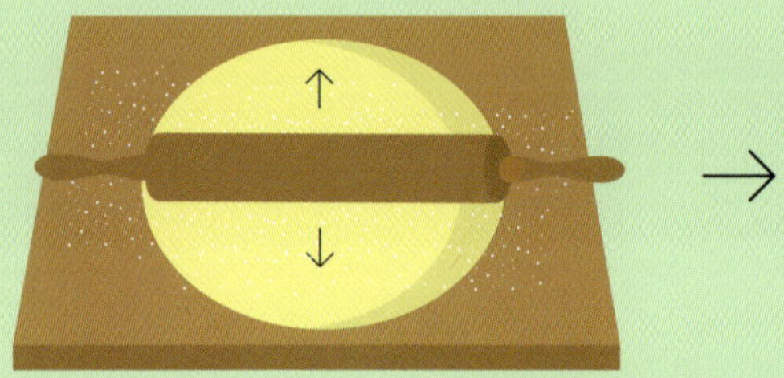

Den Teig auf einer bemehlten Arbeitsfläche 3 mm dick ausrollen.

Mit einer Teigplatte die Pieform auslegen.

Ränder abschneiden, dabei etwa 2 cm Überhang lassen.

Pieboden kalt stellen.

Kürbis, 75 g Zucker, Zitronensaft und Gewürze mit 4 EL Wasser erhitzen bis der Kürbis weich ist.

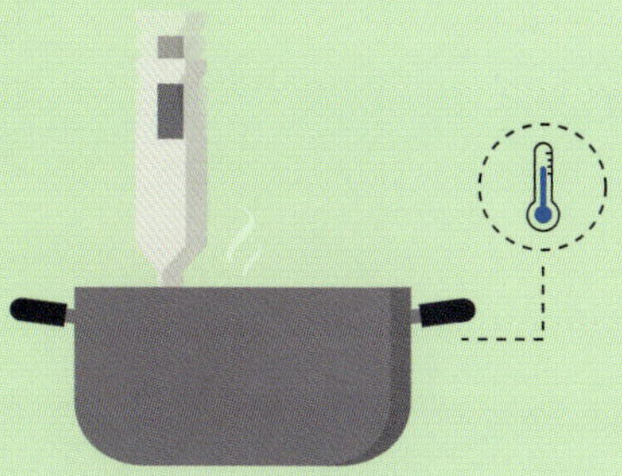

Pürieren und abkühlen lassen.

Den Ofen vorheizen.

Teig mit einer Gabel mehrmals einstechen.

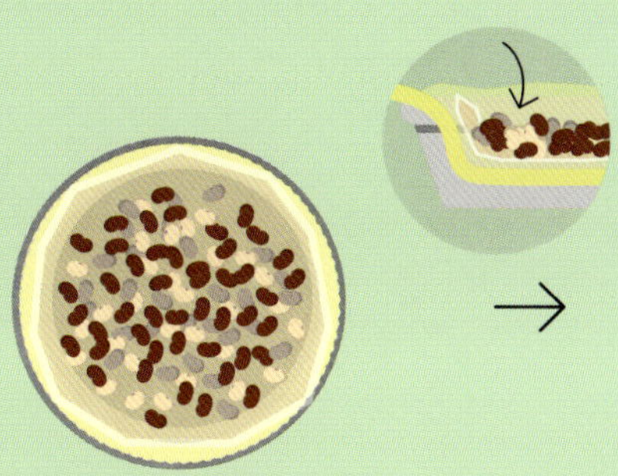

Mit Backpapier auslegen und die Hülsenfrüchte daraufgeben.

Den Boden blindbacken, dann Backpapier und Hülsenfrüchte entfernen.

Eier und 75 g Zucker schaumig rühren.

Kürbispüree, Sahne und Eimasse vermengen.

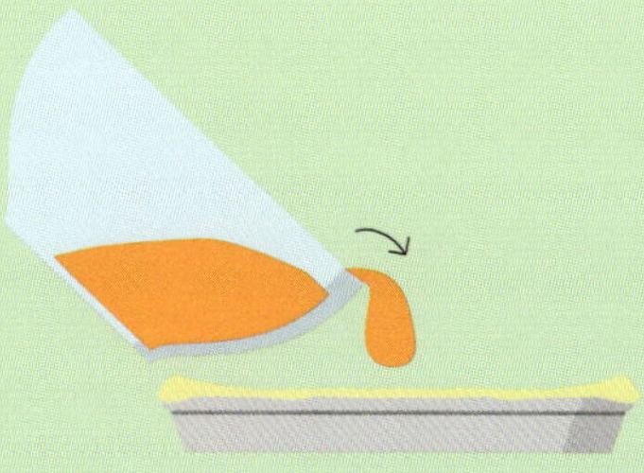

Die Kürbismasse auf dem Boden verteilen.

Auf mittlerer Schiene backen. Lauwarm servieren.

131 Orangen-Baiser-Pie

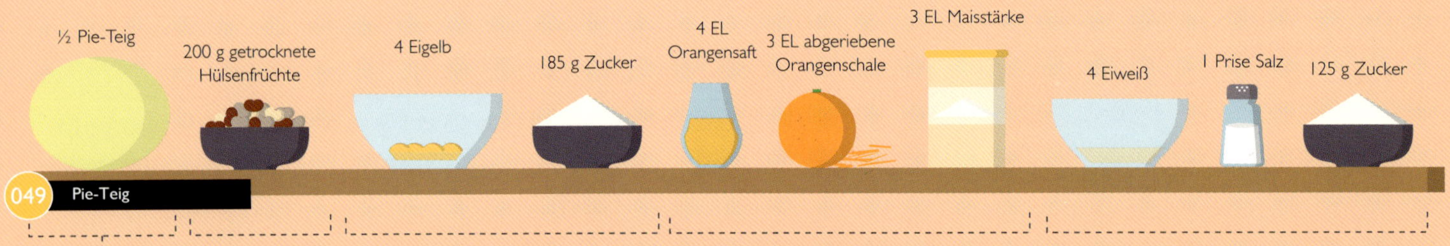

Den Teig auf einer bemehlten Arbeitsfläche 3 mm dick ausrollen.

Mit einer Teigplatte die Pieform auslegen.

Ränder abschneiden, dabei etwa 2 cm Überhang lassen. Den Teig mit einer Gabel mehrmals einstechen.

Pieboden kalt stellen.

Den Ofen vorheizen.

Mit Backpapier auslegen und die Hülsenfrüchte daraufgeben.

Den Boden blindbacken, dann Backpapier und Hülsenfrüchte entfernen.

Eigelbe und Zucker schaumig rühren. 250 ml Wasser, Orangensaft sowie -schale und Stärke dazugeben.

Die Masse über einem Wasserbad unter ständigem Rühren erhitzen, bis sie eindickt.

Orangenmasse auf dem Boden verteilen.

Auf mittlerer Schiene backen.

Eiweiße mit einer Prise Salz halbsteif schlagen. Langsam Zucker einrieseln lassen und weiterschlagen, bis der Schnee steif ist.

Pie aus dem Ofen nehmen und die Baiser-Masse darauf verteilen.

Auf mittlerer Schiene backen, bis das Baiser leicht gebräunt ist.

132 Aprikosen-Ingwer-Pie

Pie-Teig

1 kg Aprikosen, entsteint, in Scheiben geschnitten

185 g Zucker

3 EL Maisstärke

1 TL abgeriebene Zitronenschale

1 ½ TL Ingwer, gerieben

1 TL Zimt

Pieform (23 cm)

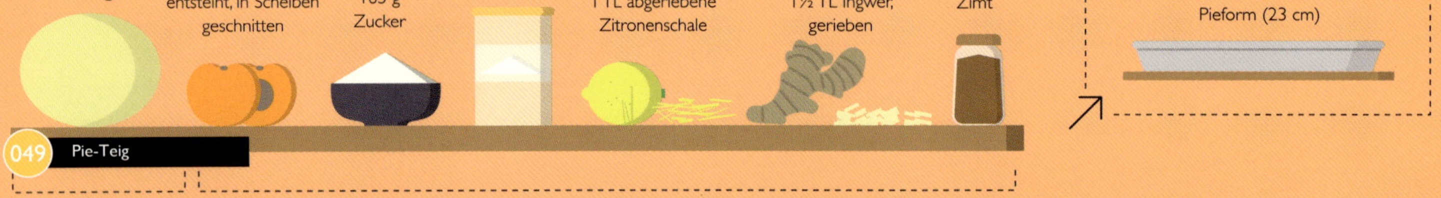

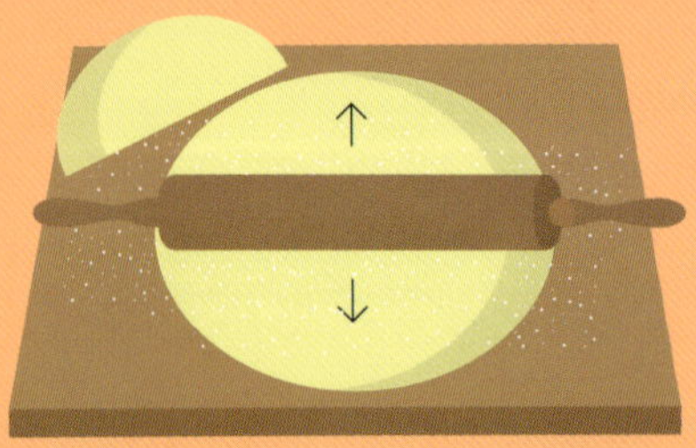

Den Teig in zwei Teile teilen und beide auf einer bemehlten Arbeitsfläche 3 mm dick ausrollen.

Mit einer Teigplatte die Pieform auslegen.

Ränder abschneiden, dabei etwa 1 cm Überhang lassen.

Pieboden und die zweite Teigplatte kalt stellen.

Alle Zutaten vermengen und ziehen lassen.

Den Ofen vorheizen.

Aprikosenmischung in die Form schichten.

Mit der zweiten Teigplatte bedecken, Überhang abschneiden und den Rand andrücken. Mit einem Messer den Deckel 4 bis 5 Mal einschneiden, damit Dampf entweichen kann.

Auf mittlerer Schiene backen.

133 Nuss-Ahornsirup-Tarte

Tarteform (24 cm)

- Mürbeteig
- 225 g getrocknete Hülsenfrüchte
- 700 g Ahornsirup
- 2 EL Butter
- 2 Eier
- 60 g brauner Zucker
- 1 Prise Salz
- 1 TL Vanille-Aroma
- 185 g Pekannüsse, fein gehackt
- geschlagene Sahne

048 Mürbeteig

015 Sahne schlagen

8 min

Den Ahornsirup um ein Viertel einkochen. Abkühlen lassen.

Butter schmelzen.

190 °C

Den Ofen vorheizen.

Den Teig auf einer bemehlten Arbeitsfläche 3 mm dick ausrollen.

Tarteform mit dem Teig auslegen und überstehende Ränder abschneiden.

Teig mit einer Gabel mehrmals einstechen, mit Backpapier auslegen und die Hülsenfrüchte daraufgeben.

20 min, 190 °C

Blindbacken, dann Backpapier und Hülsenfrüchte entfernen.

Alle Zutaten mit dem Ahornsirup und der flüssigen Butter vermengen. Die Pekannüsse untermengen.

Die Mischung auf dem Boden verteilen.

30 min, 180 °C

Backen, bis sich die Oberfläche fest anfühlt.

Auskühlen lassen und mit Schlagsahne servieren.

* Die Tarte kann mit weißem Schokoladengitter dekoriert werden.

033 Schokoladengitter

Crème-Brûlée-Tartelettes

Den Ofen vorheizen.

Den Teig auf einer bemehlten Arbeitsfläche 3 mm dick ausrollen.

6 Teigkreise ausschneiden, deren Durchmesser etwa 5 cm größer als die Form ist.

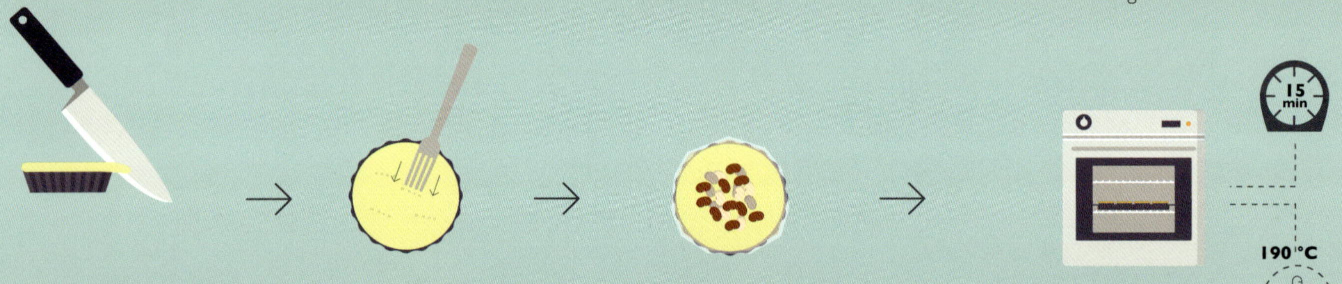

Tartelette-Förmchen mit dem Teig auslegen, Rand hochziehen, überstehende Ränder abschneiden.

Teig mit einer Gabel mehrmals einstechen.

Mit Backpapier auslegen und die Hülsenfrüchte daraufgeben.

Blindbacken, dann Backpapier und Hülsenfrüchte entfernen.

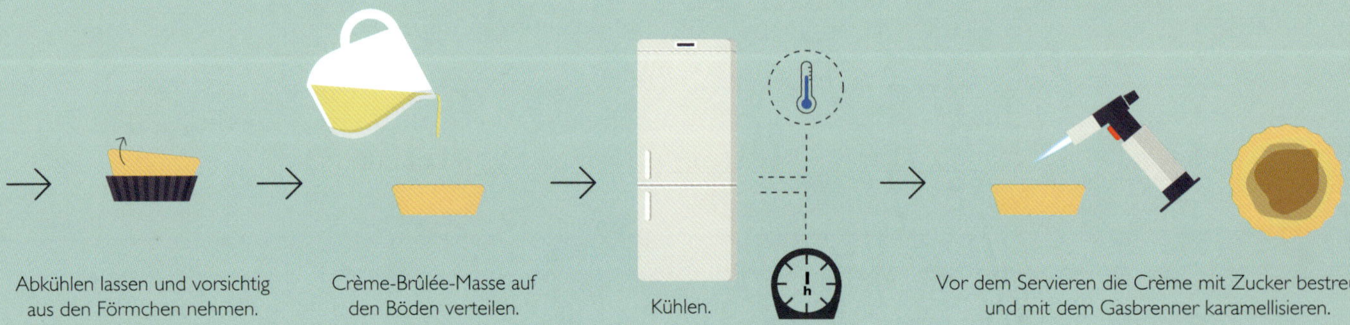

Abkühlen lassen und vorsichtig aus den Förmchen nehmen.

Crème-Brûlée-Masse auf den Böden verteilen.

Kühlen.

Vor dem Servieren die Crème mit Zucker bestreuen und mit dem Gasbrenner karamellisieren.

135 Erdbeer-Tartelettes

Mürbeteig

225 g getrocknete Hülsenfrüchte

500 g Erdbeeren

Crème Pâtissière

6 Tartelette-Förmchen (10 cm), gefettet

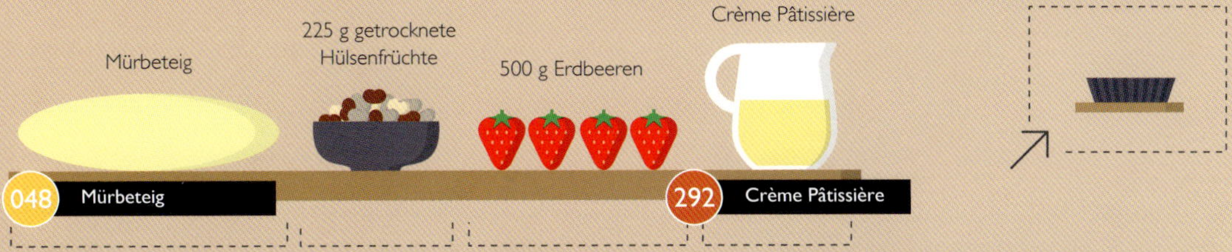

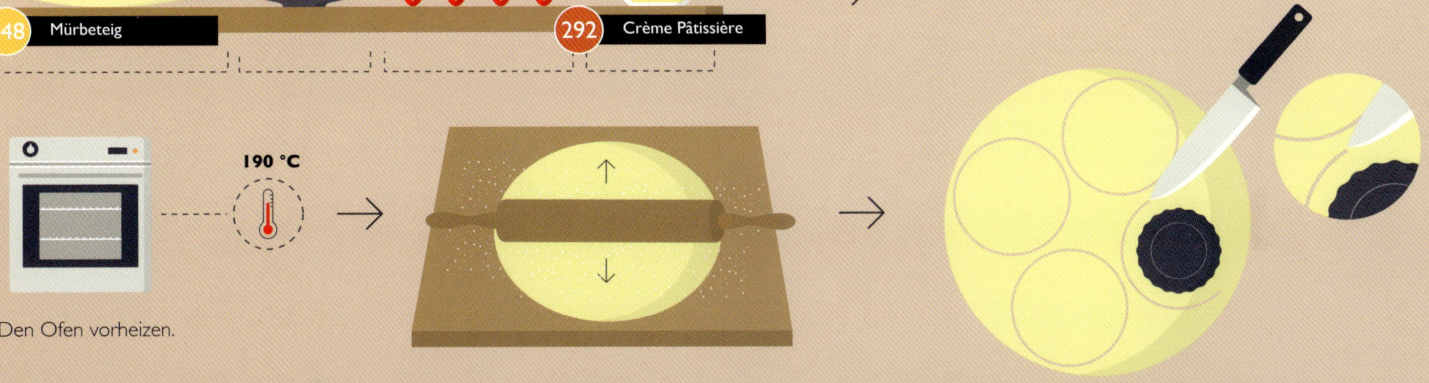

Den Ofen vorheizen.

Den Teig auf einer bemehlten Arbeitsfläche 3 mm dick ausrollen.

6 Teigkreise ausschneiden, deren Durchmesser etwa 5 cm größer als die Form ist.

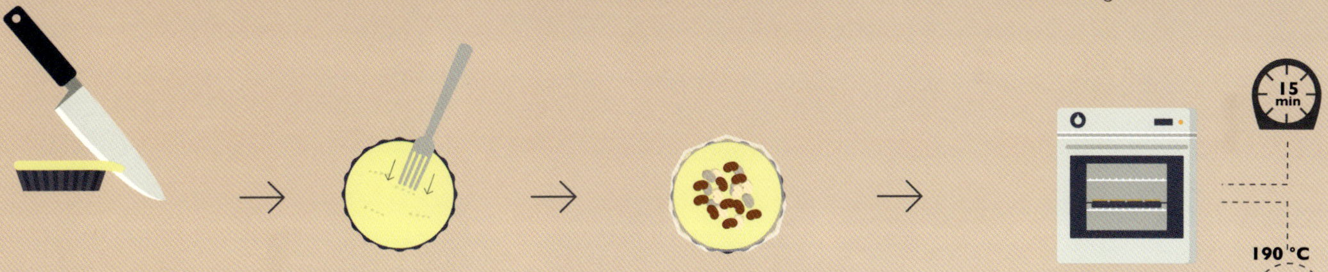

Tartelette-Förmchen mit dem Teig auslegen, Rand hochziehen, überstehende Ränder abschneiden.

Teig mit einer Gabel mehrmals einstechen.

Mit Backpapier auslegen und die Hülsenfrüchte daraufgeben.

Blindbacken, dann Backpapier und Hülsenfrüchte entfernen.

Abkühlen lassen und vorsichtig aus den Förmchen nehmen.

Erdbeeren waschen, abtropfen lassen und den Stielansatz gerade abschneiden.

Die Crème Pâtissière auf den Böden verteilen.

Tartelettes mit Erdbeeren belegen.

136 Pfirsichtörtchen

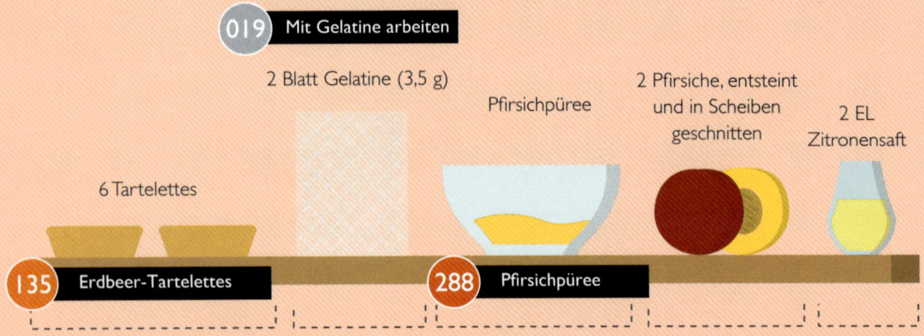

✱ Die Pfirsiche sofort nach dem Schneiden mit Zitronensaft beträufeln, ansonsten werden sie braun.

Tartelette-Böden wie für Erdbeer-Tartelettes vorbereiten, backen und abkühlen lassen.

Gelatine-Blätter in kaltem Wasser einweichen und ausdrücken.

4 EL Wasser erhitzen und die Gelatine-Blätter darin auflösen.

Die Gelatine-Mischung unter das Pfirsichpüree rühren.

Kühl stellen.

Pfirsichspalten mit Zitronensaft beträufeln.

Das Pfirsichpüree auf den Böden verteilen und mit Pfirsichspalten garnieren.

Kühl stellen, bis das Püree leicht fest ist.

137 Schokolade-Himbeer-Tartelettes

- 6 Tartelettes
- 180 g Sahne
- 200 g dunkle Schokolade, gehackt
- 4 EL Butter
- 2 EL Himbeerkonfitüre
- 500 g Himbeeren

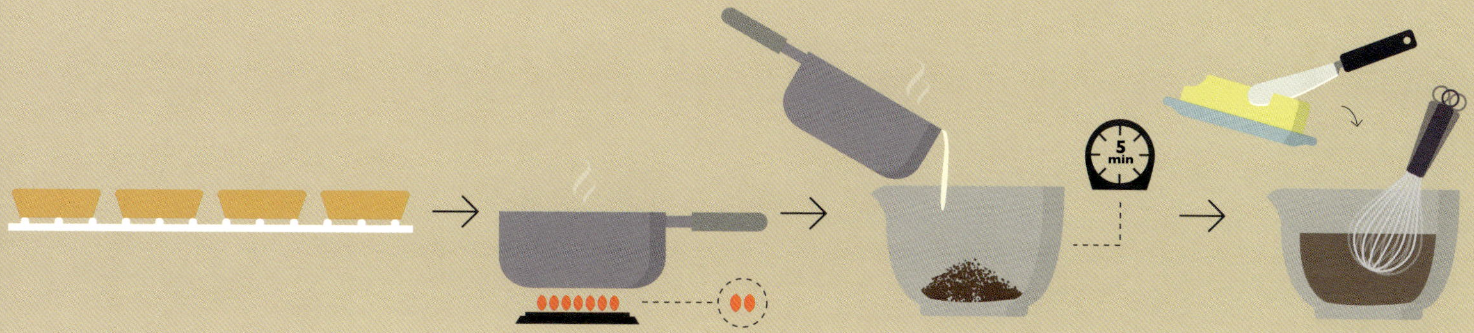

Tartelette-Böden wie für Erdbeer-Tartelettes vorbereiten, backen und abkühlen lassen.

Sahne aufkochen.

Über die Schokolade gießen und die Schokolade schmelzen lassen.

Butter dazugeben und cremig rühren.

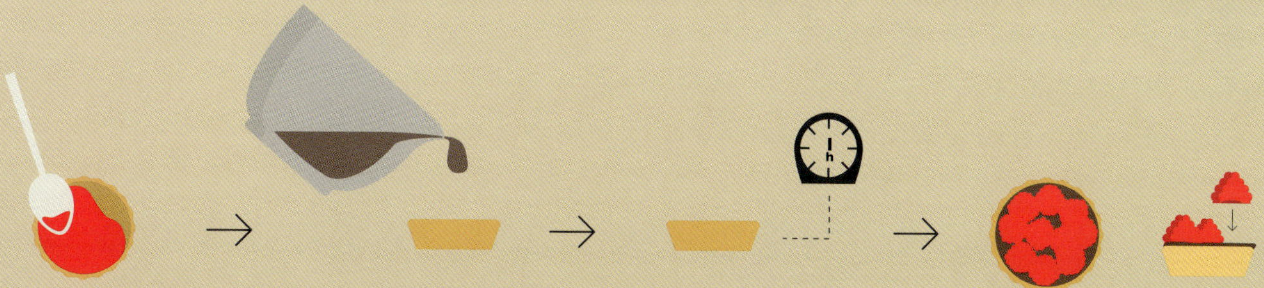

Die Böden mit Himbeerkonfitüre bestreichen.

Tartelettes bis knapp unter den Rand mit Schokoladencreme füllen.

Bei Raumtemperatur fest werden lassen.

Mit den ganzen Himbeeren dekorieren.

138 Himbeer-Tarte

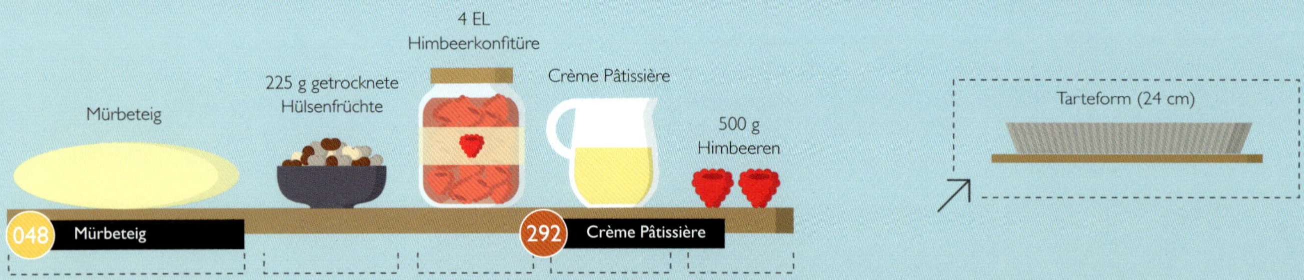

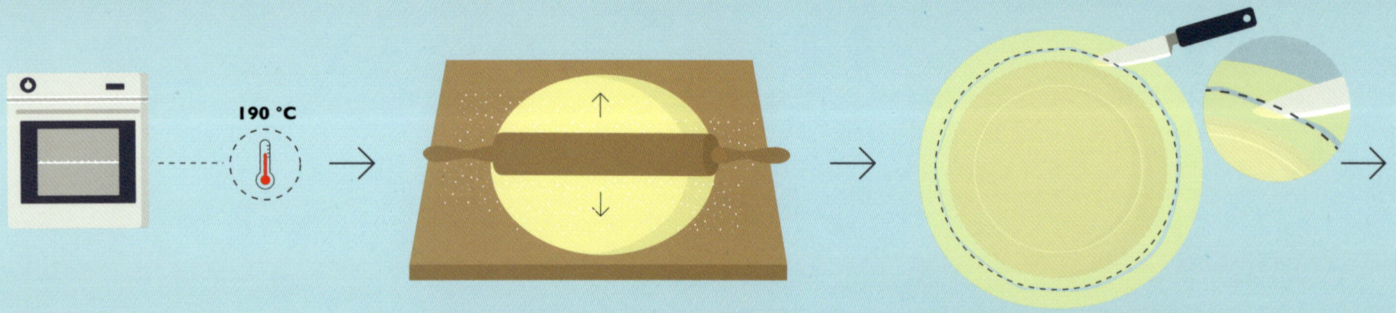

Den Ofen vorheizen.

Den Teig auf einer bemehlten Arbeitsfläche 3 mm dick ausrollen.

Tarteform mit dem Teig auslegen und überstehende Ränder abschneiden.

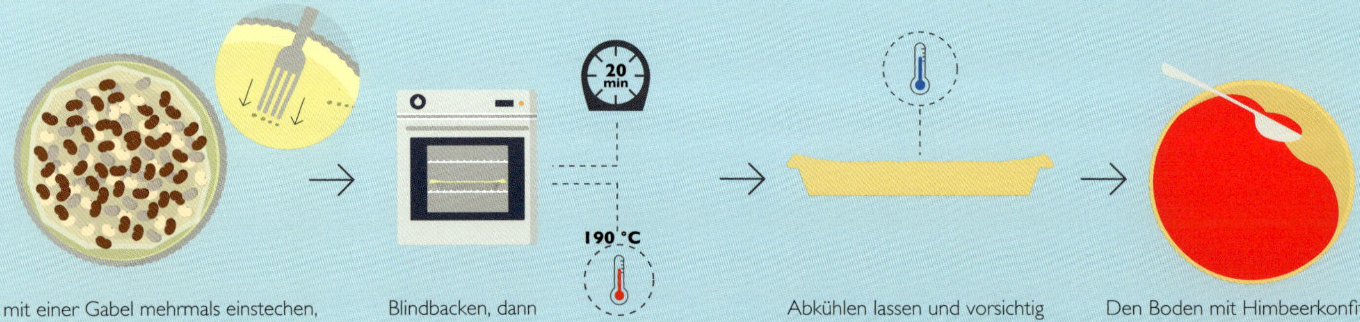

Teig mit einer Gabel mehrmals einstechen, mit Backpapier auslegen und die Hülsenfrüchte daraufgeben.

Blindbacken, dann Backpapier und Hülsenfrüchte entfernen.

Abkühlen lassen und vorsichtig aus der Form nehmen.

Den Boden mit Himbeerkonfitüre bestreichen.

Tarte bis knapp unter den Rand mit Crème Pâtissière füllen.

Kühl stellen, bis die Crème fest ist.

Mit den ganzen Himbeeren dekorieren.

139 Tarte Tatin

Mürbeteig

200 g Zucker

90 g Butter, in Flöckchen

1 kg feste, säuerliche Äpfel, geschält, entkernt und geviertelt

Tarteform (24 cm)

Zucker goldbraun karamellisieren, die Butter einrühren.

Das Karamell in die Tarteform gießen.

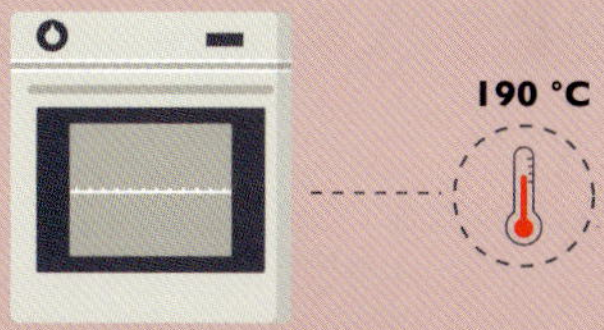

Den Ofen vorheizen.

Äpfel mit der gewölbten Seite nach unten in die Form schichten.

Äpfel backen.

Den Teig auf einer bemehlten Arbeitsfläche 3 mm dick ausrollen.

Teig über die Äpfel legen, überstehende Ränder abschneiden.

Backen.

Einen großen Teller auflegen und stürzen. Lauwarm servieren.

140 Zitronentarte

Mürbeteig
225 g getrocknete Hülsenfrüchte
185 g Zucker
1 Ei
1 Eigelb
2 EL geschmolzene Butter
3 EL abgeriebene Zitronenschale
180 ml Zitronensaft

048 Mürbeteig

Tarteform (24 cm), gefettet

Den Teig auf einer bemehlten Arbeitsfläche 3 mm dick ausrollen.

Tarteform mit dem Teig auslegen und überstehende Ränder abschneiden.

Kühlen.

Den Ofen vorheizen.

Teig mit einer Gabel mehrmals einstechen, mit Backpapier auslegen und die Hülsenfrüchte daraufgeben.

Blindbacken, dann Backpapier und Hülsenfrüchte entfernen.

Zucker, Ei und Eigelb schaumig rühren.

Geschmolzene Butter unter ständigem Rühren dazugeben. Zitronenabrieb und -saft einrühren.

Zitronenmasse auf dem Boden verteilen.

Auf mittlerer Schiene backen.

Abkühlen lassen und vorsichtig aus der Form nehmen.

141 Zitronen-Baiser-Tarte

Wie Zitronentarte backen.

Eiweiße mit einer Prise Salz halbsteif schlagen. Langsam Zucker einrieseln lassen und weiterschlagen, bis der Schnee steif ist.

Die Baiser-Masse auf der Tarte verteilen.

Auf mittlerer Schiene backen, bis das Baiser leicht gebräunt ist.

Abkühlen lassen und vorsichtig aus der Form nehmen.

142 Zitronen-Baiser-Tartelettes

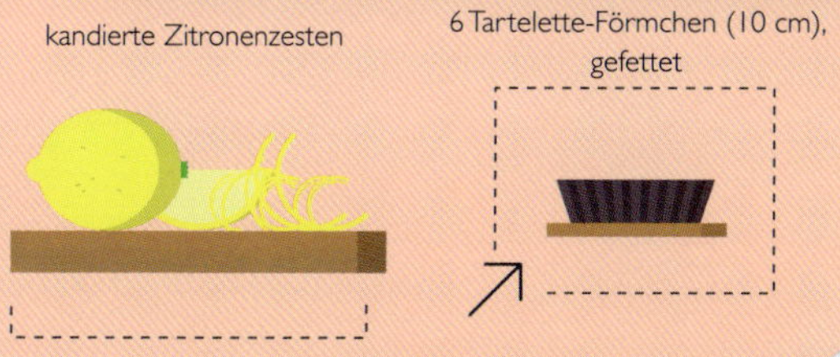

030 Zitronenzesten kandieren

Wie Zitronentarte zubereiten. Vor dem Backen die Tartelettes mit kandierten Zitronenzesten belegen. Statt der Tarteform Tarteletteförmchen verwenden und nur 15 Minuten blindbacken.

Die Baiser-Masse auf den Tartelettes verteilen.

Auf mittlerer Schiene backen, bis das Baiser leicht gebräunt ist.

In den Förmchen auskühlen lassen und vor dem Servieren aus den Förmchen nehmen.

143 Italienische Mandeltorte

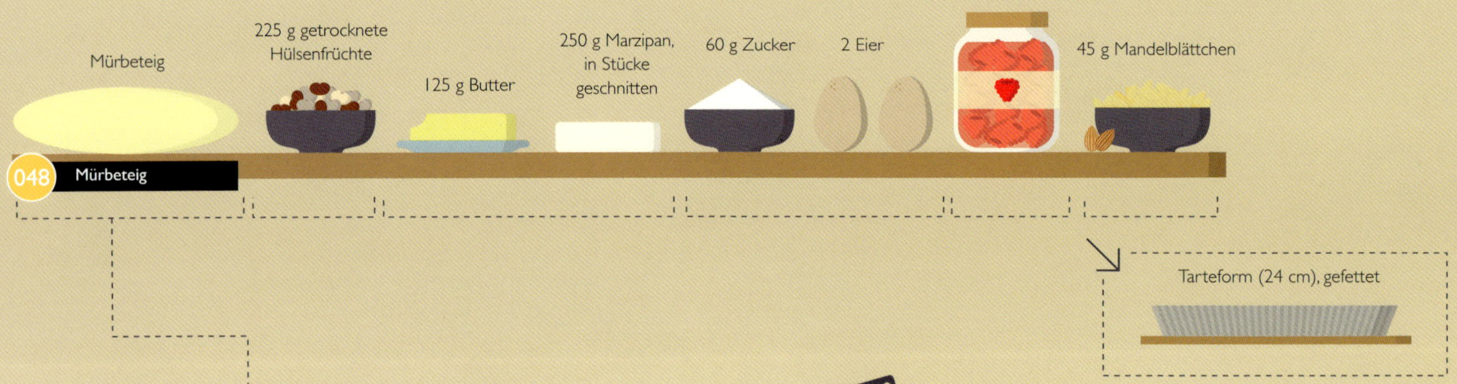

Den Teig auf einer bemehlten Arbeitsfläche 3 mm dick ausrollen.

Tarteform mit dem Teig auslegen und überstehende Ränder abschneiden.

Kühlen.

Den Ofen vorheizen.

Teig mit einer Gabel mehrmals einstechen.

Mit Backpapier auslegen und die Hülsenfrüchte daraufgeben.

Blindbacken, dann Backpapier und Hülsenfrüchte entfernen.

Butter schaumig schlagen, dann nach und nach Marzipan dazugeben.

Weiterrühren, den Zucker einrieseln lassen, dann die Eier nacheinander unterrühren.

Den Boden mit Himbeerkonfitüre bestreichen.

Die Marzipanfüllung auf dem Boden verteilen.

Mit Mandelblättchen bestreuen.

Auf mittlerer Schiene backen, bis die Marzipanfüllung goldbraun ist.

Abkühlen lassen und vorsichtig aus der Form nehmen.

144 Schokolade-Minz-Tarte

- Mürbeteig (048 Mürbeteig)
- 225 g getrocknete Hülsenfrüchte
- 375 g Sahne
- 8 Zweige frische Minze
- 2 EL Zucker
- 375 g Schokolade
- Tarteform (24 cm)

*
Die Tarte mit Schablone und Puderzucker dekorieren.

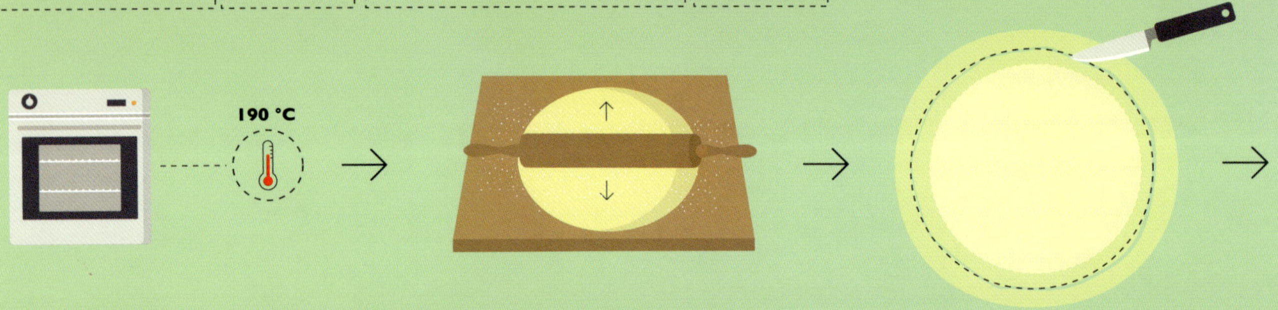

Den Ofen vorheizen. → Den Teig auf einer bemehlten Arbeitsfläche 3 mm dick ausrollen. → Tarteform mit dem Teig auslegen und überstehende Ränder abschneiden. →

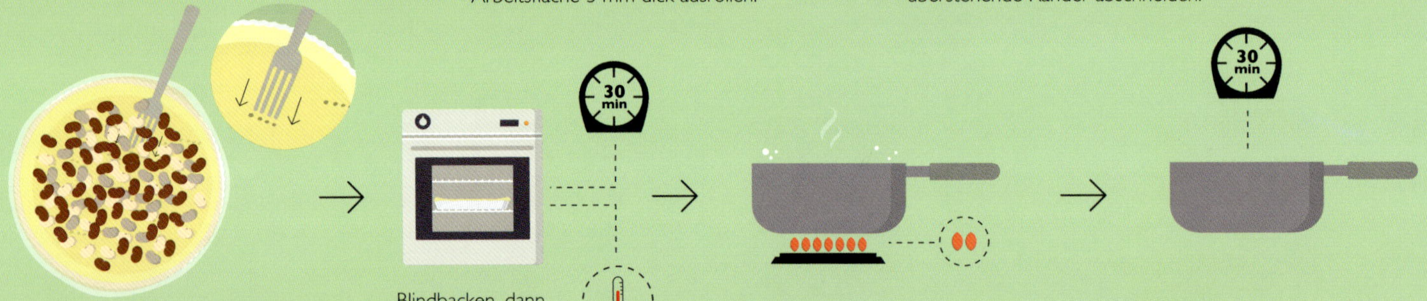

Teig mit einer Gabel mehrmals einstechen, mit Backpapier auslegen und die Hülsenfrüchte daraufgeben. → Blindbacken, dann Backpapier und Hülsenfrüchte entfernen. → Sahne, Minze und Zucker aufkochen. → Vom Herd nehmen und ziehen lassen.

Schokolade im Wasserbad schmelzen. → Die Minzezweige entfernen, die Sahne durch ein Sieb zur Schokolade gießen und gut vermischen. → Die Mischung auf dem gebackenen Teigboden verteilen und im Kühlschrank festwerden lassen.

145 Kirsch-Clafoutis

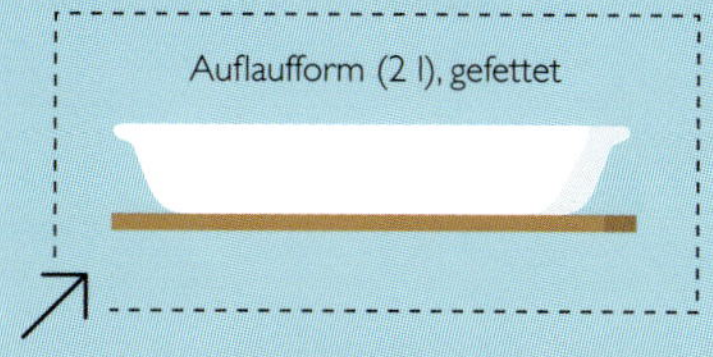

Den Ofen vorheizen.

Kirschen gleichmäßig in der Auflaufform verteilen.

Butter und Zucker mit einer Prise Salz schaumig rühren.

Ei und Eigelb untermengen.

Mehl und Sahne unterrühren.

Die Masse über die Kirschen gießen und goldgelb backen.

146 Apfel-Crumble

6 Äpfel, geschält und in Spalten
3 EL Zitronensaft
100 g Butter
100 g Zucker
175 g Mehl

Auflaufform (2 l), gefettet

✱ Der Crumble schmeckt besonders gut, wenn man die Äpfel vorher in Rum mariniert.

Apfelspalten mit Zitronensaft beträufeln und in die Auflaufform schichten.

→ Butter, Zucker und Mehl zu groben Streuseln vermengen.

→ Über die Äpfel krümeln.

→ Backen, bis die Streusel knusprig und goldbraun sind.

30 min
200 °C

147 Cranberry-Birnen-Crumble

750 g Birnen, geschält, entkernt und gewürfelt
125 g Cranberrys
1 EL Zitronensaft
125 g Zucker
1 Prise Salz
1 EL Maisstärke

Auflaufform (2 l), gefettet

Alle Zutaten vermengen und ziehen lassen. Streusel wie bei Apfel-Crumble zubereiten.

30 min

→ Birnenmischung statt Apfelspalten verwenden und wie Apfel-Crumble zubereiten.

→ Backen, bis die Streusel knusprig und goldbraun sind.

30 min
200 °C

148 Beeren-Crumble

- 750 g gemischte Beeren (Himbeeren, Johannisbeeren, Erdbeeren)
- 1 EL Zitronensaft
- 125 g Zucker
- 1 Prise Salz
- 1 EL Maisstärke

Auflaufform (2 l), gefettet

Alle Zutaten vermengen und ziehen lassen. Streusel wie bei Apfel-Crumble zubereiten.

30 min

Beerenmischung statt Apfelspalten verwenden und wie Apfel-Crumble zubereiten.

Backen, bis die Streusel knusprig und goldbraun sind.

30 min

200 °C

149 Pflaumen-Armagnac-Crumble

- 500 g Pflaumen, entsteint und in Spalten geschnitten
- 3 EL Armagnac
- 1 EL Zitronensaft
- 2 EL Zucker
- 1 Prise Salz
- 1 EL Maisstärke

Auflaufform (2 l), gefettet

Alle Zutaten vermengen und ziehen lassen. Streusel wie bei Apfel-Crumble zubereiten.

30 min

Pflaumen-Armagnac-Mischung statt Apfelspalten verwenden und wie Apfel-Crumble zubereiten.

Backen, bis die Streusel knusprig und goldbraun sind.

30 min

200 °C

150 Apfel-Crisp

- 75 g Mehl
- 90 g Haferflocken
- 105 g Zucker
- 1 Prise Salz
- 1 Prise gemahlener Zimt
- 60 g Walnüsse, fein gehackt
- 125 g Butter, in kleinen Würfeln
- 750 g Äpfel, geschält, entkernt und in Scheiben geschnitten
- 185 g Zucker
- 1 Prise Salz
- 1 Prise Muskatnuss

Alle Zutaten vermischen und mit der Butter zu groben Streuseln vermengen.

Kalt stellen.

Den Ofen vorheizen.

Äpfel mit den restlichen Zutaten vermengen und in die Auflaufform füllen.

Die Streusel über den Äpfeln verteilen.

Backen, bis die Äpfel weich und die Streusel knusprig sind.

151 Aprikosen-Mandel-Crisp

- 75 g Mehl
- 90 g Haferflocken
- 105 g Zucker
- 1 Prise Salz
- 1 Prise Zimt
- 125 g Mandelblättchen
- 125 g Butter, in kleinen Würfeln
- 1 kg Aprikosen, entsteint und in kleine Stücke geschnitten
- 185 g Zucker
- 1 Prise Salz
- 2 EL Maisstärke
- 1 Prise Muskatnuss

Alle Zutaten vermischen und mit der Butter zu groben Streuseln vermengen.

Kalt stellen.

Den Ofen vorheizen.

Aprikosen mit den restlichen Zutaten vermengen und in die Auflaufform füllen.

Die Streusel über den Aprikosen verteilen.

Backen, bis die Streusel knusprig sind.

152 Pfirsich-Pistazien-Auflauf

- 185 g Butter, in Flöckchen
- 60 g ungesalzene Pistazien, fein gehackt
- 60 g Zucker
- 1 Prise Salz
- 2 TL Backpulver
- 315 g Mehl
- 1,5 kg Pfirsiche, geschält, entsteint und in kleine Stücke geschnitten
- 125 g Zucker
- 1 Prise Salz
- 1 Prise gemahlener Zimt
- 1 Prise Muskatnuss
- 2 EL Maisstärke
- 180 ml Milch

Auflaufform (2 l), gefettet

Mehl, Pistazien, Zucker, Salz und Backpulver vermischen und mit der Butter zu Streuseln vermengen.

Kalt stellen.

Den Ofen vorheizen.

Pfirsichstückchen, Zucker, Salz, Zimt, Muskat und Maisstärke vermischen und dann in der Auflaufform verteilen.

Milch zur Mehlmischung geben und alles zu einem Teig verrühren.

Den Teig auf den Pfirsichen verteilen.

Backen, bis der Teig goldbraun ist.

153 Brombeeren-Auflauf

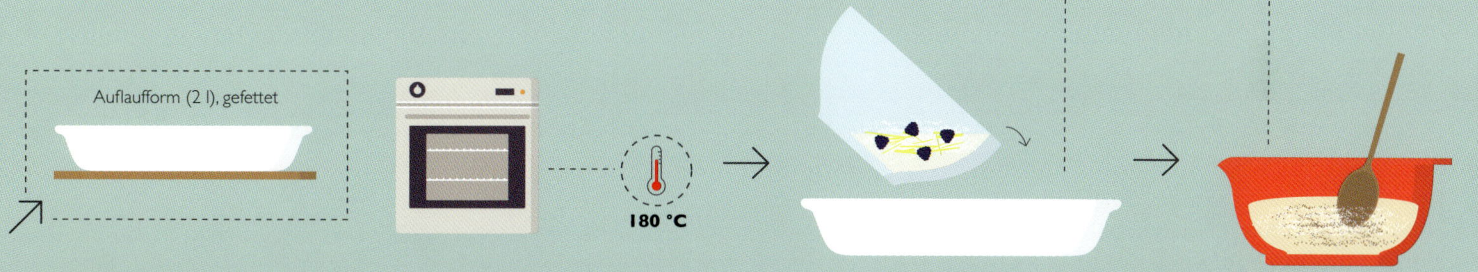

Den Ofen vorheizen.

Alle Zutaten vermengen und in die Auflaufform füllen.

Mehl, Zucker, Backpulver, Zimt und Salz vermengen.

Ei, Buttermilch, geschmolzene Butter und Vanille-Aroma verrühren.

Buttermilchmasse nach und nach zur Mehlmischung geben und alles zu einem geschmeidigen Teig verrühren.

Den Teig löffelweise auf den Brombeeren verteilen.

Backen bis der Teig goldbraun ist.

154 Kirschen-Auflauf

750 g Kirschen, entsteint

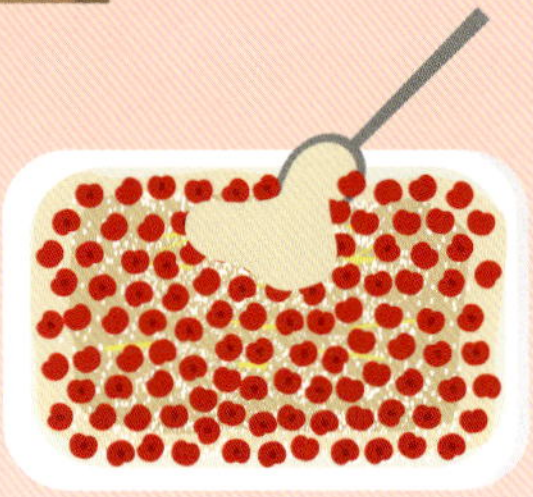

Statt Brombeeren Kirschen verwenden. Backen, bis der Teig goldbraun ist.

155 Beeren-Auflauf

750 g gemischte Beeren (Himbeeren, Johannisbeeren, Erdbeeren)

Anstatt Brombeeren gemischte Beeren verwenden, eventuell nachsüßen.

156 Auflauf-Früchte aromatisieren

1 TL Vanille-Aroma

1 Prise Muskatnuss

1 EL Rum

Die Früchte mit den Zutaten aromatisieren und durchziehen lassen.

Wie Brombeeren-Auflauf zubereiten.

157 Auflauf mit Nuss-Topping

2 EL Walnüsse, gehackt

2 EL Mandelblättchen

Den Teig mit gehackten Walnüssen oder Mandelblättchen bestreuen.

158 Apfel-Auflauf „Brown Betty“

- 1 kg Äpfel, geschält, entkernt und in Spalten geschnitten
- 185 g Zucker
- 1 TL Zimt
- 1 Prise Muskatnuss
- 250 g Semmelbrösel
- 60 g Butter, geschmolzen
- Auflaufform (2 l), gefettet

✱ Mit gezuckerter, mit Rum aromatisierter Schlagsahne servieren.

015 Sahne schlagen

Äpfel mit Zucker, Zimt und Muskat vermengen und weich dünsten.

Äpfel abgießen, Flüssigkeit auffangen.

Äpfel pürieren, wenn nötig Flüssigkeit dazugeben.

Den Ofen vorheizen.

Butter mit den Bröseln vermischen.

Die Hälfte der Bröselmischung in der Auflaufform verteilen.

Das Apfelpüree über die Bröselmischung gießen, die übrigen Brösel darüber verteilen.

Backen, bis die Brösel knusprig sind.

Muffins und Cupcakes

159 Muffins

Den Ofen vorheizen.

Mehl, Backpulver und Zimt vermischen.

Eier und Zucker mit dem Handmixer schaumig rühren.

Öl und Joghurt dazugeben, verrühren.

Mehlmischung unterheben.

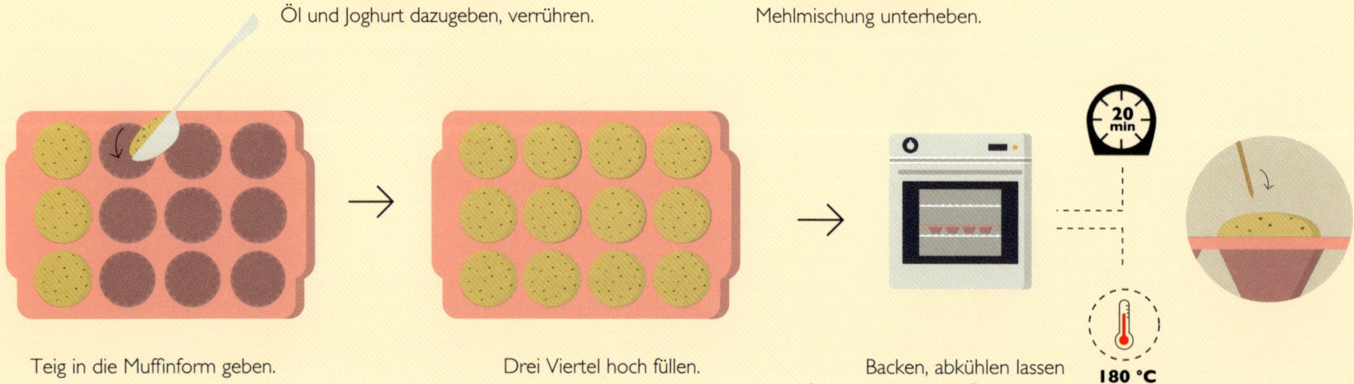

Teig in die Muffinform geben.

Drei Viertel hoch füllen.

Backen, abkühlen lassen und aus der Form lösen.

160 Blaubeermuffins

Blaubeeren und Zimt
unter den Teig mischen.
Wie Muffins zubereiten.

161 Schokoladenmuffins

Kakaopulver mit dem Mehl
unterheben.
Wie Muffins zubereiten.

162 Muffins mit Schokostücken

Schokoladenstücke in den
Teig rühren.
Wie Muffins zubereiten.

163 Zucchinimuffins

Statt Joghurt Crème fraîche verwenden und
Zucchini in den Teig rühren.
Wie Muffins zubereiten.

164 Zitronen-Joghurt-Muffins

Zitronensaft und -schale unter
den Teig mengen.
Wie Muffins zubereiten.

165 Bananenmuffins

- 250 g Mehl
- 1 TL Natron
- 1 TL Backpulver
- 1 TL Zimt
- 1 Prise Salz
- 185 g Zucker
- 75 g Butter
- 2 Eier
- 3 Bananen
- 4 EL Milch

12er-Muffinform, gefettet

1. Den Ofen vorheizen.
2. Die trockenen Zutaten vermischen.
3. Zucker und Butter schaumig rühren, Eier dazugeben.
4. Bananen zerdrücken.

5. Mit Milch vermengen.
6. Alles gut miteinander verrühren.
7. Löffelweise drei Viertel hoch in die Förmchen füllen.
8. Backen, abkühlen lassen und aus der Form lösen.

Haselnuss-Dattel-Muffins

167 Zimt-Buttermilch-Muffins

280 g Mehl
2 TL Backpulver
1 TL Natron
1½ TL Zimt
1½ TL Vanille-Aroma
185 g Zucker
125 g Butter
1 Prise Salz
2 Eier
150 g Buttermilch

12er-Muffinform, gefettet

Den Ofen vorheizen.

Alle trockenen Zutaten vermischen.

Zucker und Butter schaumig rühren, Eier dazugeben.

Mehlmischung hinzufügen, gut durchrühren.

Buttermilch dazugeben und gut verrühren.

Löffelweise drei Viertel hoch in die Förmchen füllen.

Backen, abkühlen lassen und aus der Form lösen.

* Mit Zimtzucker bestreuen.

168 Cranberry-Orangen-Muffins

- 315 g Mehl
- 2 TL Backpulver
- 1½ EL abgeriebene Orangenschale
- 1 Prise Salz
- 4 EL Butter
- 125 g Zucker
- 105 g brauner Zucker
- 1 Ei
- 125 ml Milch
- 125 ml Orangensaft
- 1½ TL Vanille-Aroma
- 185 g Cranberrys
- 60 g Walnüsse, gehackt

12er-Muffinform, gefettet

180 °C

Den Ofen vorheizen.

Mehl, Backpulver, Orangenabrieb und Salz vermischen.

Butter, braunen und weißen Zucker schaumig rühren, Ei, Milch, Orangensaft und Vanille-Extrakt dazugeben.

Mehlmischung zur Buttermischung geben und durchrühren. Cranberrys und Nüsse unterheben.

Löffelweise drei Viertel hoch in die Förmchen füllen.

20 min

180 °C

Backen, abkühlen lassen und aus der Form lösen.

* Mit Mandelschaum servieren.

304 Mandelschaum

169 Muffins mit getrockneten Feigen

250 ml Apfelsaft

90 g Butter

375 g getrocknete Feigen, klein gehackt

1 EL abgeriebene Orangenschale

315 g Mehl

180 g brauner Zucker

1 EL Backpulver

1 TL Vanille-Aroma

2 Eier

12er-Muffinform, gefettet

180 °C

Den Ofen vorheizen.

4–6 min

Apfelsaft und Butter erhitzen.

2 h

Getrocknete Feigen und Orangenschale dazugeben und ziehen lassen.

Alle trockenen Zutaten vermischen und eine Mulde in der Mitte machen.

Eier verquirlen.

Eier mit der Feigenmasse und dem Vanille-Aroma in die Mulde geben.

Vermischen, nicht zu lange rühren.

Löffelweise drei Viertel hoch in die Förmchen füllen.

20 min

180 °C

Backen, abkühlen lassen und aus der Form lösen.

170 Muffins mit Dörrpflaumen

375 g Dörrpflaumen, fein gehackt

Anstelle der Feigen Dörrpflaumen verwenden.

171 Zitronen-Mohn-Muffins

- 2 Eiweiß
- 1 Prise Salz
- 125 g Butter
- 155 g Zucker
- 3 Eigelb
- 220 g Mehl
- 1 TL Backpulver
- 1 TL Natron
- 2 EL Mohn
- 1 EL abgeriebene Zitronenschale
- 2 EL Zitronensaft
- 1 TL Vanille-Aroma
- 125 g Buttermilch

12er-Muffinform, gefettet

Den Ofen vorheizen.

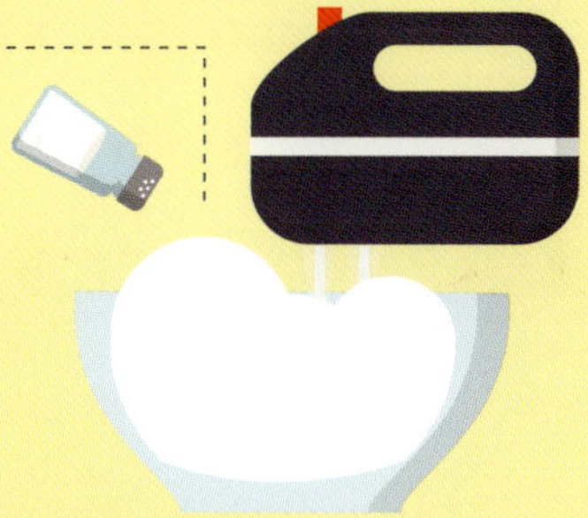

Eiweiße mit Salz steif schlagen.

Zucker und Butter schaumig rühren, Eigelbe nacheinander dazugeben.

Alle trockenen Zutaten vermischen.

Zur Buttermischung geben, gut durchrühren.

Restliche Zutaten dazugeben und weiterrühren.

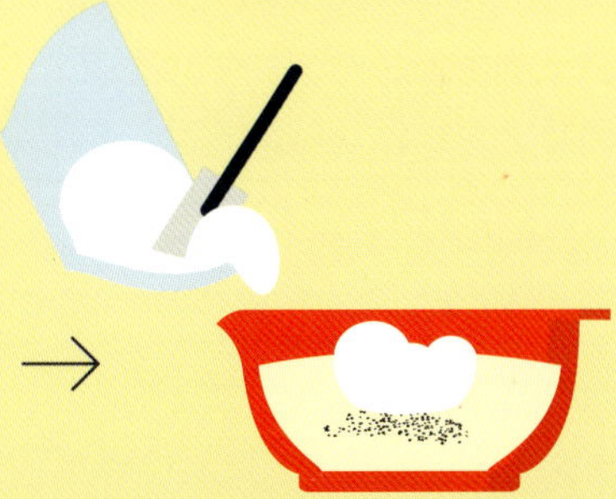

Eischnee unter die Masse heben.

Löffelweise drei Viertel hoch in die Förmchen füllen.

Backen, abkühlen lassen und aus der Form lösen.

172 Pfirsich-Melba-Muffins

- 125 g Himbeeren
- 2 EL Zucker
- 1 EL Himbeeressig
- 90 g Butter
- 125 g Zucker
- 1 TL Vanille Aroma
- 2 Eier
- 250 ml Milch
- 315 g Mehl
- 2 TL Backpulver
- 1 Prise Salz
- 2 Pfirsiche, gehäutet, entsteint und in kleine Stücke geschnitten
- 30 g Mandelblättchen

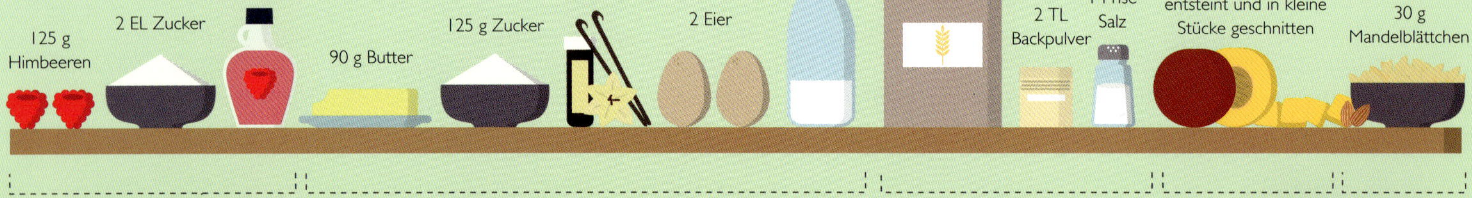

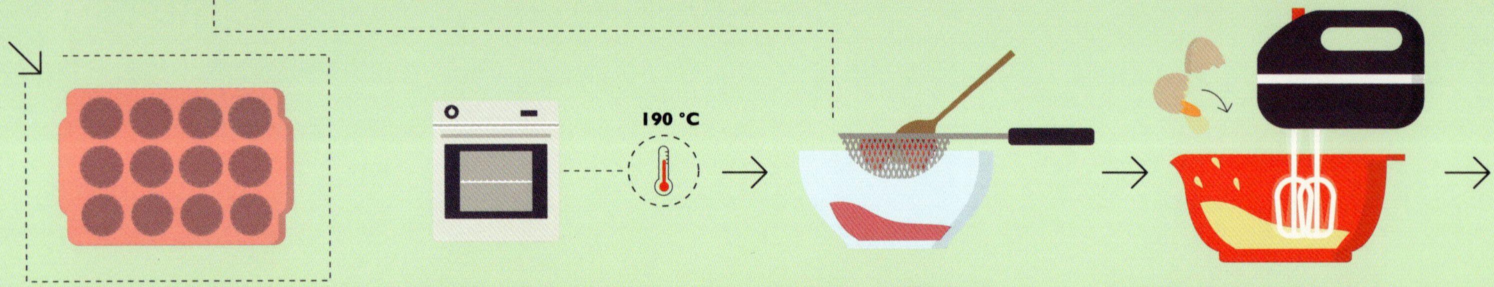

12er-Muffinform, gefettet

Den Ofen vorheizen.

Himbeeren mit Zucker und Himbeeressig pürieren. Durch ein feines Sieb streichen.

Butter, Zucker und Vanille-Aroma schaumig rühren, Eier und Milch nacheinander dazugeben.

Alle trockenen Zutaten vermischen.

Zur Buttermischung geben, durchrühren.

Pfirsichstücke unterheben.

Die Förmchen zur Hälfte füllen.

1 EL Himbeermark auf den Teig geben und mit dem restlichen Teig bedecken.

Mit Mandelblättchen bestreuen.

Backen, abkühlen lassen und aus der Form lösen.

173 Konfitüremuffins

12 EL Erdbeerkonfitüre

Wie Pfirsich-Melba-Muffins zubereiten. Pfirsiche weglassen und statt Himbeermark Erdbeerkonfitüre in die Muffins füllen.

174 Gewürz-Karotten-Muffins

- 2 Eier
- 250 g Zucker
- 1 Prise Salz
- 125 ml Walnussöl
- 235 g Mehl
- 1 TL Backpulver
- ½ TL Natron
- 1 TL Zimt
- 1 Prise Piment
- 180 g Karotten, gerieben
- 100 g Nüsse, grob gehackt

12er-Muffinform, gefettet

Den Ofen vorheizen.

Eier, Zucker und Prise Salz schaumig rühren, dann Öl dazugeben.

Alle trockenen Zutaten vermischen.

Zur Buttermischung geben, gut durchrühren.

Karotten und Nüsse dazugeben, gut vermischen.

Löffelweise drei Viertel hoch in die Förmchen füllen.

Backen, abkühlen lassen und aus der Form lösen.

175 Vanille-Muffins mit Birnen

- 2 Eier
- 125 g Zucker
- 1 Prise Salz
- 125 g Walnussöl
- 180 ml Buttermilch
- 2 TL Vanille-Aroma
- 315 g Mehl
- 1 EL Backpulver
- 1 TL Natron
- 2 TL Zimt
- 1 Prise geriebene Muskatnuss
- 250 g Birnen, geschält, entkernt und in kleine Stücke geschnitten
- 125 g Walnüsse, fein gehackt

12er-Muffinform, gefettet

Den Ofen vorheizen.

Eier, Zucker und Salz schaumig rühren, Öl, Buttermilch und Vanille-Aroma dazugeben.

Alle trockenen Zutaten vermischen.

Zur Eiermischung geben, gut durchrühren.

Birnen und Nüsse dazugeben, gut vermischen.

Löffelweise drei Viertel hoch in die Förmchen füllen.

Backen, abkühlen lassen und aus der Form lösen.

Zur Garprobe ein Holzstäbchen in die Mitte eines Muffins stecken. Wenn nichts mehr daran haftet, sind die Muffins gar.

176 Helle Cupcakes, Grundrezept

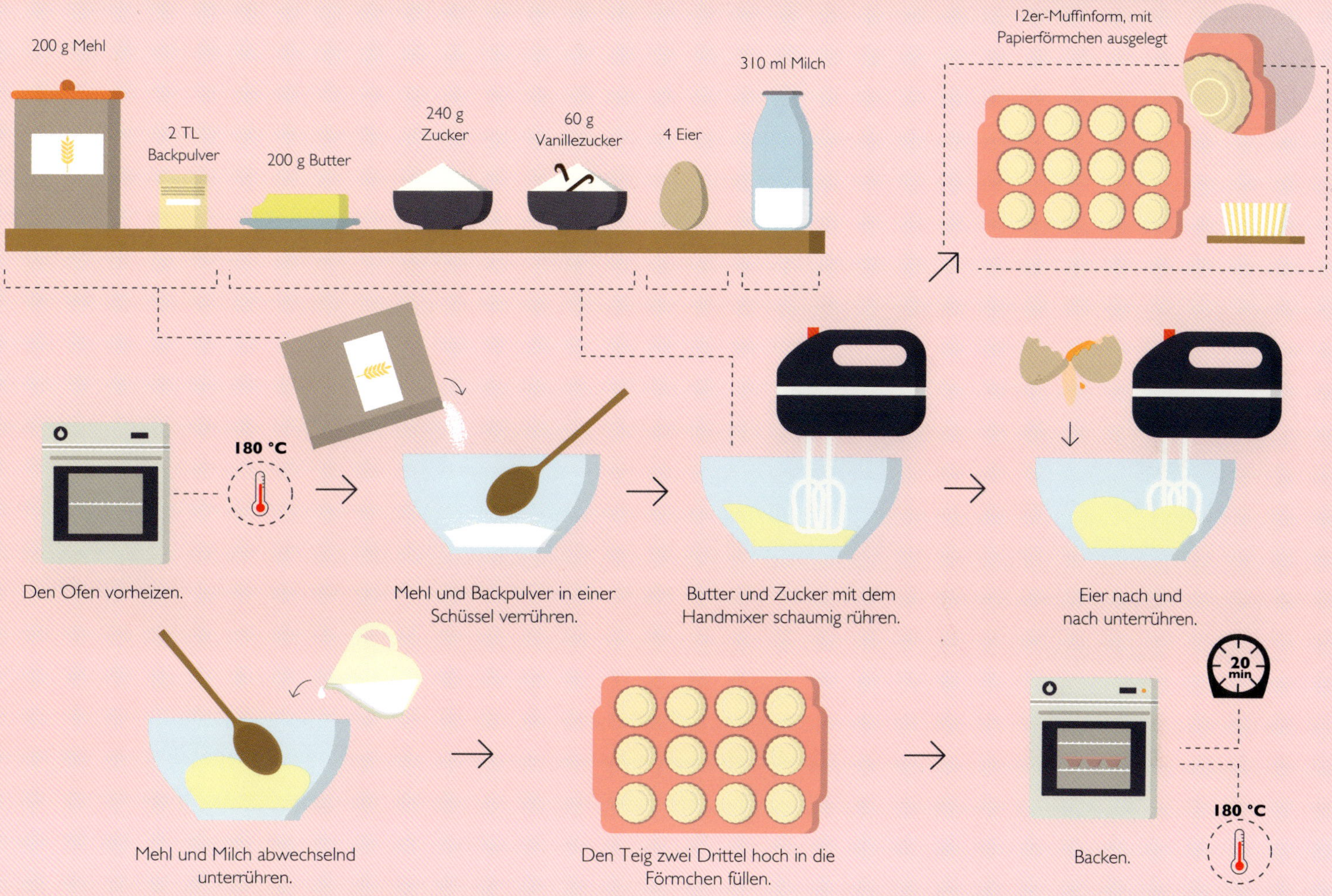

200 g Mehl
2 TL Backpulver
200 g Butter
240 g Zucker
60 g Vanillezucker
4 Eier
310 ml Milch

12er-Muffinform, mit Papierförmchen ausgelegt

180 °C

Den Ofen vorheizen.

Mehl und Backpulver in einer Schüssel verrühren.

Butter und Zucker mit dem Handmixer schaumig rühren.

Eier nach und nach unterrühren.

Mehl und Milch abwechselnd unterrühren.

Den Teig zwei Drittel hoch in die Förmchen füllen.

20 min
180 °C

Backen.

177 Schokoladen-Cupcakes, Grundrezept

135 g Kakaopulver, gesiebt

2 EL zerkleinerte Schokolade

Kakaopulver mit dem Mehl vermischen.

Eventuell noch 2 EL zerkleinerte Schokolade untermengen. Wie helle Cupcakes backen.

178 Cupcake-Toppings

290 Buttercreme
291 Schokoladenbuttercreme
300 Lemon Curd
303 Amaretto-Espuma
305 Zuckerglasur
304 Mandelschaum

179 Vanille-Cupcakes

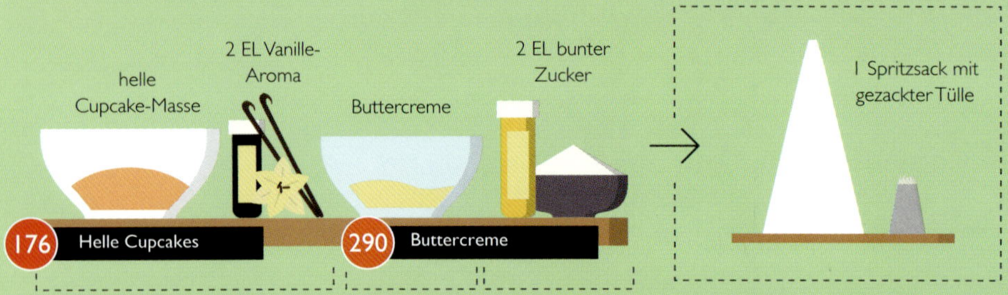

* Die Cupcakes können ohne Topping luftdicht verschlossen gelagert werden.

Vanille-Aroma in die Cupcake-Masse geben. Wie helle Cupcakes zubereiten, auskühlen lassen.

Spritzsack füllen.

Die Buttercreme aufdressieren.

Mit Zucker bestreuen.

180 Cupcakes mit Schokoladencreme

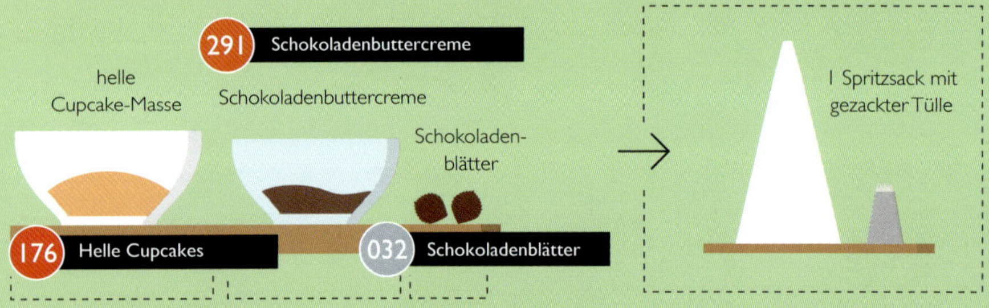

Wie Cupcakes zubereiten, auskühlen lassen.

Spritzsack füllen.

Die Schokoladenbuttercreme aufdressieren.

Mit Schokoladenblättern garnieren.

181 Schokoladen-Orangen-Cupcakes

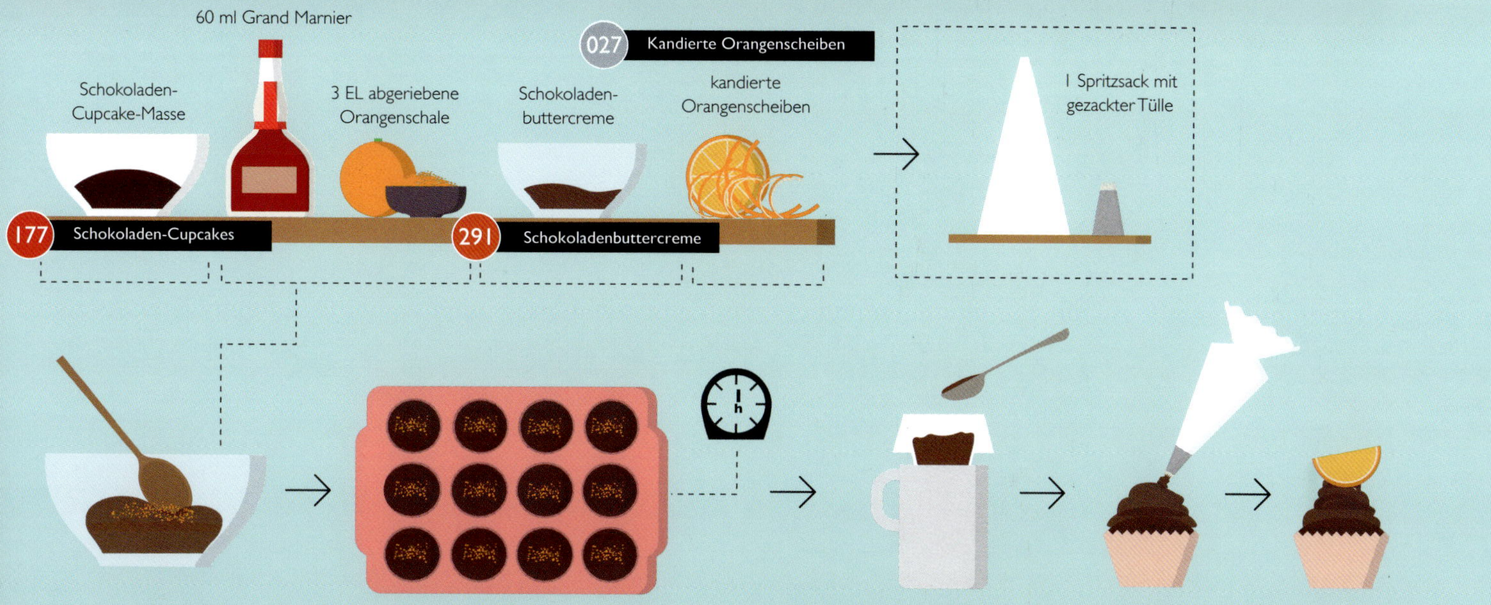

Grand Marnier und Orangenschale in die Masse geben. Wie Cupcakes zubereiten, auskühlen lassen.

Spritzsack füllen. Die Schokoladenbuttercreme aufdressieren.

Orangenspalten halbieren. Cupcakes damit dekorieren.

182 Kokos-Cupcakes mit Lemon Curd

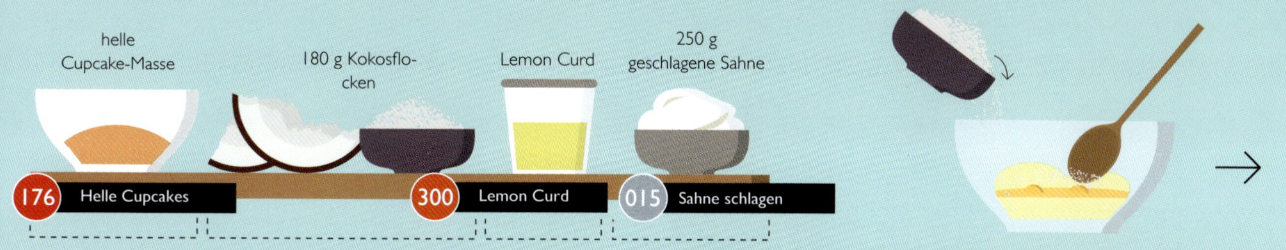

Kokosflocken zur Grundmasse geben und backen.

Auskühlen lassen.

Mit einem Löffel in der Mitte jedes Cupcakes eine Mulde ausstechen.

Mit Lemon Curd füllen.

Mit geschlagener Sahne bedecken und mit Kokosflocken bestreuen.

183 Rum-Rosinen-Cupcakes

176 Helle Cupcakes
- helle Cupcake-Masse
- 2 EL Rum
- 3 EL Rosinen

291 Schokoladenbuttercreme
- Schokoladenbuttercreme

033 Schokoladengitter
- kleine Schokoladengitter

- 1 Spritzsack mit gezackter Tülle

Die Cupcake-Masse mit Rum aromatisieren, Rosinen unterheben und backen.

→ Auskühlen lassen.

→ Spritzsack füllen.

→ Die Schokoladenbuttercreme aufdressieren.

→ Mit Schokoladengitter dekorieren.

184 Rote Cupcakes mit Frischkäseglasur

176 Helle Cupcakes
- helle Cupcake-Masse
- 1 TL rote Lebensmittelfarbe
- 4 EL Himbeermarmelade

308 Frischkäseglasur
- Frischkäseglasur

026 Verzuckerte Blütenblätter
- verzuckerte Blütenblätter

Lebensmittelfarbe in die Masse rühren.

→ Cupcakes zubereiten, auskühlen lassen.

→ Mit einem Löffel in der Mitte jedes Cupcakes eine Mulde ausstechen.

→ Mit Himbeermarmelade füllen.

→ Mit Frischkäseglasur bedecken.

→ Mit verzuckerten Blütenblättern dekorieren.

185 Eiscreme-Cupcakes

Schokoladen-Cupcake-Masse

440 ml Vanille-Eiscreme

Schokoladenlocken

177 Schokoladen-Cupcakes

037 Schokoladenlocken

✻ Die Cupcakes können auch mit frischen Früchten dekoriert werden.

Cupcakes zubereiten, auskühlen lassen.

Die Cupcakes an der Oberfläche gerade schneiden.

Eine Kugel Eiscreme daraufsetzen.

Mit Schokoladenlocken dekorieren.

186 Tchai-Honig-Cupcakes

helle Cupcake-Masse

160 ml Wasser

3 Tchai-Teebeutel

80 g Honig, plus 2 EL

375 g Sahne

176 Helle Cupcakes

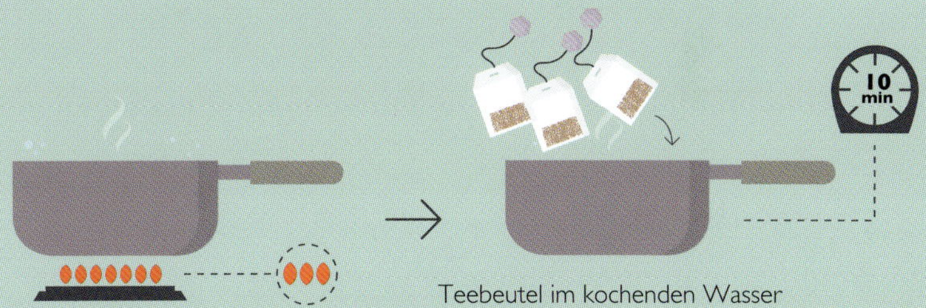

Wasser aufkochen.

Teebeutel im kochenden Wasser ziehen lassen, dann entfernen.

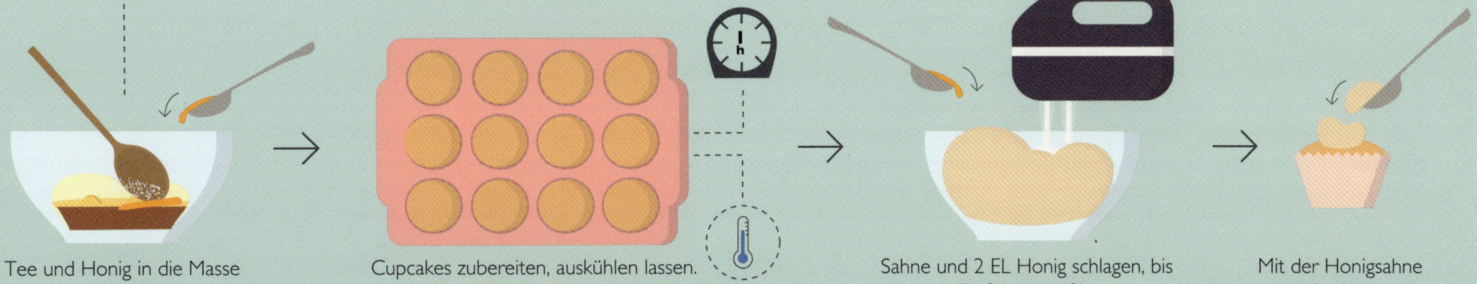

Tee und Honig in die Masse rühren.

Cupcakes zubereiten, auskühlen lassen.

Sahne und 2 EL Honig schlagen, bis die Sahne steif ist.

Mit der Honigsahne dekorieren.

Kleingebäck, Plätzchen und Macarons

187 Madeleines

020 Mit Vanilleschoten arbeiten

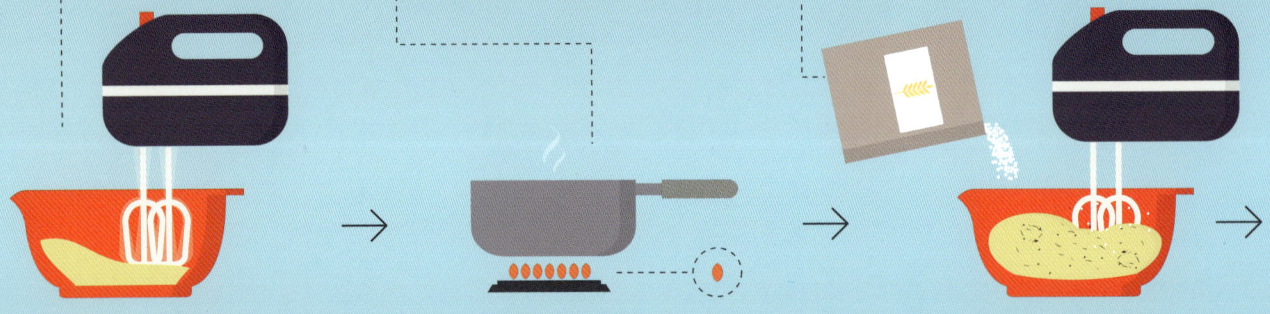

Eier, Eigelb und Zucker in einer Rührschüssel schaumig schlagen.

Butter schmelzen.

Vanillemark, Mehl, Backpulver und Salz in die Eimasse einarbeiten.

Weiterrühren und die flüssige Butter in die Masse mischen.

Zudecken und an einem kühlen Ort ruhen lassen.

Den Ofen vorheizen.

Den Teig in die Form füllen.

Auf der mittleren Schiene backen, Hitze nach 3–4 Minuten reduzieren.

Sofort stürzen und auskühlen lassen.

188 Financiers

189 Bretonische Kekse

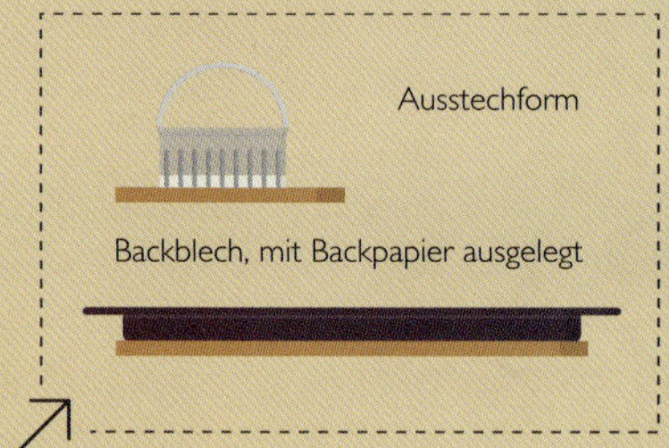

✱ Die Kekse in einer luftdichten Dose aufbewahren.

Butter, Zucker und Salz schaumig schlagen.

Das Eigelb dazugeben und weiterrühren.

Das Mehl nach und nach unterrühren, dann mit den Händen zu einem geschmeidigen Teig kneten.

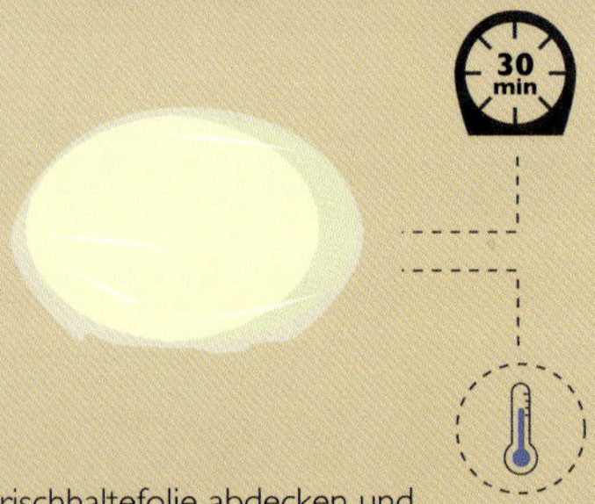

Mit Frischhaltefolie abdecken und an einem kühlen Ort ruhen lassen.

Den Ofen vorheizen.

Den Teig auf einer bemehlten Oberfläche etwa 5 mm dick ausrollen.

Kekse ausstechen und auf das Backblech legen.

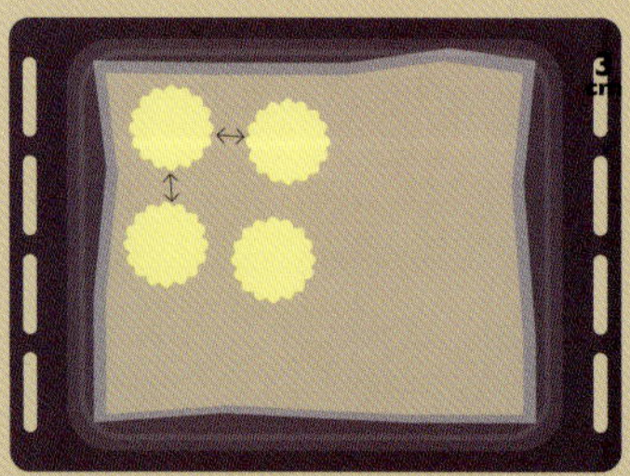

Auf mittlerer Schiene backen.

190 Chocolate Chip Cookies

220 g Mehl
½ TL Backpulver
½ TL Natron
½ TL Salz
125 g Butter
125 g Zucker
105 g brauner Zucker
1 Ei
1 TL Vanille-Aroma
185 g Schokolade, grob gehackt

Mehl, Backpulver, Natron und Salz gut vermischen.

Butter und Zucker schaumig rühren.

Ei und Vanille-Aroma dazugeben und weiterrühren.

Mehlmischung unter die Buttermischung rühren.

Schokoladenstücke unterrühren.

Den Ofen vorheizen.

312 Chocolate-Chip-Cookie-Schablonen

Mit feuchten Händen kleine Kugeln mit etwa 2 cm Durchmesser formen und auf dem Backblech platzieren, dabei etwa 5 cm Abstand zwischen den Cookies lassen.

Goldbraun backen.

Auf dem Blech auskühlen lassen.

191 Baisers klassisch

✱ Übriges Eiweiß kann gut für Baisers verwendet werden. Es hält im Kühlschrank gut verschlossen bis zu 5 Tage.

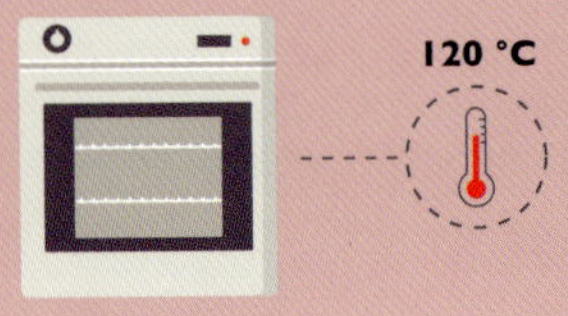

Den Ofen vorheizen.

Eiweiße und Salz mit dem Handmixer steif schlagen.

Löffelweise den Puderzucker dazugeben und immer weiterschlagen. Die Masse soll glänzen.

Die Baisermasse in einen Spritzsack füllen.

Mit dem Spritzsack runde Baisers auf das Backblech spritzen.

Die Baisers backen, bis sie leicht gebräunt sind.

Den Backofen ausschalten, die Türe einen Spalt öffnen und die Baisers im Ofen abkühlen lassen.

192 Himbeerbaiser

50 g Himbeeren

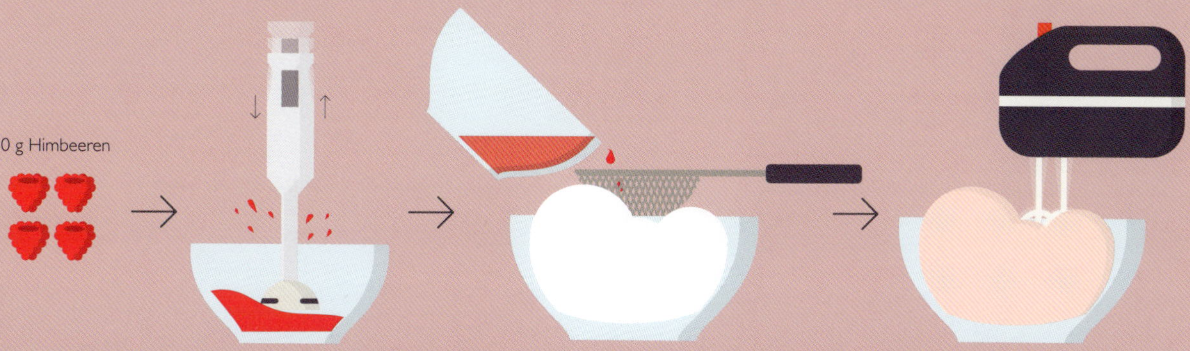

Himbeeren pürieren.

Durch ein Sieb in die Baisermasse streichen.

Gut verrühren. Wie Baisers backen.

303 Amaretto-Espuma

✱ Mit Amaretto-Espuma servieren.

193 Haselnuss-Baisers

200 g Haselnusskerne, geröstet, geschält und fein gehackt

Die gehackten Haselnüsse unter die Baisermasse heben. 1 EL Haselnüsse zurückbehalten.

Die Baisers mit den restlichen Haselnüssen bestreuen.

Wie Baisers backen.

298 Fruchtsauce

✱ Mit Fruchtsauce servieren.

194 Brownies

200 g Bitterschokolade

125 g Butter

2 Eier

200 g Zucker

1 EL Vanillezucker

130 g Mehl

1 TL Backpulver

3 EL Walnüsse, gehackt

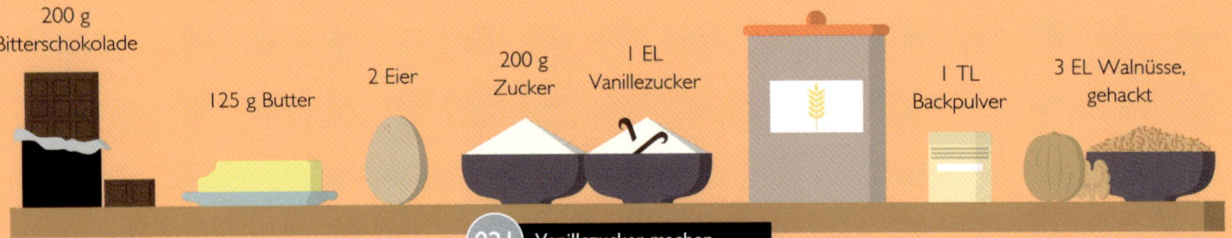

021 Vanillezucker machen

✱ Die Brownies nicht zu lange backen, sie sollen innen feucht sein.

Rechteckige Backform (28 x 35 cm), gefettet

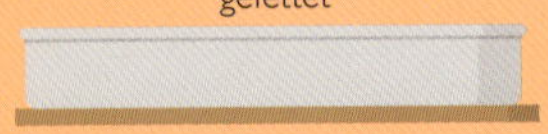

Schokolade und Butter im Wasserbad schmelzen.

Eier, Zucker und Vanillezucker mit dem Handmixer schaumig rühren.

Schokolade-Butter-Mischung dazugeben und verrühren. Mehl, Backpulver und Nüsse unterheben.

Teig in die Backform geben und glatt streichen.

Im Ofen backen, die Oberfläche immer wieder prüfen, sie soll auf Druck leicht nachgeben.

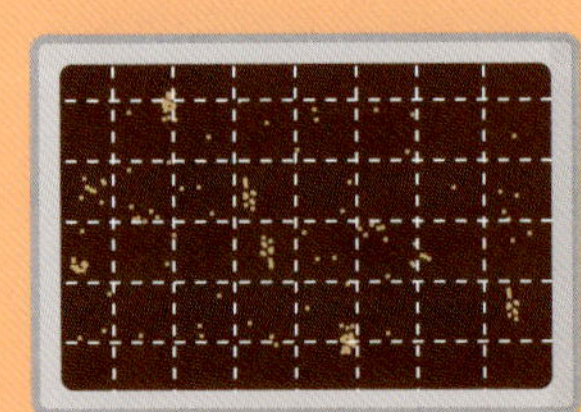

Abkühlen und in Vierecke schneiden.

Apfel-Streusel-Riegel

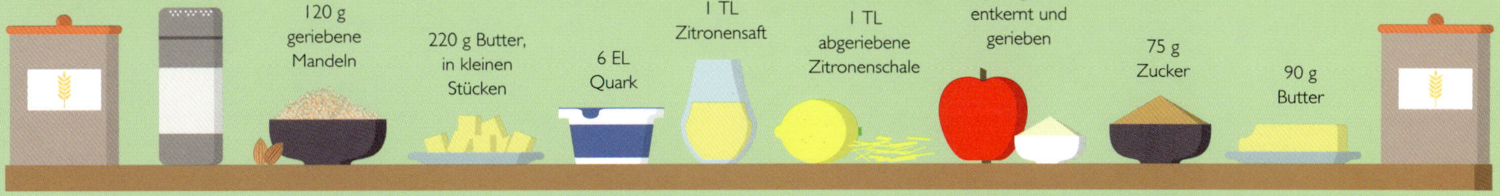

- 155 g Mehl
- 90 g Puderzucker
- 120 g geriebene Mandeln
- 220 g Butter, in kleinen Stücken
- 6 EL Quark
- 1 TL Zitronensaft
- 1 TL abgeriebene Zitronenschale
- 1 Apfel, geschält, entkernt und gerieben
- 75 g Zucker
- 90 g Butter
- 170 g Mehl

Rechteckige Backform (28 x 35 cm), mit Backpapier ausgelegt

Mehl, Puderzucker und Mandeln vermischen.

Die Butter dazugeben und alles zu einem geschmeidigen Teig verkneten.

Den Teig auf einer bemehlten Arbeitsfläche rechteckig ausrollen und in die Backform legen.

Quark, Zitronensaft und -schale glatt rühren und auf dem Teig verteilen.

Kühlen.

Geriebenen Apfel und braunen Zucker vermischen. Butter und Mehl zu feinen Streuseln vermengen.

Den Ofen vorheizen.

Zuerst den geriebenen Apfel, dann die Streusel auf dem Teig verteilen.

Goldbraun backen.

Abkühlen lassen und in Vierecke schneiden.

196 Blondies

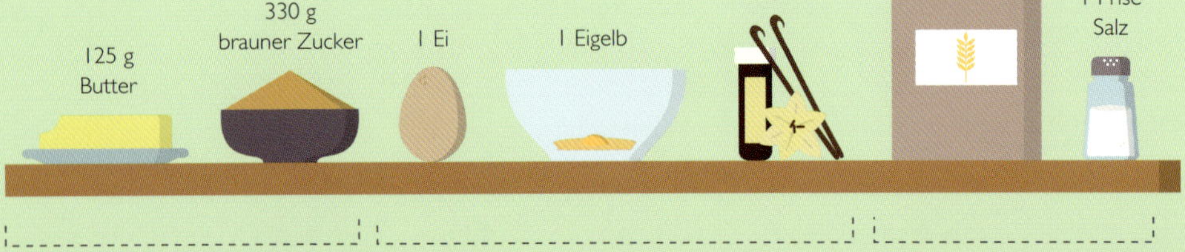

Viereckige Backform (20 cm), gefettet und bemehlt

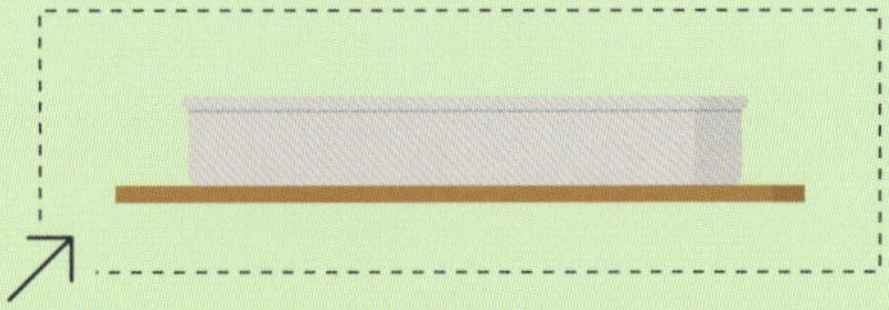

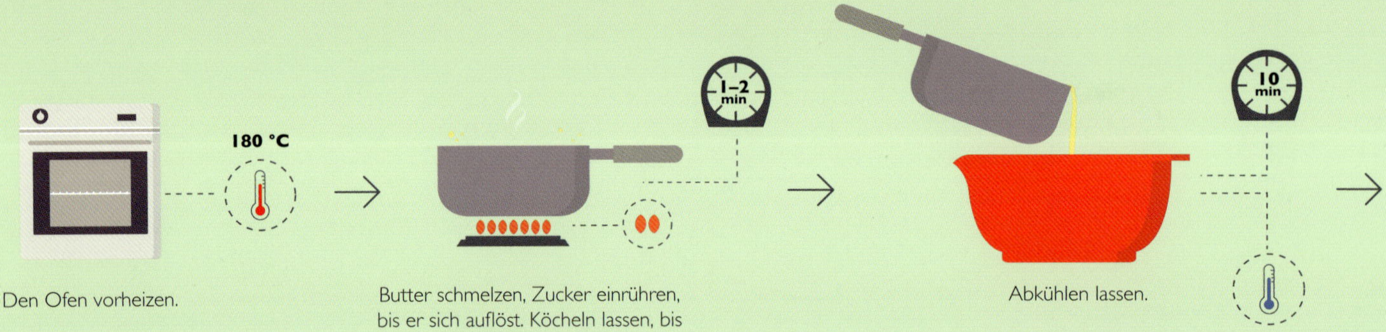

Den Ofen vorheizen.

Butter schmelzen, Zucker einrühren, bis er sich auflöst. Köcheln lassen, bis der Zucker Blasen wirft.

Abkühlen lassen.

Ei, Eigelb und Vanille-Aroma unter die abgekühlte Zuckermischung rühren.

Mehl und Salz zur Zuckermischung geben und gut verrühren.

Die Masse in die vorbereitete Form füllen und glatt streichen.

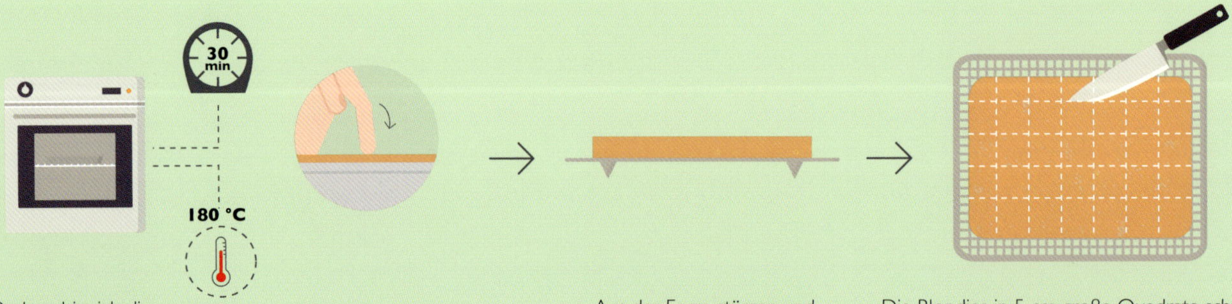

Backen, bis sich die Oberfläche fest anfühlt.

Aus der Form stürzen und auskühlen lassen.

Die Blondies in 5 cm große Quadrate schneiden.

197 Schottisches Shortbread

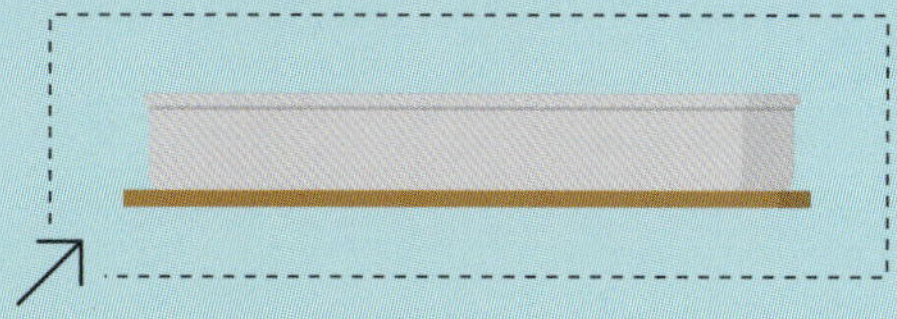

Den Ofen vorheizen.

Butter, Puderzucker, Zucker und Vanille-Aroma schaumig schlagen.

Mehl und Salz vermengen.

Das Mehl unter die Butter-Zucker-Masse arbeiten.

Die Masse in die Form füllen und gut andrücken.

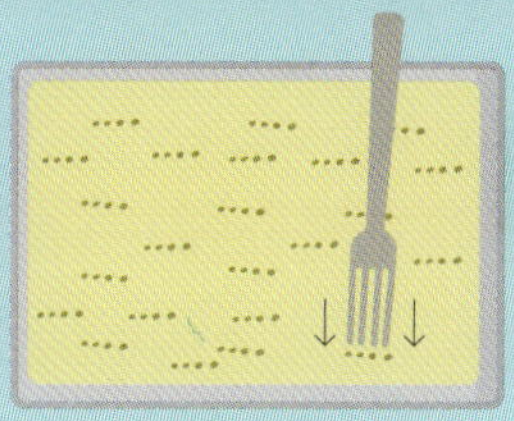

Mit einer Gabel Löcher in den Teig drücken.

Mit Kristallzucker bestreuen und backen.

Herausnehmen und sofort mit einem scharfen Messer in 2,5 cm breite und 7,5 cm lange Streifen schneiden.

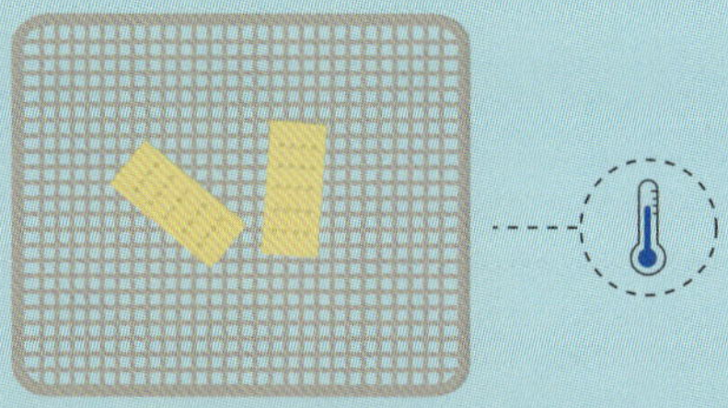

Abkühlen lassen.

198 Scones

320 g Mehl (Type 405)

60 g Zucker

1 TL Backpulver

1 EL abgeriebene Zitronenschale

90 g Butter, in kleinen Flöckchen

180 g Sahne, plus 2 TL Sahne

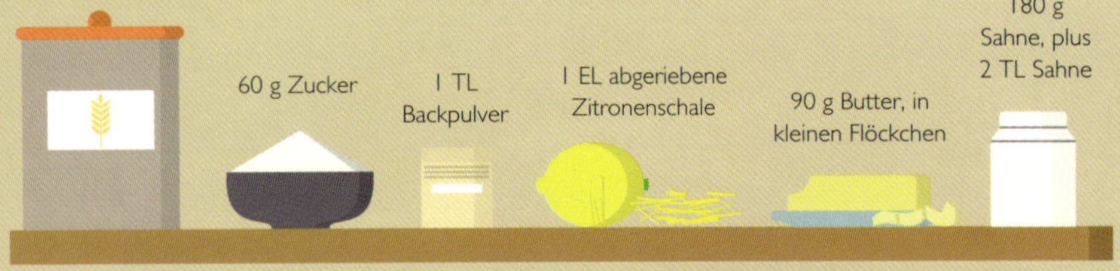

Backblech, mit Backpapier ausgelegt

Ausstecher, ca. 6 cm Durchmesser

Mehl, Zucker, Backpulver und Zitronenschale vermengen.

Butterflöckchen unterrühren. Sahne nach und nach unterrühren. Den Teig ca. 30 Minuten im Kühlschrank ruhen lassen.

Den Ofen vorheizen.

Den Teig auf einer bemehlten Fläche ca. 2–3 cm dick ausrollen.

Mit dem Ausstecher Kreise ausstechen.

Auf das Backblech legen und mit Sahne bestreichen.

Goldbraun backen.

199 Mandel-Rosinen-Scones

75 g Mandelstifte

140 g Rosinen

Mandelstifte und Rosinen unter den Teig mengen. Wie Scones backen.

* Auch andere Trockenfrüchte wie Kirschen, Blaubeeren und fein geschnittene Aprikosen eignen sich.

200 Buttermilchkekse

Alle trockenen Zutaten gut vermengen.

Die Butter dazugeben und mit den trockenen Zutaten zu groben Streuseln vermengen.

Die Buttermilch dazugeben und alle Zutaten zu einem geschmeidigen Teig verrühren. Nicht zu lange rühren.

Arbeitsfläche mit Mehl bestäuben. Den Teig auf die Arbeitsfläche legen, mit Mehl bestäuben und einige Male durchkneten.

Den Ofen vorheizen.

Den Teig ausrollen.

Mit einer Ausstechform (6 cm Durchmesser) Kekse ausstechen und auf das Backblech legen, dabei genug Platz zwischen den Keksen lassen.

Backen, bis sich die Oberfläche der Kekse leicht fest anfühlt.

201 Löffelbiskuits

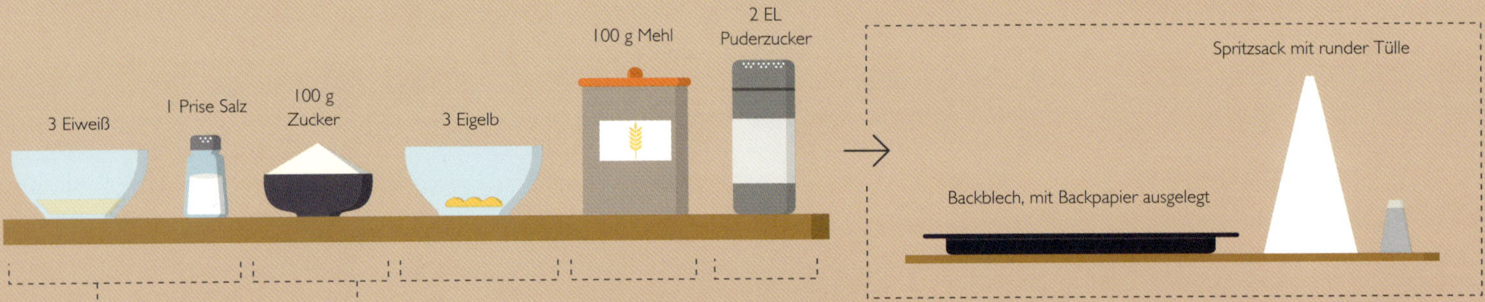

Eiweiße mit einer Prise Salz schaumig schlagen.

Ein Drittel des Zuckers dazugeben und weiterschlagen.

Nacheinander die anderen zwei Drittel Zucker unterrühren, bis der Eischnee glänzt und steif ist.

Eigelbe verquirlen.

Die Hälfte des Eischnees unter die Eigelbe heben.

Die Hälfte des Mehls vorsichtig unterheben.

Mit dem restlichen Eischnee und Mehl wiederholen.

Spritzsack mit runder Tülle mit der Masse befüllen.

7,5 cm lange und 2 cm breite Streifen auf das Backpapier spritzen, genug Platz zwischen den Löffelbiskuits lassen.

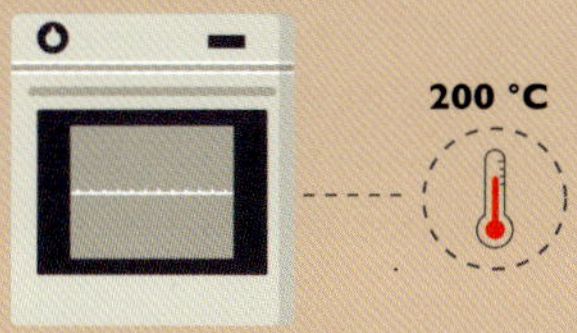

Den Ofen vorheizen.

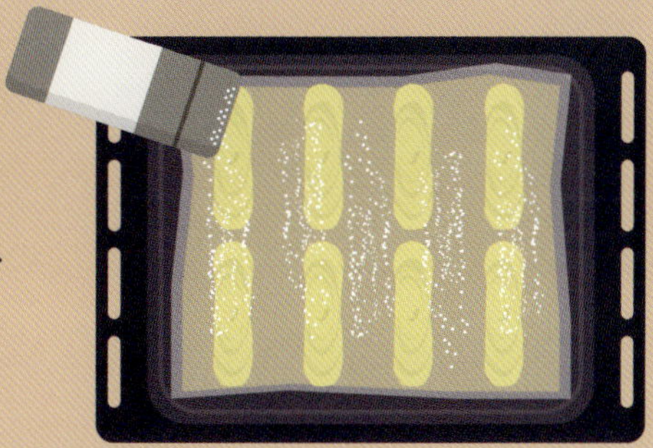

Mit Puderzucker bestäuben und etwas antrocknen lassen.

Backen, bis die Oberfläche leicht gebräunt ist. Eventuell einen Holzkochlöffel in die Ofentür klemmen, damit die Löffelbiskuits schön aufgehen.

* Eine Schablone anfertigen. Auf das Backpapier 2 cm breite und 7,5 cm lange Streifen zeichnen, dazwischen 2 cm Abstand lassen. Das Backpapier umdrehen und Löffelbiskuits aufdressieren.

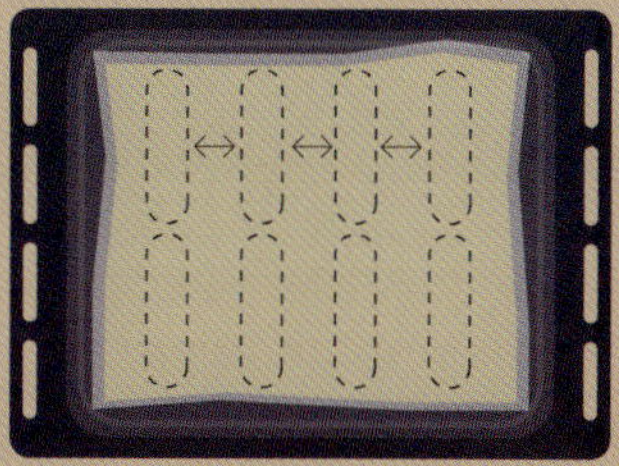

202 Schokoladen-Löffelbiskuits

2 EL Kakao-Pulver

100 g Zucker

Kakao-Pulver und Zucker vermischen.

Kakao-Pulver-Zucker-Mischung zum Eischnee geben. Wie Löffelbiskuits zubereiten.

Backen, bis die Oberfläche leicht gebräunt ist.

203 Rothschild-Löffelbiskuits

2 EL gemahlene Haselnüsse

100 g Schokolade, grob gehackt

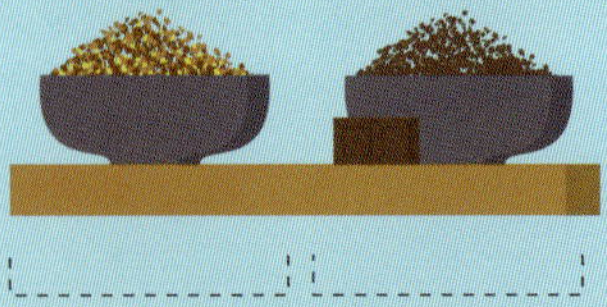

Wie Löffelbiskuits zubereiten. Die Löffelbiskuits vor dem Backen mit den gemahlenen Haselnüssen bestreuen.

Backen, bis die Oberfläche leicht gebräunt ist.

Die Schokolade über dem Wasserbad schmelzen.

Die Unterseite der ausgekühlten Löffelbiskuits mit Schokolade bestreichen.

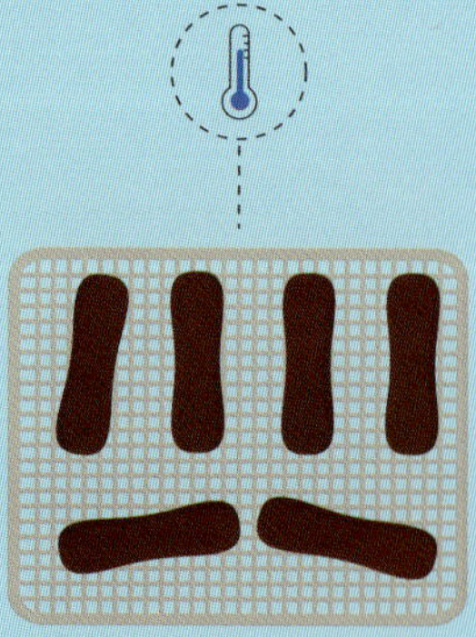

Auf einem Gitter aushärten lassen.

204 Campari-Flocken

Eiweiße mit einer Prise Salz schaumig schlagen.

Ein Drittel des Zuckers dazugeben und weiterschlagen.

Nacheinander die anderen zwei Drittel Zucker unterrühren, bis der Eischnee glänzt und steif ist.

Den Campari dazugeben.

Den Ofen vorheizen.

Spritzsack mit runder Tülle mit der Masse befüllen.

Punkte auf das Backblech spritzen.

Hitze reduzieren und backen.

205 Mürbeteigplätzchen

Den Teig auf einer bemehlten Arbeitsfläche 5 mm dick ausrollen.

Kekse ausstechen.

Plätzchen auf das Backblech legen.

Teigreste wieder durchkneten.

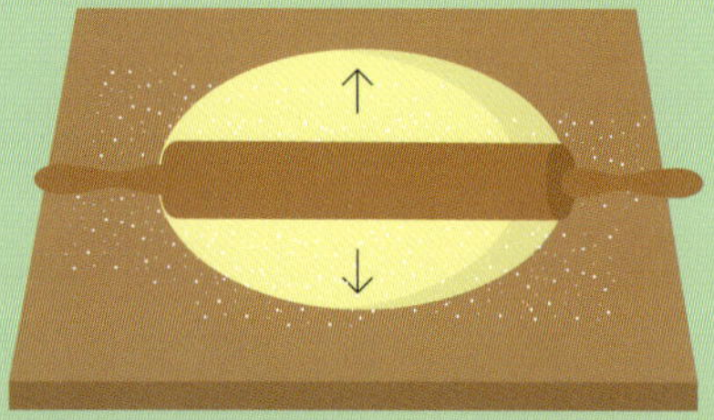

Teig wieder ausrollen und weitere Plätzchen ausstechen. Wiederholen, bis der Teig verbraucht ist.

Den Ofen vorheizen.

Das Eigelb verquirlen, die Plätzchen damit bestreichen und kurz antrocknen lassen.

Backen, bis die Oberfläche golden ist.

206 Plätzchen mit Mandeln dekorieren

3 EL geschälte ganze Mandeln

Vor dem Backen Mandeln auf die Kekse legen und leicht andrücken.

207 Plätzchen mit Zimtzucker dekorieren

2 EL Puderzucker

1 TL Zimt

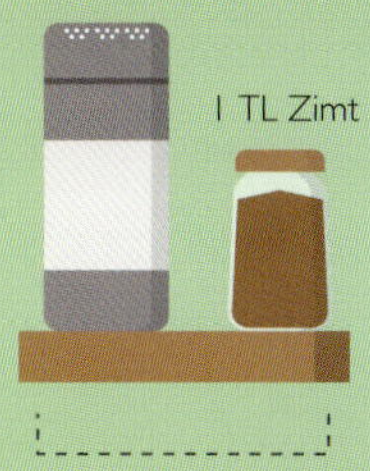

Zimt und Zucker gut vermengen.

Vor dem Backen die Kekse mit dem Zimtzucker betreuen.

208 Plätzchen mit Zuckerstreuseln dekorieren

150 g Puderzucker

2 EL Zucker-streusel

Lebensmittelfarbe

Den Puderzucker mit 3 Esslöffel warmem Wasser verrühren, bis sich der Zucker auflöst. Nach Belieben ein paar Tropfen Lebensmittelfarbe hinzufügen.

Kekse mit der Zuckerglasur bestreichen, mit Zuckerstreuseln dekorieren und trocknen lassen.

209 Plätzchen mit Orangen dekorieren

Orangenschale in den Teig kneten.

Die Kekse vor dem Backen mit kandierten Orangenzesten belegen und leicht andrücken.

210 Plätzchen mit Schokolade glasieren

Butter und Schokolade über dem Wasserbad schmelzen.

Die abgekühlten Kekse mit Schokolade überziehen.

211 Plätzchen mit Schokomuster dekorieren

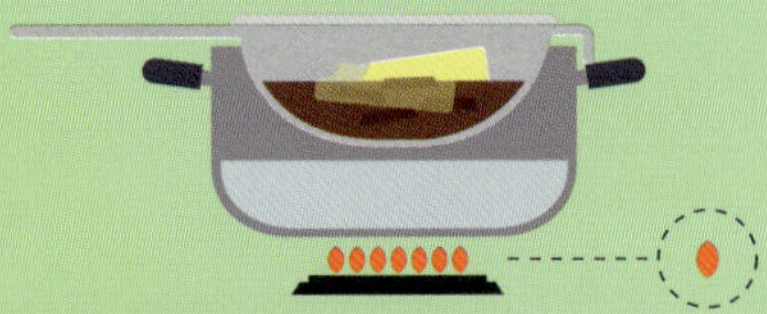

Schokolade und Butter über dem Wasserbad schmelzen.

In den Papierspritzbeutel füllen und Linien oder Muster auf die Kekse zeichnen. Trocknen lassen.

212 Plätzchen mit Konfitüre füllen

Konfitüre glatt rühren. Jeden zweiten Keks dick mit Konfitüre bestreichen.

Die mit Konfitüre bestrichenen Kekse jeweils mit einem Keks ohne Konfitüre zusammensetzen und leicht andrücken.

Trocknen lassen.

213 Plätzchen mit Zuckerglasur dekorieren

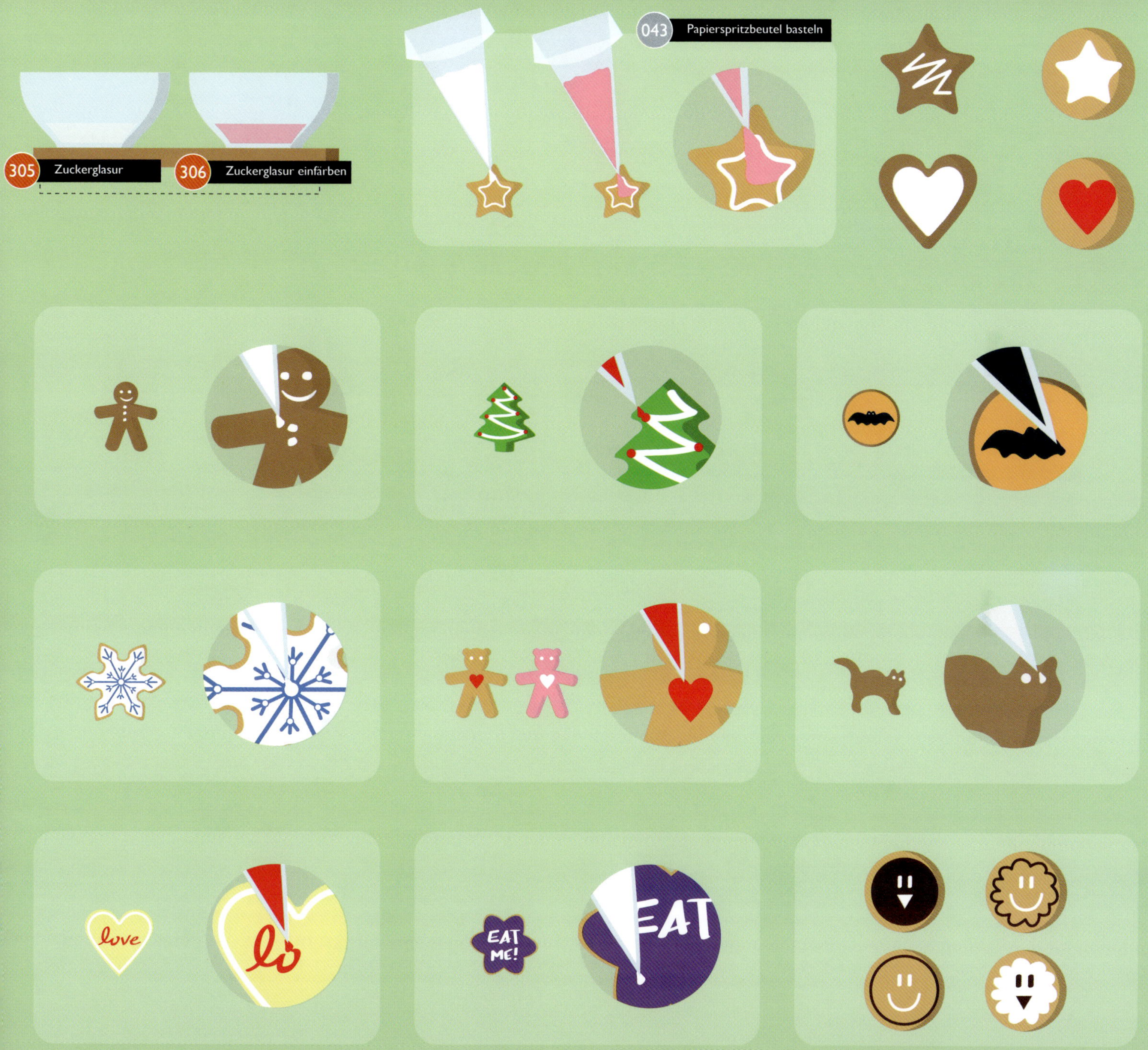

214 Linzer Kekse

- 125 g Butter
- 125 g Zucker
- 1 Prise Salz
- 1 TL abgeriebene Orangenschale
- ½ TL Zimt
- 1 TL Vanille-Aroma
- 1 Eigelb
- 155 g Mehl
- 155 g geriebene Haselnüsse
- 75 g Himbeerkonfitüre

Ausstechform

Backblech, mit Backpapier ausgelegt

Butter, Zucker, Salz, Orangenschale, Zimt und Vanille-Aroma schaumig rühren.

Eigelb dazugeben und weiterrühren.

* Runde Spritztülle oder ein kleines Messer für das Loch in der Mitte verwenden.

Mehl und Haselnüsse vermengen.

Die Mehl-Nuss-Mischung zur Buttermasse geben und gut verrühren.

Den Teig auf einer bemehlten Arbeitsfläche gut durchkneten.

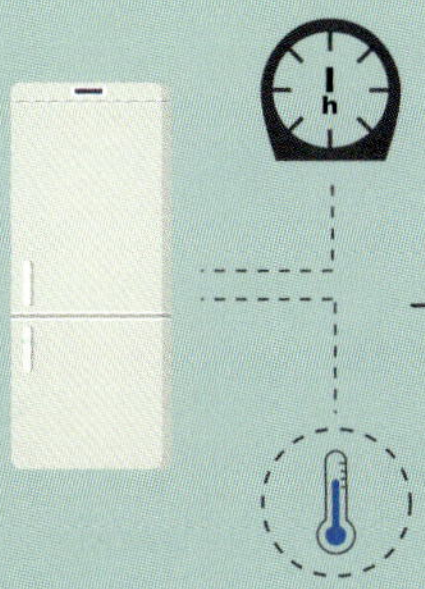

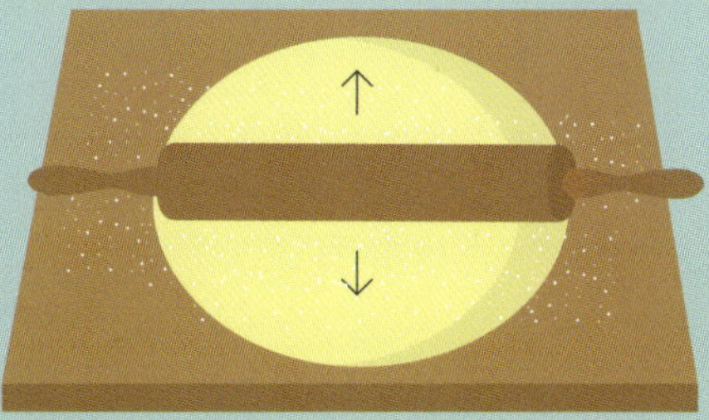

Den Teig in Frischhaltefolie wickeln und durchkühlen.

Den Ofen vorheizen.

Den Teig in zwei Teile teilen, einen Teil ausrollen und Kekse ausstechen.

Bei jedem zweiten Keks in der Mitte ein Loch ausstechen.

Kekse auf das Backblech legen und backen. Wiederholen, bis der Teig verbraucht ist.

Hellbraun backen.

Himbeerkonfitüre glatt rühren.

Die Kekse ohne Loch großzügig mit Himbeerkonfitüre bestreichen.

Die mit Konfitüre bestrichenen Kekse jeweils mit einem Keks mit Loch zusammensetzen und leicht andrücken.

Trocknen lassen.

215 Pignoli-Kekse

Mürbeteig (200 g)
35 g geriebene Haselnüsse
40 g Butter
80 g Pinienkerne
1 EL Kakao
1 Prise Salz
1 Prise Nelken-Pulver
1 TL Zimt
1 EL Vanille-Aroma
1 EL abgeriebene Orangenschale
1 EL abgeriebene Zitronenschale
70 g Bitterschokolade, gehackt

048 Mürbeteig

Backblech, mit Backpapier ausgelegt

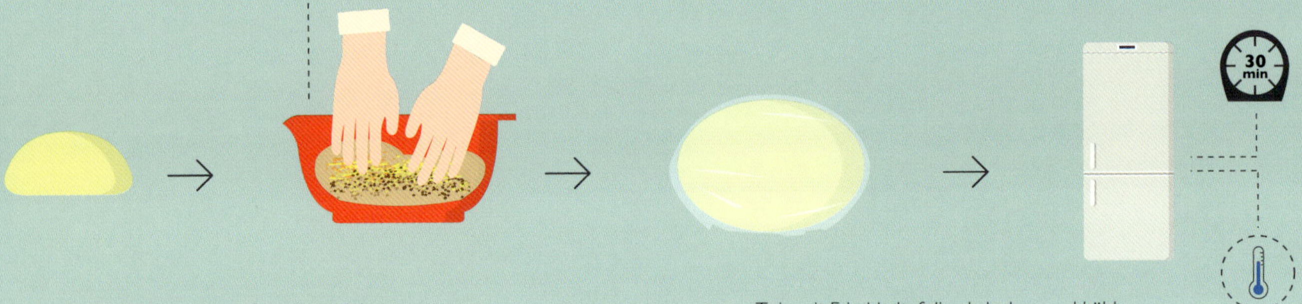

Alle Zutaten in den Grundteig einkneten.

Teig mit Frischhaltefolie abdecken und kühlen.

Den Ofen vorheizen.

Teig teilen und zu zwei Rollen von etwa 4 cm Durchmesser formen.

Die Teigrollen in dünne Scheiben schneiden, auf das vorbereitete Backblech setzen und backen.

216 Schwarz-Weiß-Plätzchen

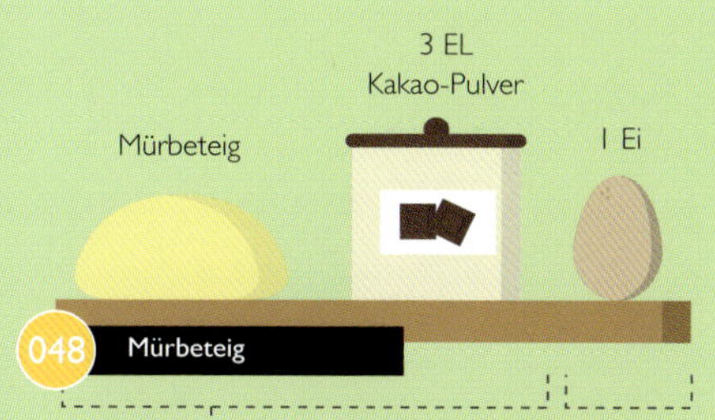

Mürbeteig in 2 Hälften teilen. In eine Teighälfte das Kakaopulver einarbeiten.

Beide Teighälften auf einer bemehlten Arbeitsfläche 2 cm dick zu Rechtecken ausrollen.

Teigplatten auf ein Backblech legen.

Mit Frischhaltefolie abdecken und kühlen.

Das Ei verquirlen.

Aus den Teighälften vier 2 cm breite Streifen schneiden.

Einen weißen Streifen mit verquirltem Ei bestreichen, daneben einen braunen Streifen andrücken.

Den braun-weißen Teigstreifen mit Ei bestreichen, einen weißen Streifen auf den braunen setzen und einen braunen auf den weißen. Wiederholen, bis der Teig verbraucht ist.

Den Ofen vorheizen.

Die Teigblöcke quer in 6 mm dicke Scheiben schneiden und die Kekse auf das Backblech setzen.

Backen.

217 Vanillekipferl

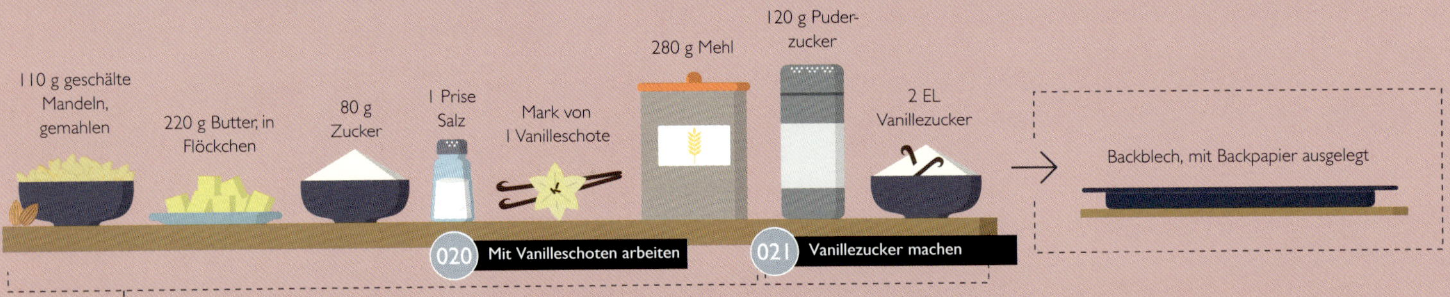

Gemahlene Mandeln, Butter, Zucker, Salz, Vanillemark und Mehl mit den Händen rasch vermengen, bis ein geschmeidiger Teig entsteht.

Den Teig auf eine bemehlte Arbeitsfläche legen und gut durchkneten.

Zu einer Kugel formen und in Frischhaltefolie wickeln.

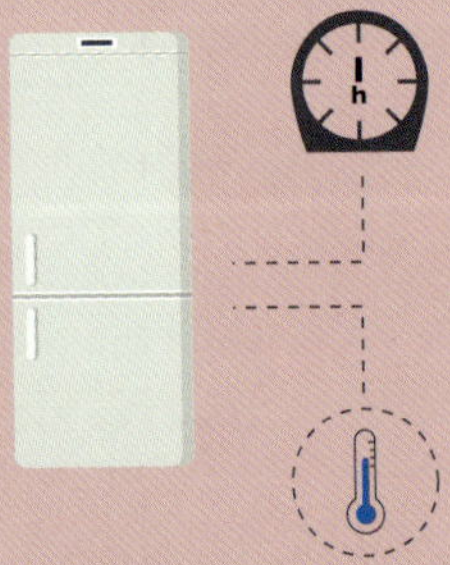

Kühlen.

Den Teig herausnehmen, vierteln und 2 cm dicke Rollen aus den Vierteln formen.

5 cm breite Stücke von den Rollen abschneiden.

Die Stücke zwischen den Händen zu dünnen Rollen formen.

Die Rollen zu Kipferln biegen und auf das Backblech legen.

Den Ofen vorheizen.

Backblech mit Kipferln kühlen.

Backen, die Kipferln sollen dabei keine Farbe annehmen.

Zucker und Vanillezucker vermischen.

Die heißen Kipferln vorsichtig in der Zuckermischung wenden.

* In einer gut verschlossenen Dose mindestens zwei Wochen aufbewahren, dann werden die Kipferl richtig mürbe.

Schokoladenbusserl

150 g Schokolade (60%), grob gehackt
150 g kalte Butter, in Flöckchen
200 g Zucker
1 Prise Salz
220 g gemahlene Haselnüsse
30 g Mehl
3 EL Aprikosenkonfitüre

Backblech, mit Backpapier ausgelegt

Schokolade über dem Wasserbad schmelzen, dann abkühlen lassen.

Die übrigen Zutaten in die geschmolzene Schokolade rühren.

Den Teig mit Frischhaltefolie abdecken und kühl stellen.

Den Ofen vorheizen.

Den Teig herausnehmen, vierteln und 2 cm dicke Rollen aus den Vierteln formen.

1 cm dicke Scheiben von den Rollen abschneiden und zwischen den Händen zu Kugeln formen.

Die Kugeln auf das Backblech setzen und leicht andrücken, dabei etwa 2,5 cm Abstand lassen, da die Kekse auseinanderlaufen.

Backen, nach 5 Minuten die Temperatur reduzieren. Auskühlen lassen.

Aprikosenkonfitüre glatt rühren.

Jede zweite Keks-Halbkugel mit Konfitüre bestreichen. Die mit Konfitüre bestrichenen Kekse jeweils mit einer Halbkugel ohne Konfitüre zusammensetzen und leicht andrücken.

Trocknen lassen.

219 Maiskekse

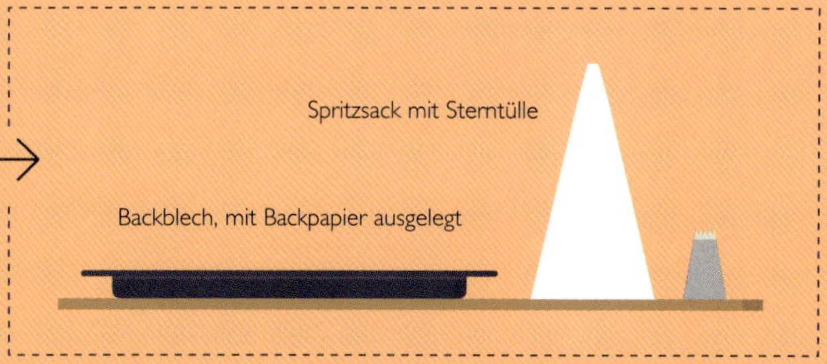

Alle Zutaten mit den Händen zu einem Teig verkneten.

Den Teig auf eine bemehlte Arbeitsfläche legen und gut durchkneten.

Den Teig mit einem feuchten Geschirrtuch abdecken und ruhen lassen.

Den Ofen vorheizen.

Den Teig in einen Spritzsack mit Sterntülle füllen und Kreise mit 5 cm Durchmesser auf das Backblech spritzen, dabei etwa 5 cm Abstand zwischen den Keksen lassen.

Backen.

220 Honig-Lebkuchen

- 50 g Honig
- 2 Eier
- 150 g Roggenmehl
- 150 g Weizenmehl
- 200 g brauner Zucker
- 1 TL Zimt
- 1 TL Lebkuchengewürz
- 1 Prise Muskatnuss
- 1 TL Vanille-Aroma
- abgeriebene Schale von 1 Zitrone
- 1 TL Natron
- 1 TL Backpulver
- 1 Ei
- 100 g geschälte Mandeln

Backblech, mit Backpapier ausgelegt

Honig und Eier schaumig schlagen.

Die übrigen Zutaten dazugeben und alles zu einem festen Teig verkneten.

Teig mit Frischhaltefolie abdecken und kühl stellen.

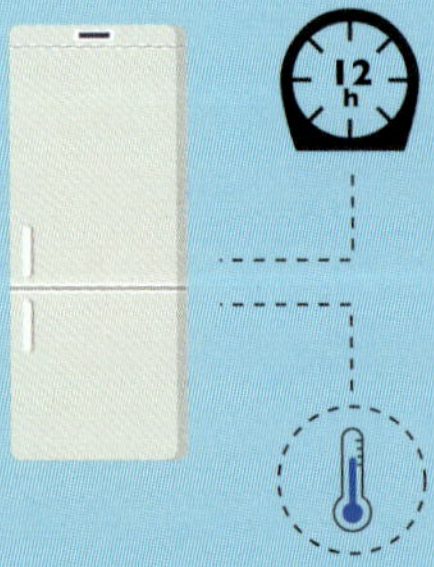

Den Teig herausnehmen, vierteln und 2 cm dicke Rollen aus den Vierteln formen.

1 cm dicke Scheiben von den Rollen abschneiden und auf das Backblech setzen.

Den Ofen vorheizen.

Das Ei verquirlen und die Lebkuchen damit bestreichen.

Die Lebkuchen mit je einer Mandel dekorieren.

Backen.

221 Lebkuchenmännchen

Den gekühlten Lebkuchenteig auf einer bemehlten Oberfläche 2 cm dick ausrollen.

Kekse ausstechen und auf ein mit Backpapier ausgelegtes Backblech legen.

Mit Mandeln, kandiertem Ingwer oder Zuckerglasur verzieren.

305 Zuckerglasur

222 Ingwerplätzchen

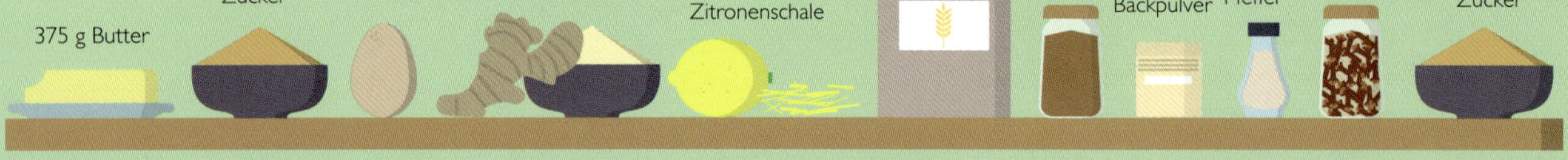

Butter und Zucker schaumig rühren.

Ei, Ingwer und Zitronenschale dazugeben und unterrühren.

Mehl, Zimt, Backpulver, Pfeffer und Nelken-Pulver gut vermischen.

Die Mehlmischung nach und nach unter die Butter-Ei-Masse rühren.

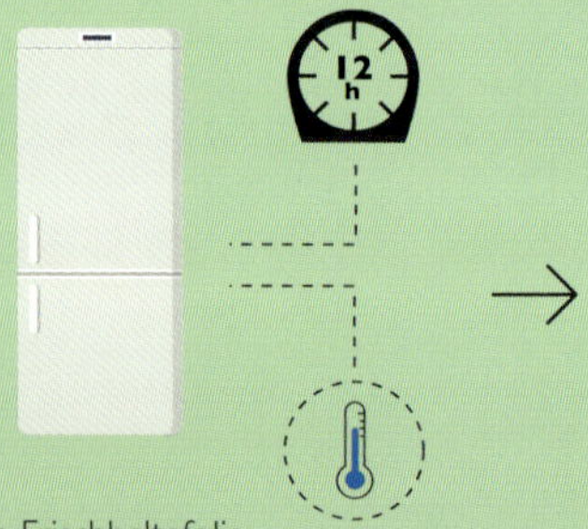

Teig in Frischhaltefolie wickeln und kühl stellen.

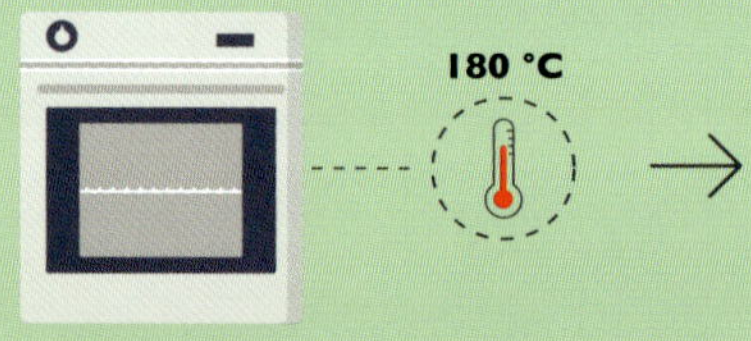

Den Ofen vorheizen.

Mit einem Löffel Teig abstechen und zwischen den Händen zu kleinen Kugeln mit etwa 5 cm Durchmesser formen.

Die Teigkugeln auf das Backblech legen, mit einem bemehlten Glas zu Plätzchen flachdrücken und mit etwas braunem Zucker bestreuen.

Backen, bis die Kekse goldbraun sind.

223 Mandelbögen

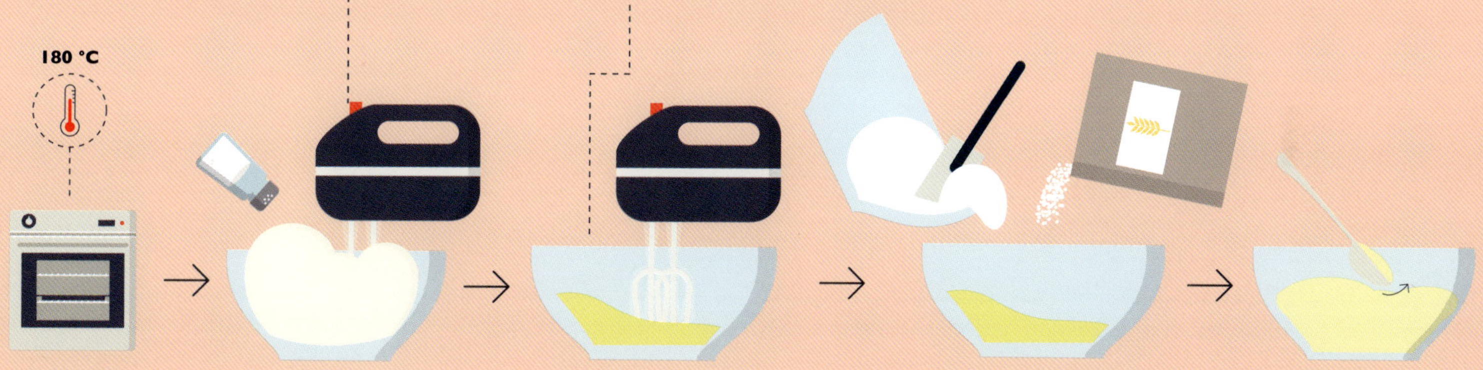

Den Ofen vorheizen.

Eiweiße mit Zucker, Vanille und Salz steif schlagen.

Butter schaumig rühren.

Mehl und Eischnee abwechselnd unter die Butter rühren.

✱ Nie zu viele Mandelbögen auf einmal machen, sie können nur geformt werden, solange sie heiß sind.

Masse esslöffelweise auf das Backblech setzen, mit einem Teigschaber zu Kreisen von etwa 10 cm Durchmesser verstreichen und mit Mandelblättchen bestreuen.

Goldbraun backen.

Die Kekse noch heiß über ein Nudelholz oder eine Flasche biegen und auskühlen lassen.

224 Cantucci

- 400 g Mehl
- 1 TL Backpulver
- ¾ TL Salz
- 170 g ganze Mandeln, geröstet
- 4 Eier
- 250 g Zucker
- 1½ TL Vanille-Aroma
- 1½ EL abgeriebene Orangenschale

Backblech, mit Backpapier ausgelegt

Mehl, Backpulver, Salz und Mandeln gut vermengen.

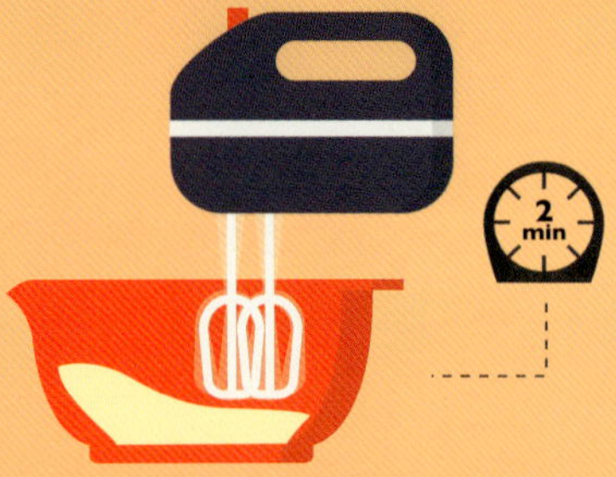

Eier und Zucker schaumig schlagen.

Vanille-Aroma und Orangenschale unter die Eimasse rühren.

Die Eiermasse zur Mehl-Mischung geben und alles zu einem geschmeidigen, leicht klebrigen Teig verrühren.

Den Ofen vorheizen.

Aus dem Teig auf dem vorbereiteten Backblech eine etwa 30 cm lange und 10 cm breite flache Rolle formen.

Backen.

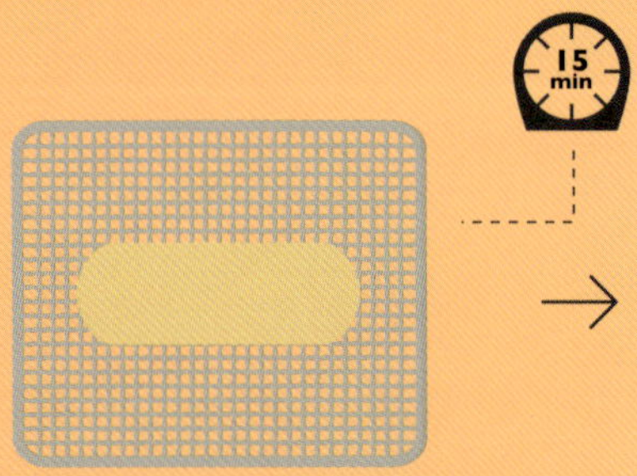

Auf einem Gitter auskühlen lassen.

Temperatur reduzieren.

Die vorgebackene Teigrolle mit einem Brotmesser diagonal in etwa 1,5 cm dicke Scheiben schneiden und auf ein mit Backpapier ausgelegtes Backblech setzen.

Die Cantucci backen, nach halber Backzeit einmal wenden und schließlich auskühlen lassen.

*

Die Cantucci können in einer gut verschlossenen Dose bis zu zwei Wochen aufbewahrt werden.

225 Mandelkekse

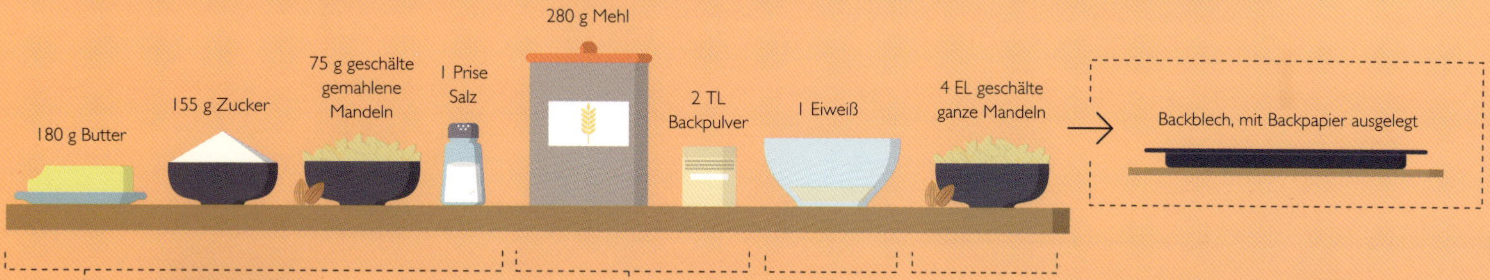

Butter, Zucker, gemahlene Mandeln und Salz schaumig schlagen.

Mehl und Backpulver dazugeben und alles zu einem festen Teig verkneten.

Mit den Händen 2 cm große Kugeln formen und auf das Backblech setzen.

Den Ofen vorheizen.

Das Eiweiß verquirlen, die Kekse damit bestreichen und mit je einer Mandel dekorieren.

Goldbraun backen.

226 Anis-Biscotti

125 g Butter
125 g Zucker
¼ TL Salz
2 Eier
2 EL Vanille-Aroma
3 EL gemahlener Anis
280 g Mehl
1 EL Backpulver
1 Eiweiß

Butter, Zucker und Salz schaumig schlagen. Eier nacheinander einrühren.

Alle anderen Zutaten dazugeben und weiterrühren.

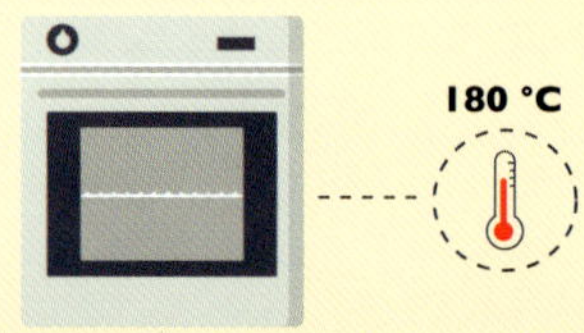

Den Ofen vorheizen.

Den Teig auf einer bemehlten Arbeitsfläche halbieren und zu zwei etwa 30 cm langen Teigrollen mit 4 cm Durchmesser formen.

Auf das vorbereitete Backblech legen, das Eiweiß verquirlen, die Teigrollen damit bestreichen und backen.

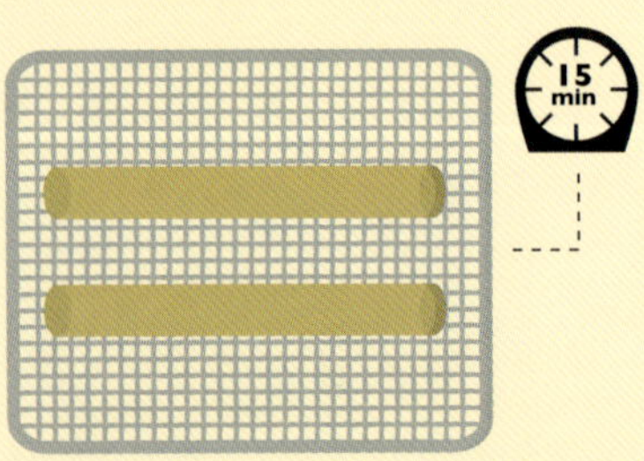

Auf einem Gitter auskühlen lassen.

Die vorgebackenen Teigrollen mit einem Brotmesser diagonal in etwa 1,5 cm dicke Scheiben schneiden und auf ein mit Backpapier ausgelegtes Backblech setzen.

Nochmals backen, bis die Biscotti Farbe annehmen.

227 Haselnuss-Cantucci

2 Eier
Mark von 1 Vanilleschote
250 g Mehl
1 TL Backpulver
250 g brauner Zucker
1 Prise Salz
125 g gehackte Haselnüsse

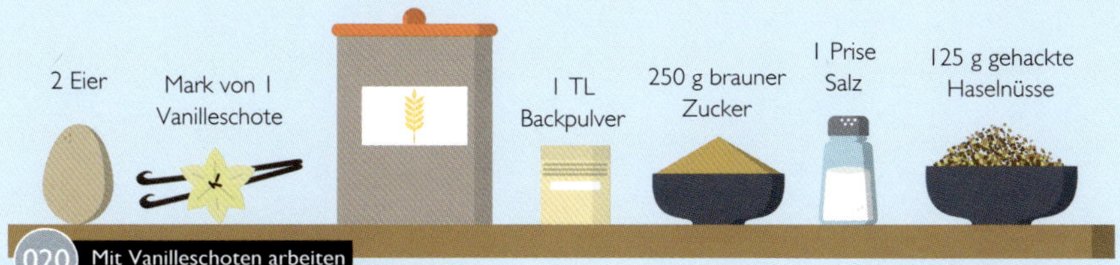

020 Mit Vanilleschoten arbeiten

Backblech, mit Backpapier ausgelegt

Eier und Vanillemark schaumig schlagen.

Alle anderen Zutaten dazugeben und weiterrühren.

Die Haselnüsse dazugeben und alles zu einem festen Teig verkneten.

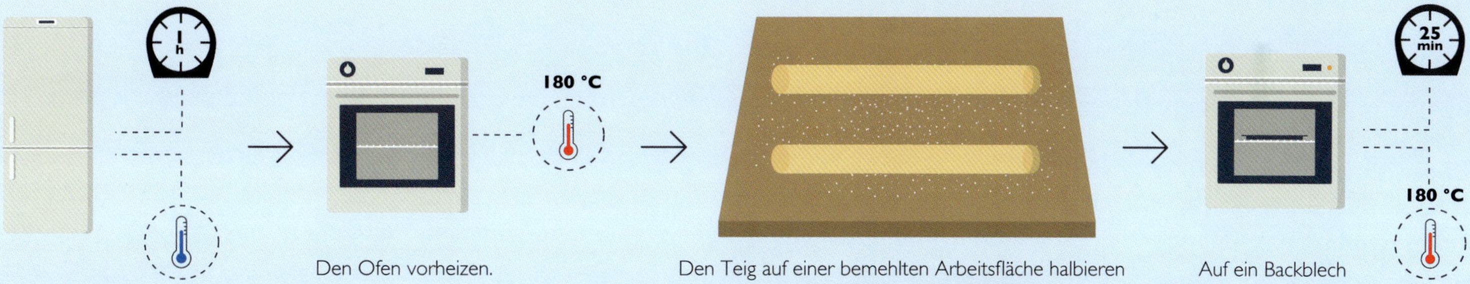

Teig mit Frischhaltefolie abdecken und kühl stellen.

Den Ofen vorheizen.

Den Teig auf einer bemehlten Arbeitsfläche halbieren und zu zwei etwa 30 cm langen Teigrollen mit 4 cm Durchmesser formen.

Auf ein Backblech legen und backen.

Auf einem Gitter auskühlen lassen.

Die vorgebackenen Teigrollen mit einem Brotmesser diagonal in etwa 1 cm dicke Scheiben schneiden und auf ein mit Backpapier ausgelegtes Backblech setzen.

Nochmals backen, bis die Cantucci Farbe annehmen.

228 Cigarettes Russes

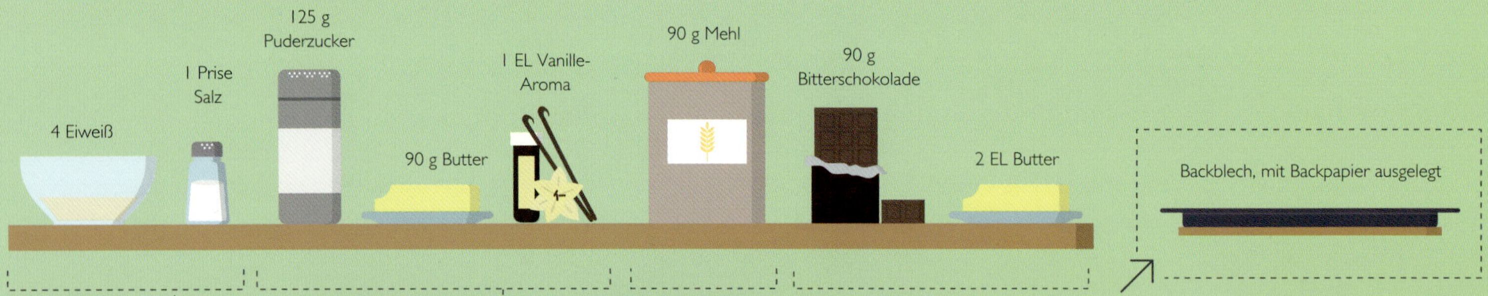

Den Ofen vorheizen.

Eiweiße mit Salz zu steifem Schnee schlagen.

Vanille-Aroma, Butter und Zucker schaumig rühren.

Dann nach und nach Mehl unter die Masse heben.

Nach und nach die Eiweiße unter die Buttermasse heben.

Jeweils einen Esslöffel Teig auf das Backblech geben und mit dem Löffelrücken zu dünnen Kreisen von etwa 8 cm Durchmesser ausstreichen.

Goldgelb backen.

Die gebackenen Teigkreise noch heiß über den Stiel eines Kochlöffels zu dünnen Rollen drehen, abziehen.

Anschließend auf einem Kuchengitter auskühlen lassen. Wiederholen, bis der Teig aufgebraucht ist.

Schokolade und Butter über dem Wasserbad schmelzen.

Ein Ende der ausgekühlten Cigarettes in die Schokoladenmasse tauchen, dann trocknen lassen.

229 Witwenküsse

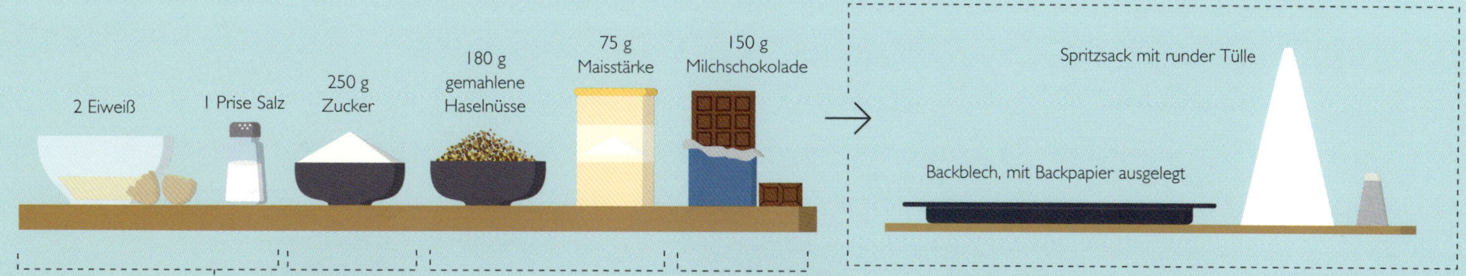

Eiweiße und Salz halbsteif schlagen.

Die Hälfte des Zuckers nach und nach dazugeben und alles zu steifem Schnee schlagen.

Gemahlene Haselnüsse, den restlichen Zucker und die Maisstärke vorsichtig unterheben.

Den Ofen vorheizen.

Die Masse in einen Spritzsack mit runder Tülle füllen und Kekse auf das Backblech spritzen.

Die Kekse backen, bis sie leicht gebräunt sind.

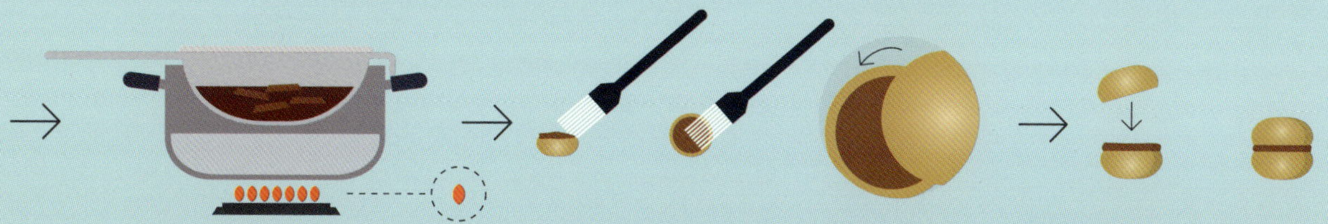

Die Schokolade über dem Wasserbad schmelzen.

Jeden zweiten Keks dick mit geschmolzener Schokolade bestreichen.

Die mit Schokolade bestrichenen Kekse jeweils mit einem Keks ohne Schokolade zusammensetzen und leicht andrücken.

230 Macaronmasse

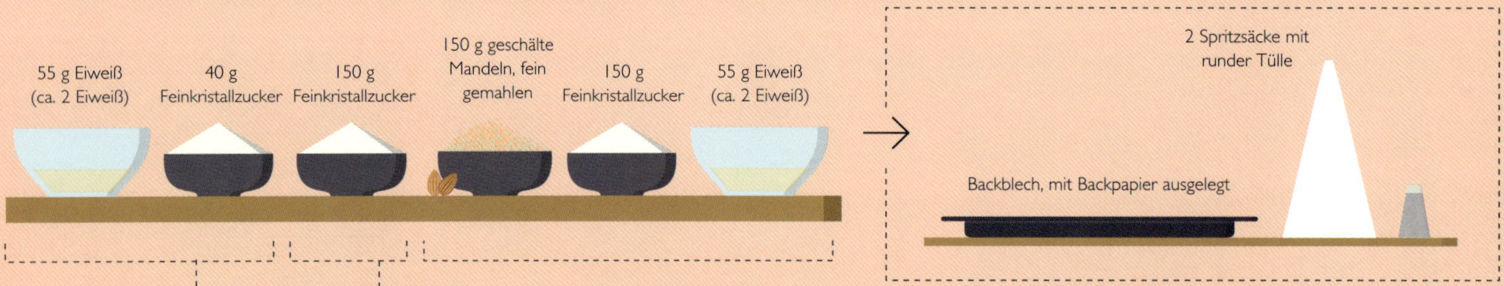

Eiweiße mit Zucker zu steifem Schnee schlagen.

Zucker mit 3 EL Wasser aufkochen, Hitze reduzieren.

Zucker und Wasser zu Sirup kochen, der Sirup ist fertig, wenn er kleine Blasen wirft.

Den Sirup in einem dünnen Strahl in den Eischnee fließen lassen, dabei ständig rühren. Die Masse sollte an Volumen zunehmen und glänzend werden.

Mandelmehl mit Zucker und Eiweiß gut verrühren.

Zuerst ein Drittel der Schneemasse unter die Mandelmasse heben, dann den restlichen Eischnee unterheben.

311 Macaron-Schablonen

Die Macaronmasse in einen Spritzsack mit runder Tülle füllen und Kreise von 4 cm Durchmesser auf das Backblech spritzen.

✱ Am besten schmecken die Macarons 24 Stunden nach dem Füllen.

Macarons vor dem Backen leicht trocknen lassen.

Den Ofen vorheizen.

Hitze reduzieren und backen, die Macarons sollten nicht braun werden.

Eventuell einen Kochlöffel in die Ofentür klemmen.

ZUM FÜLLEN:

Spritzsack mit der jeweiligen Masse füllen und die Masse auf die Hälfte der Macarons spritzen (3 mm hoch).

Ein zweites Macaron daraufsetzen und leicht andrücken, damit sich die Füllung gleichmäßig verteilt.

231 Zimt-Macarons

Gemahlene Nüsse statt Mandeln verwenden. Alle Zutaten unter die Grundmasse heben. Wie Grundmasse backen.

Mit Schokoladenbuttercreme füllen.

232 Zitronen-Macarons

Zitronensaft und Lebensmittelfarbe in die Grundmasse einrühren. Wie Grundmasse backen.

Mit Lemon Curd füllen.

233 Schokoladen-Macarons

Kakaopulver in die Grundmasse einrühren. Wie Grundmasse backen.

Mit Schokoladenbuttercreme füllen.

234 Himbeer-Macarons

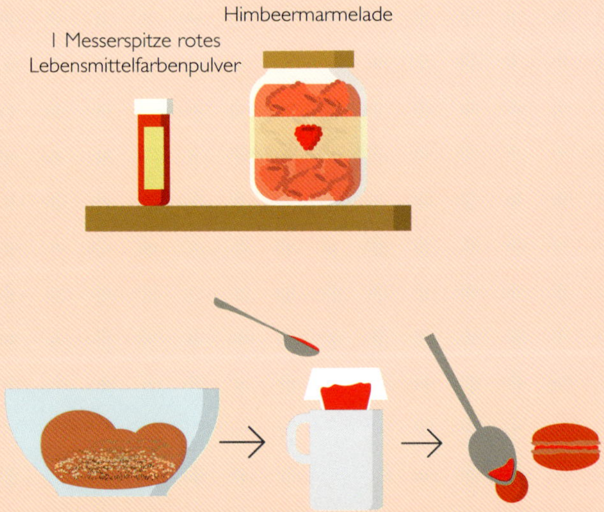

Lebensmittelfarbe in die Grundmasse einrühren. Wie Grundmasse backen.

Mit Himbeermarmelade füllen.

235 Karamell-Macarons mit Salzbutter

1 Messerspitze braunes Lebensmittelfarbenpulver
1 EL Sahne
60 g Zucker
15 g gesalzene Butter

Lebensmittelfarbe in die Grundmasse einrühren. Wie Grundmasse backen.

Sahne erhitzen.

Zucker mit 1 EL Wasser erhitzen und Zucker hell karamellisieren. Sahne unter den Karamell rühren.

Butter einrühren.

Masse in eine flache Form gießen, mit Frischhaltefolie abdecken.

Kühlen.

Macarons mit der Creme füllen.

236 Kaffee-Macarons

1 Messerspitze braunes Lebensmittelfarbenpulver
2 EL starker Kaffee
Schokoladenbuttercreme

291 Schokoladenbuttercreme

Lebensmittelfarbe in die Grundmasse einrühren. Wie Grundmasse backen.

Für die Füllung Schokoladenbuttercreme mit 2 EL starkem Kaffee vermischen und die Macarons damit füllen.

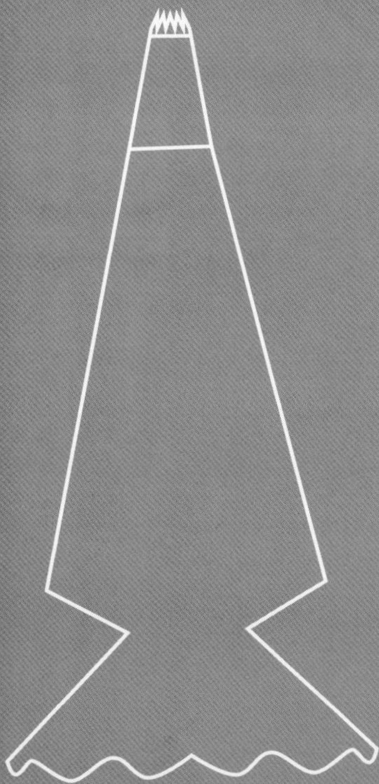

Strudel, Brandteiggebäck und Cake-Pops

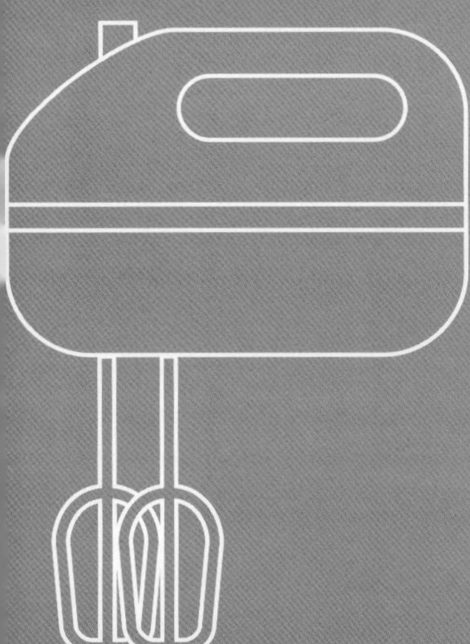
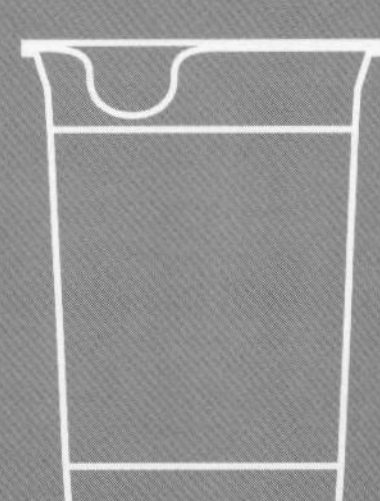
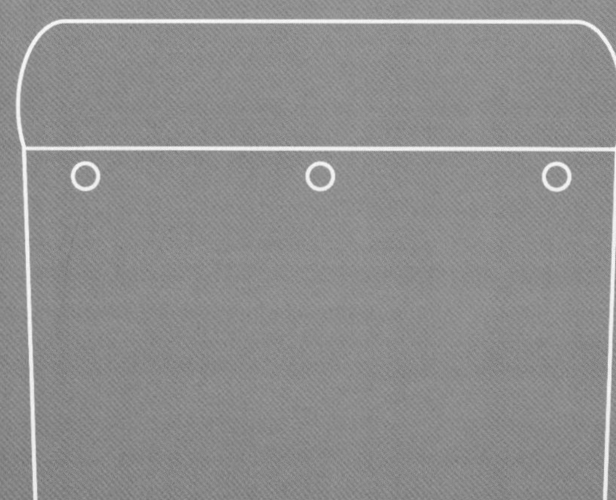

Apfelstrudel

Strudelteig

200 g Butter

1 kg Äpfel, geschält, entkernt und in feine Spalten geschnitten

2 EL Zitronensaft

2 EL Vanillezucker

100 g Zucker

1 Ei

055 Strudelteig

021 Vanillezucker machen

Backblech, mit Backpapier ausgelegt

Butter zerlassen.

Apfelspalten, Zitronensaft, Vanillezucker und Zucker gut vermengen. Die Hälfte der geschmolzenen Butter dazugeben.

Ausgezogenen Strudelteig auf ein sauberes, feuchtes Geschirrtuch legen. Den Teig mit der restlichen Butter bepinseln.

Die Füllung der Länge nach auf dem Teig verteilen.

Den Strudel mithilfe des Tuchs einrollen.

Die Enden verschließen.

Den Ofen vorheizen.

Das Ei verquirlen.

Den Strudel mit der Teignaht nach unten auf das Backblech legen und mit Ei bestreichen.

Backen, bis die Oberfläche goldgelb ist.

238 Aprikosenstrudel

- 1 kg Aprikosen, entsteint und in Spalten geschnitten
- 1 TL Vanille-Aroma
- 1 EL Zitronensaft
- 50 g Semmelbrösel
- 60 g gemahlene Mandeln

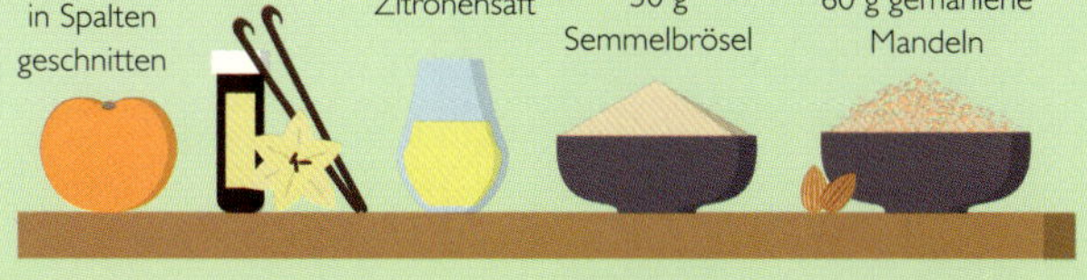

Teig und Butter wie für den Apfelstrudel vorbereiten.

Alle Zutaten für die Füllung vermischen und wie Apfelstrudel zubereiten.

239 Birnenstrudel

- 1 kg Birnen, geschält, entkernt und in Spalten geschnitten
- 1 TL Vanille-Aroma
- 1 EL Rum
- 1 EL Zitronensaft
- 50 g Semmelbrösel
- 60 g gemahlene Walnüsse

Teig und Butter wie für den Apfelstrudel vorbereiten.

Alle Zutaten für die Füllung vermischen und wie Apfelstrudel zubereiten.

240 Zwetschgenstrudel

- 1 kg Zwetschgen, entsteint und in Spalten geschnitten
- 1 TL Vanille-Aroma
- 1 EL Rum
- 1 EL Zitronensaft
- 50 g Semmelbrösel
- 60 g gemahlene Mandeln

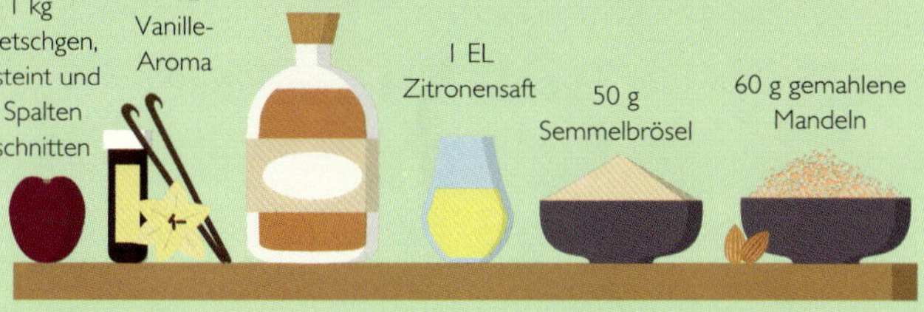

Teig und Butter wie für den Apfelstrudel vorbereiten.

Alle Zutaten für die Füllung vermischen und wie Apfelstrudel zubereiten.

241 Backobststrudel

- 1 kg gemischte Trockenfrüchte
- 2 EL Zitronensaft
- 125 g Semmelbrösel
- 1 EL Zucker

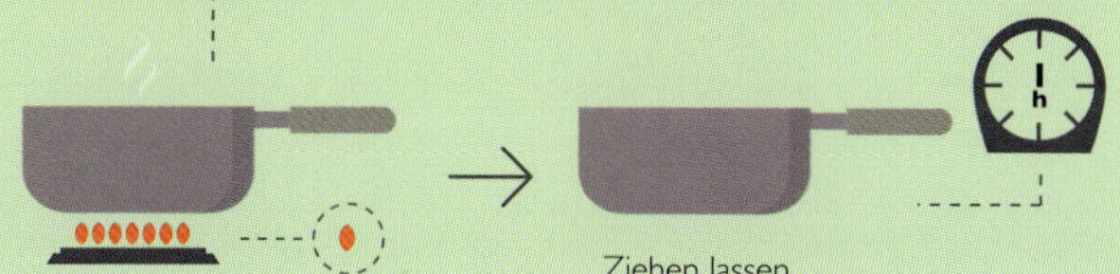

Teig wie für den Apfelstrudel vorbereiten. Trockenfrüchte mit Zitronensaft und 125 ml Wasser erwärmen.

Ziehen lassen.

Semmelbrösel und Zucker untermischen. Wie Apfelstrudel zubereiten.

242 Grießstrudel

055 Strudelteig

020 Mit Vanilleschote arbeiten

Teig wie für Apfelstrudel vorbereiten.

Butter, Zucker, Salz, Zitronensaft und -abrieb, Vanillemark und Rum schaumig rühren.

Die Eigelbe nacheinander unterrühren.

Sauerrahm und Grieß untermengen. Bei Raumtemperatur quellen lassen.

Eiweiße mit einer Prise Salz zu steifem Schnee schlagen.

Ein Drittel des Eischnees unter die Masse heben. Den Rest des Eischnees unterheben. Wie Apfelstrudel weiterverarbeiten und backen.

243 Quarkstrudel

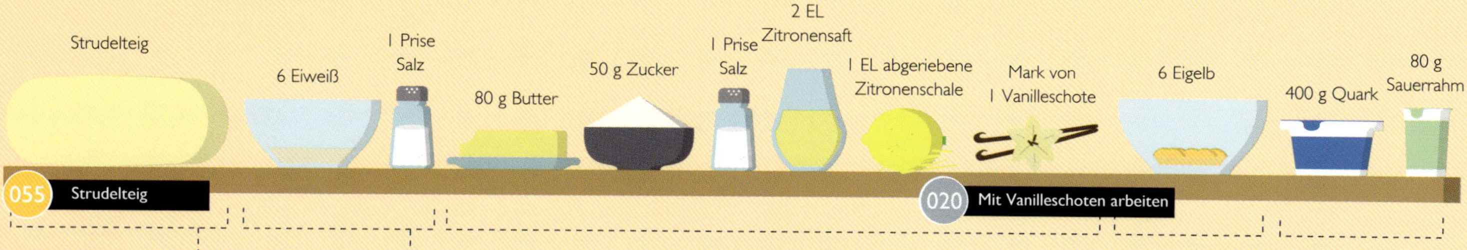

Teig wie für Apfelstrudel vorbereiten.

Eiweiße mit einer Prise Salz zu steifem Schnee schlagen.

Butter, Zucker, Salz, Zitronensaft und -abrieb und Vanillemark schaumig rühren.

Die Eigelbe nacheinander unterrühren.

Quark und Sauerrahm untermengen.

Ein Drittel des Eischnees unter die Masse heben. Den Rest des Eischnees unterheben. Wie Apfelstrudel weiterverarbeiten und backen.

244 Nussstrudel

Hefeteig
200 ml Milch
1 EL Honig
50 g Zucker
1 EL Rum
2 EL abgeriebene Zitronenschale
200 g gemahlene Walnüsse
30 g Semmelbrösel
3 EL Rosinen
1 TL Zimt
1 Ei

053 Hefeteig

Backblech, mit Backpapier ausgelegt

Milch, Honig, Zucker, Rum, Zitronenabrieb und Vanille-Aroma aufkochen.

Milch, Honig, Zucker, Rum und Zitronenabrieb aufkochen und dann vom Herd nehmen.

Die restlichen Zutaten dazugeben und alles gut vermengen.

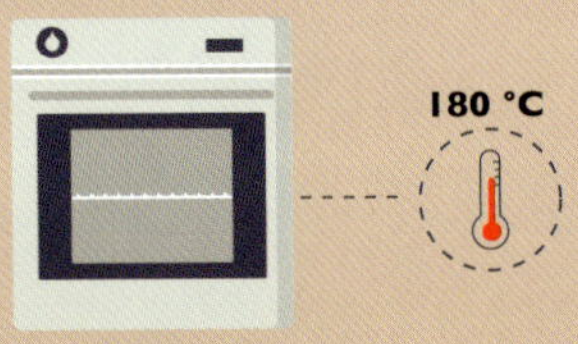

Den Ofen vorheizen.

Den Teig auf einer bemehlten Arbeitsfläche ausrollen und die Nussmasse darauf verteilen.

Den Strudel einrollen.

Das Ei verquirlen.

Den Strudel mit der Teignaht nach unten auf das Backblech legen und mit Ei bestreichen.

Backen, bis die Oberfläche goldgelb ist.

245 Mohnstrudel

- Hefeteig
- 200 ml Milch
- 1 EL Honig
- 50 g Zucker
- 1 EL Rum
- 2 EL abgeriebene Zitronenschale
- 1 TL Vanille-Aroma
- 200 g Mohn
- 30 g Semmelbrösel
- 3 EL Rosinen
- 1 Prise Zimt
- 1 Ei

Backblech, mit Backpapier ausgelegt

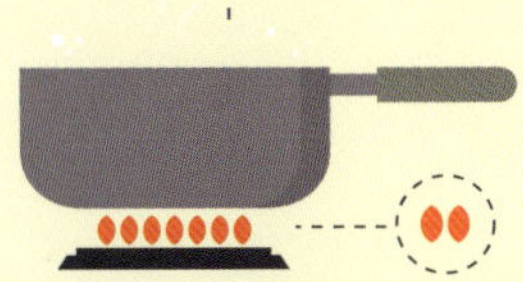

Milch, Honig, Zucker, Rum, Zitronenabrieb und Vanille-Aroma aufkochen.

Vom Herd nehmen und in eine Schüssel füllen.

Die restlichen Zutaten dazugeben und alles gut vermengen.

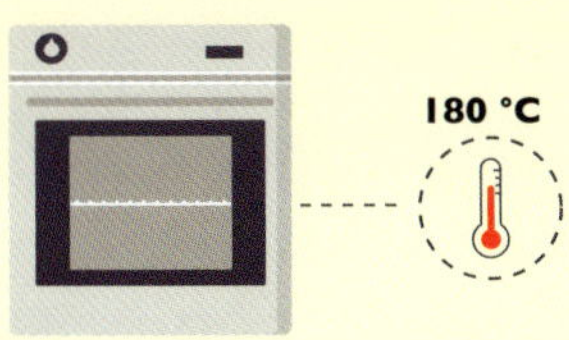

Den Ofen vorheizen.

Den Teig auf einer bemehlten Arbeitsfläche ausrollen und die Mohnmasse darauf verteilen.

Den Strudel einrollen.

Das Ei verquirlen.

Den Strudel mit der Teignaht nach unten auf das Backblech legen und mit Ei bestreichen.

Backen, bis die Oberfläche goldgelb ist.

246 Baklava

- 1 Packung Filoteig (500 g)
- 60 g Zucker
- 1 TL abgeriebene Zitronenschale
- 1 TL abgeriebene Orangenschale
- 100 g Walnüsse, fein gehackt
- 100 g Haselnüsse, fein gehackt
- 100 g gemahlene Mandeln
- 100 g Pistazien, fein gehackt
- 185 g Butter
- 185 g Zucker
- 2 EL Zitronensaft
- 1 Zimtstange
- 280 g Honig

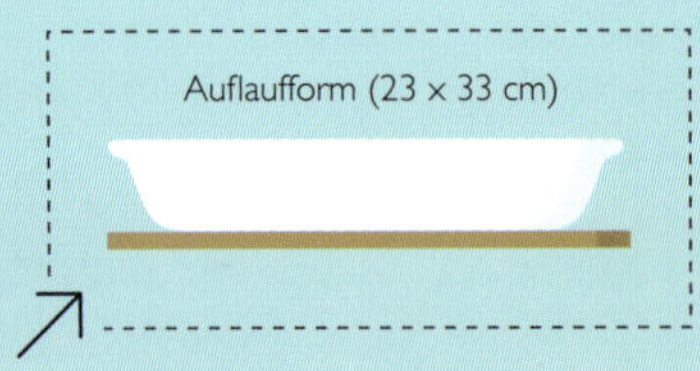

Auflaufform auf die Filoblätter setzen und die Blätter auf die Größe der Form zuschneiden.

Zucker, Zitronen- und Orangenabrieb, Walnüsse, Haselnüsse, Mandeln und Pistazien vermengen.

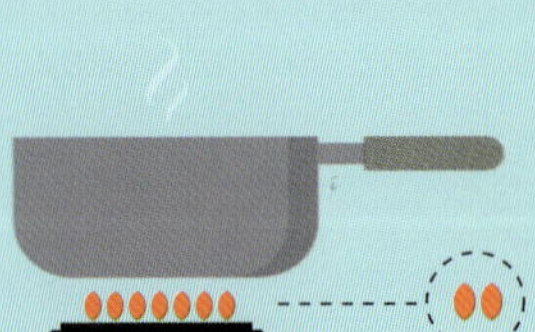

Butter schmelzen.

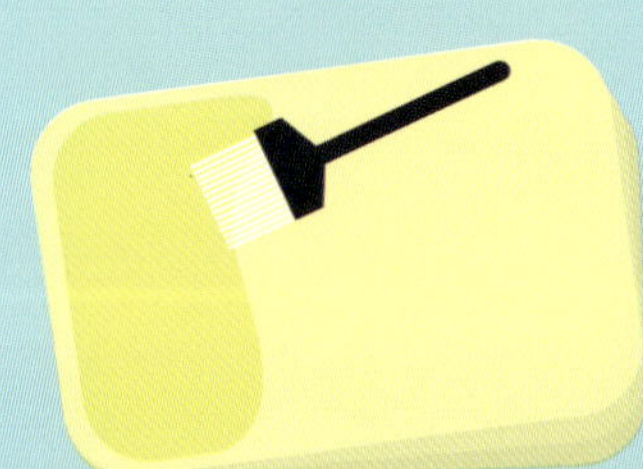

5 Filoblätter mit etwas flüssiger Butter bepinseln, die restliche Butter beiseitestellen.

Die Blätter in die Form schichten.

Großzügig die Nussmischung darauf verteilen.

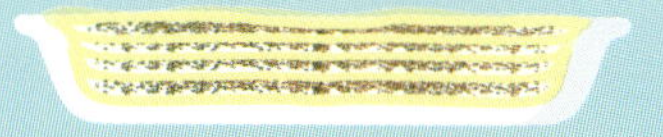

So fortfahren und abwechselnd gebutterte Filoblätter und Nussmischung in die Form schichten, mit einer Lage Filoblätter enden.

Den Ofen vorheizen.

Die oberste Schicht Filoteigblätter mit einem scharfen Messer in Rauten mit etwa 4 cm Kantenlänge schneiden.

Mit der restlichen Butter beträufeln.

Goldbraun backen.

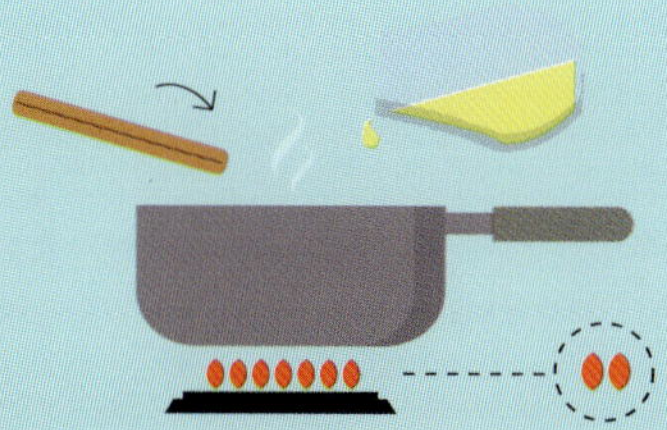

Währenddessen Zucker, Zitronensaft, Zimtstange und Honig zusammen mit 250 ml Wasser aufkochen, bis der Zucker sich aufgelöst hat, die Zimtstange entfernen.

Die fertigen Baklava in Rauten schneiden und noch heiß mit dem Zuckersirup übergießen.

247 Windbeutel

✱ Windbeutel sollen nicht zu stark gebräunt sein. Einen Windbeutel durchschneiden, um zu prüfen, ob sie durchgebacken sind – eventuell die Backzeit bei reduzierter Temperatur verlängern.

Den Ofen vorheizen.

Den Brandteig in einen Spritzsack mit runder Tülle füllen.

Kleine Kugeln mit etwa 5 cm Abstand auf das Backblech spritzen.

Hellbraun backen.

Einen Holzkochlöffel in die Ofentür klemmen und weiterbacken.

Windbeutel vor dem Füllen auskühlen lassen.

248 Profiteroles

Profiteroles quer fast durchschneiden, mit je einer kleinen Kugel Vanille-Eis füllen und mit warmer Schokoladensauce überziehen.

249 Windbeutel mit Vanillecreme

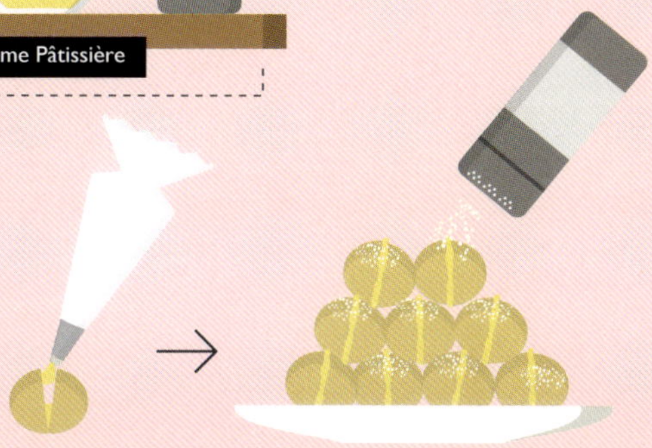

Spritzsack mit kleiner runder Tülle mit Crème Pâtissière füllen und die Windbeutel damit füllen.

Mit Puderzucker bestäuben

250 Windbeutel mit Konfitürefüllung

Aprikosenkonfitüre mit Zitronensaft glattrühren.

Spritzsack mit kleiner runder Tülle mit Aprikosenkonfitüre füllen und die Windbeutel füllen.
Mit Puderzucker bestäuben.

251 Windbeutel mit Baileys-Sahne

Den Baileys unter die geschlagene Sahne heben.

Den Spritzsack mit der kleinen runden Tülle mit Baileys-Sahne füllen und die Windbeutel damit füllen.

252 Windbeuteltorte

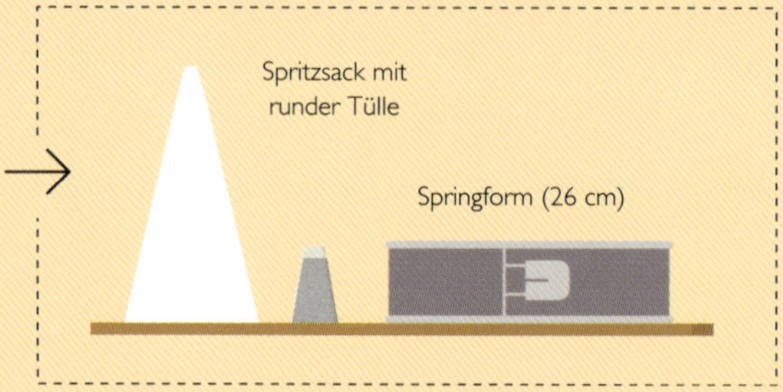

Die Sahne steif schlagen, dabei nach und nach den Zucker dazu geben.

Windbeutel quer fast durchschneiden.

Mit geschlagener Sahne füllen.

Die gefüllten Windbeutel in eine Tortenform schichten.

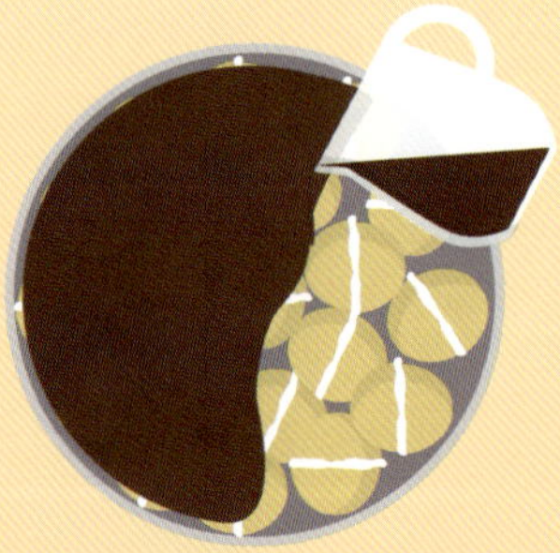

Lauwarme Schokoladensauce darübergießen. Die Schokoladensauce soll die Windbeutel komplett bedecken.

Vor dem Servieren kühl stellen.

253 Schokoladen-Éclairs

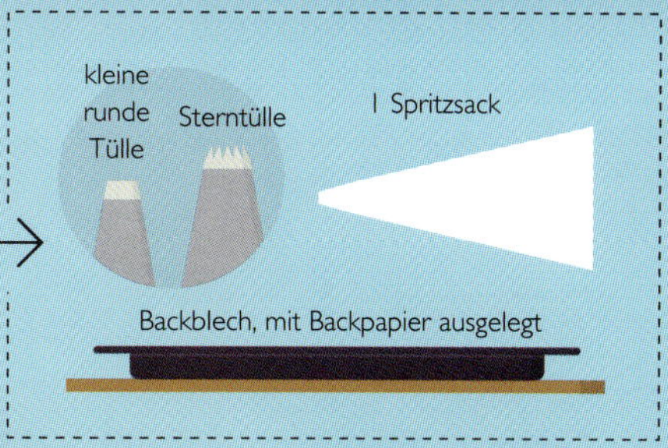

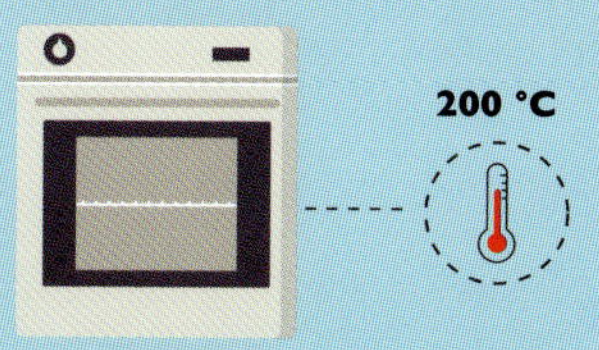

Den Ofen vorheizen.

Den Brandteig in einen Spritzsack mit Sterntülle füllen.

10 cm lange Streifen mit genügend Abstand auf das Backblech spritzen.

Hellbraun backen. Temperatur reduzieren und backen, bis die Éclairs ganz trocken sind.

Die Éclairs leicht abkühlen lassen, dann mit einem scharfen Messer drei Löcher in die Unterseite stechen.

Schokoladenpudding in einen Spritzsack mit kleiner runder Tülle füllen und die Éclairs damit füllen.

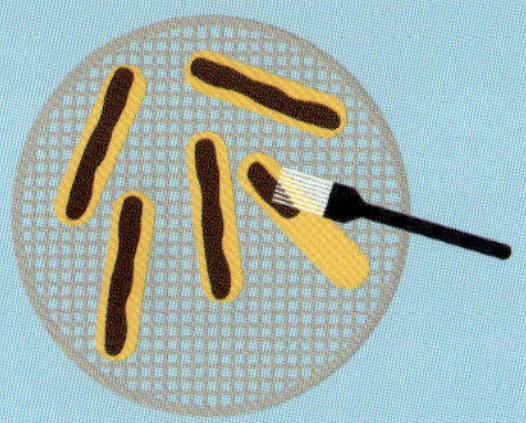

Die Éclairs großzügig mit Schokoladenglasur bestreichen, dann trocknen lassen.

254 Kaffee-Éclairs

Den Espresso unter den Vanillepudding rühren.

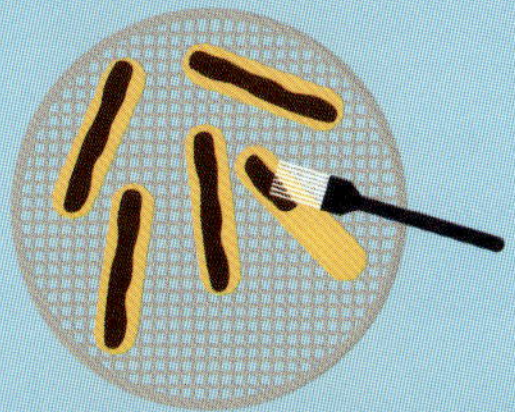

Die Éclairs mit der Kaffeecreme füllen.
Die fertigen Éclairs mit Kaffeeglasur überziehen.

255 Mandelringe mit Zitronencreme

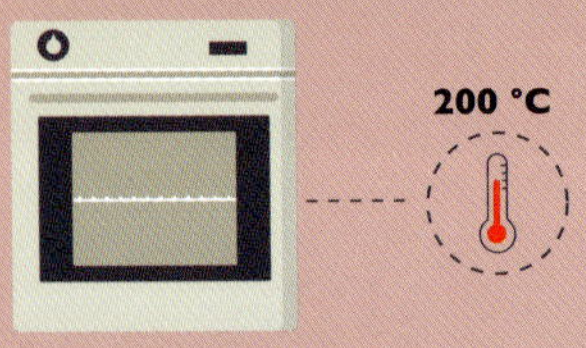

Den Ofen vorheizen.

Den Brandteig in vier gleich große Teile teilen und Kugeln formen.

Die Kugeln flach drücken und ein Loch in die Mitte schneiden.

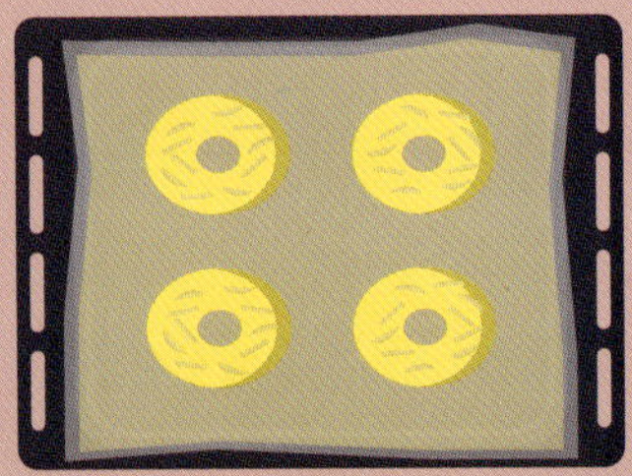

Die Brandteigringe mit den Mandelstiften bestreuen.

Backen.

Einen Holzkochlöffel in die Ofentür klemmen und weiterbacken.

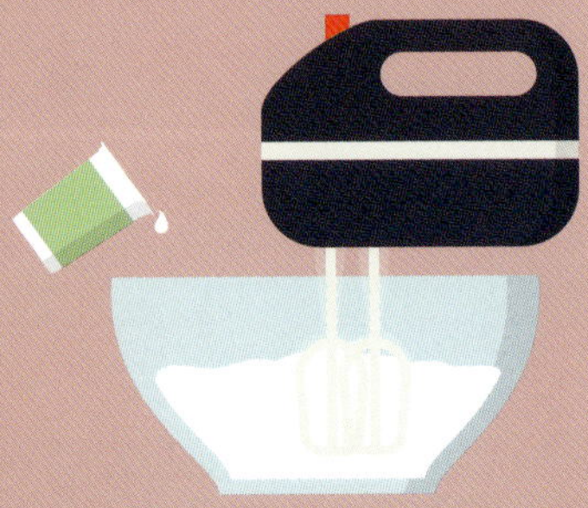

Die Sahne steif schlagen, dabei nach und nach den Zucker dazugeben. Sauerrahm und Zitronenabrieb unterrühren.

Die Mandelringe quer durchschneiden, mit Zitronencreme füllen und wieder zusammensetzen.

Mit Zuckerglasur dekorieren.

256 Paris-Brest

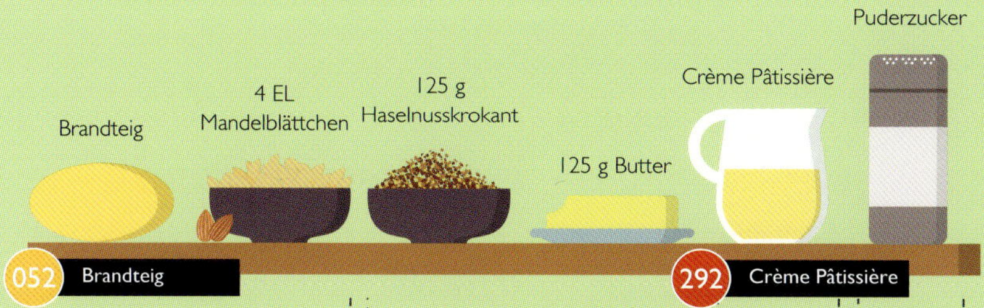

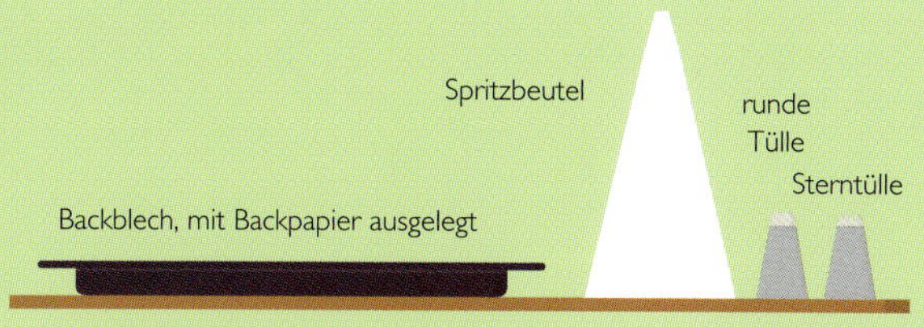

Den Brandteig in einen Spritzsack mit runder Tülle füllen.

Einen Ring von 20 cm Durchmesser auf das Backblech spritzen, einen zweiten Ring um diesen herum in die Mitte spritzen. Einen dritten, kleineren Ring auf die beiden Teigringe setzen und mit Mandelblättchen bestreuen.

Backen.

Einen Holzkochlöffel in die Ofentür klemmen und weiterbacken. Auskühlen lassen.

Haselnusskrokant in einem Plastikbeutel mit dem Nudelholz zerkleinern.

Zimmerwarme Butter und Haselnusskrokant gut verrühren.

Die Haselnuss-Butter-Mischung unter die Crème Pâtissière rühren und in einen Spritzbeutel mit Sterntülle füllen.

Den Brandteigring quer durchschneiden.

Die Haselnuss-Creme auf die untere Hälfte spritzen und den Ring schließlich wieder zusammensetzen. Mit Puderzucker bestreut servieren.

257 Brandteigschwäne

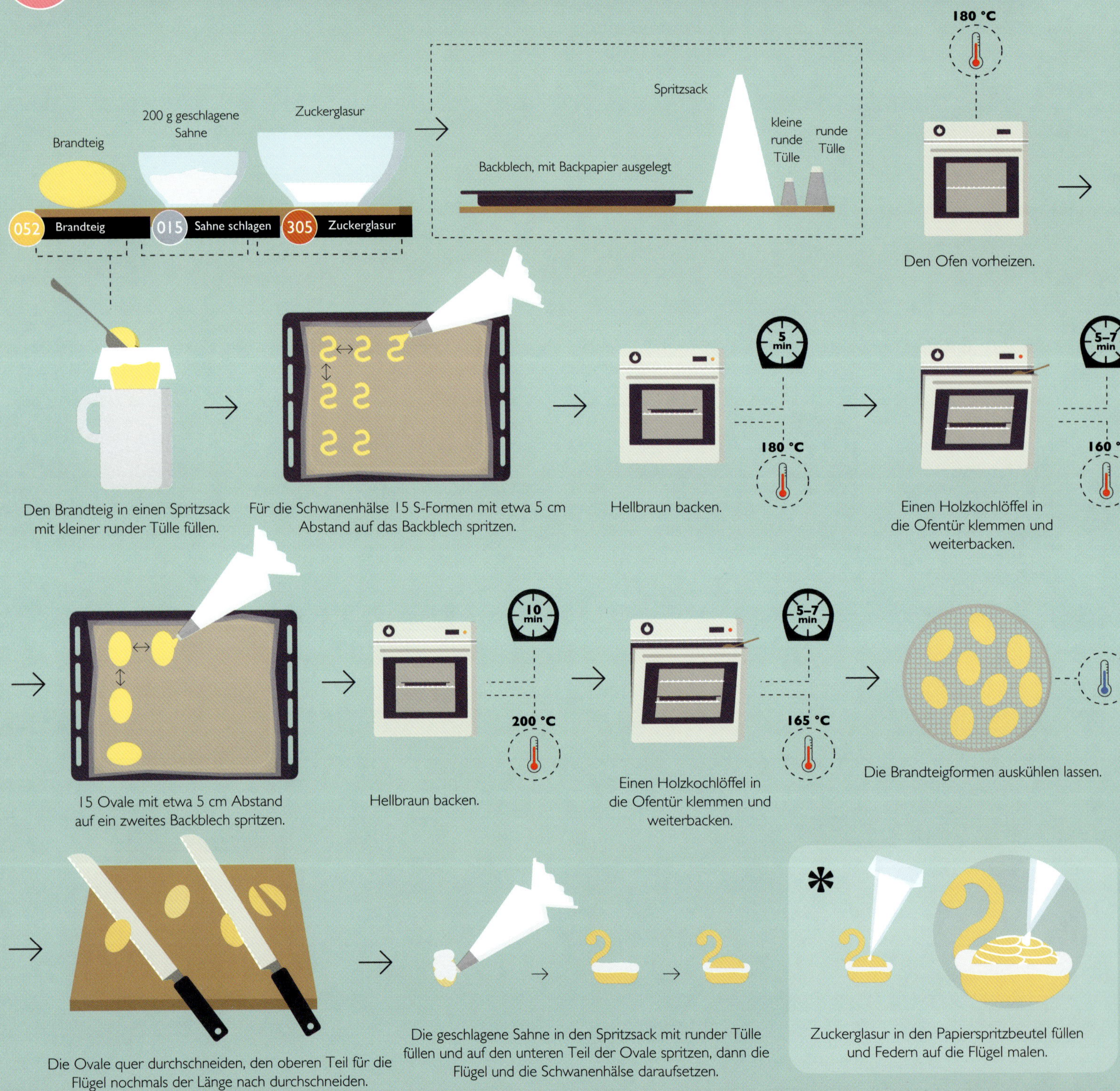

Den Ofen vorheizen.

Den Brandteig in einen Spritzsack mit kleiner runder Tülle füllen.

Für die Schwanenhälse 15 S-Formen mit etwa 5 cm Abstand auf das Backblech spritzen.

Hellbraun backen.

Einen Holzkochlöffel in die Ofentür klemmen und weiterbacken.

15 Ovale mit etwa 5 cm Abstand auf ein zweites Backblech spritzen.

Hellbraun backen.

Einen Holzkochlöffel in die Ofentür klemmen und weiterbacken.

Die Brandteigformen auskühlen lassen.

Die Ovale quer durchschneiden, den oberen Teil für die Flügel nochmals der Länge nach durchschneiden.

Die geschlagene Sahne in den Spritzsack mit runder Tülle füllen und auf den unteren Teil der Ovale spritzen, dann die Flügel und die Schwanenhälse daraufsetzen.

Zuckerglasur in den Papierspritzbeutel füllen und Federn auf die Flügel malen.

258 Zimtschnecken

Hefeteig

80 Butter, zerlassen

75 g Zucker

1 EL Zimt

100 g Rosinen

1 Ei

2 EL Hagelzucker

053 Hefeteig

2 Backbleche, gefettet

Den Ofen vorheizen.

Teig in zwei Teile teilen und beide Teile ausrollen.

Beide Teile mit Butter bepinseln.

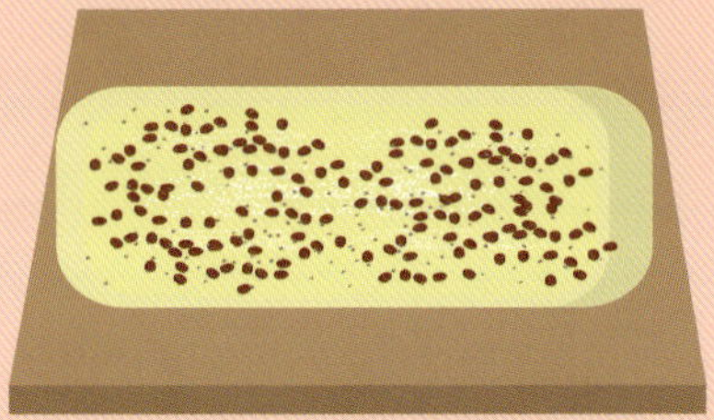

Mit Zucker, Zimt und Rosinen bestreuen.

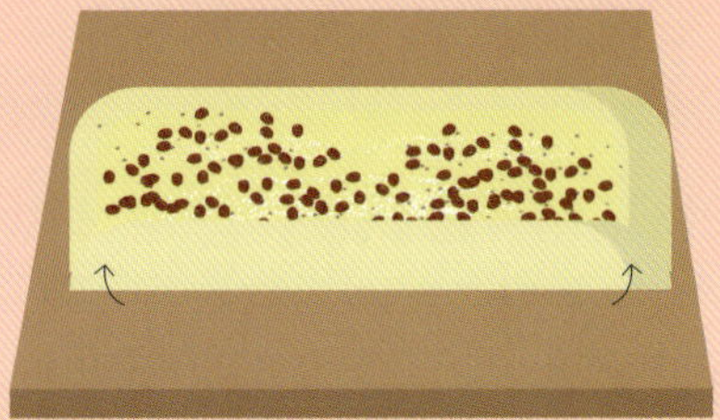

Von der Längsseite her aufrollen.

Jede Rolle in 10–12 Scheiben schneiden.

Das Ei leicht verquirlen. Die Scheiben auf gefettete Backbleche legen, mit dem verquirlten Ei bestreichen, mit Hagelzucker bestreuen und nochmals gehen lassen.

Backen.

Vor dem Servieren ganz abkühlen lassen.

259 Cake-Pops hell

½ Menge Rührmasse

45 g Frischkäse

046 Rührmasse

Kastenform (20 cm), gefettet

180 °C

Den Ofen vorheizen.

15 min

180 °C

Den Teig in die Form füllen und backen. Ausühlen lassen.

→ Aus der Form lösen. Die harten Ränder des Kuchens wegschneiden.

→ Den Kuchen mit den Händen zerbröseln. Frischkäse dazugeben und gut vermengen.

1 h

→ Die Masse in Frischhaltefolie wickeln und kühl stellen.

30 min

→ Kleine Kugeln formen und wieder kühlen.

→ Die Holzstäbchen etwa bis zur Hälfte in die Bällchen stechen. Dekorieren.

260 Cake-Pops dunkel

½ Menge Rührmasse

45 g Frischkäse

2 EL Kakaopulver

046 Rührmasse

Für die dunklen Cake-Pops das Kakaopulver unter die Rührmasse mengen.

15 min

180 °C

→ Die Masse in die Form füllen und backen. Auskühlen lassen.

→ Aus der Form lösen. Die harten Ränder des Kuchens wegschneiden.

→ Den Kuchen mit den Händen zerbröseln. Frischkäse dazugeben und gut vermengen.

1 h

→ Die Masse in Frischhalte-folie wickeln und kühl stellen.

30 min

→ Kleine Kugeln formen und wieder kühlen.

→ Die Holzstäbchen etwa bis zur Hälfte in die Bällchen stechen. Dekorieren.

261 Cake-Pops mit Zuckerglasur

✱ Für bunte Cake-Pops die Zuckerglasur mit Lebensmittelfarbe einfärben.

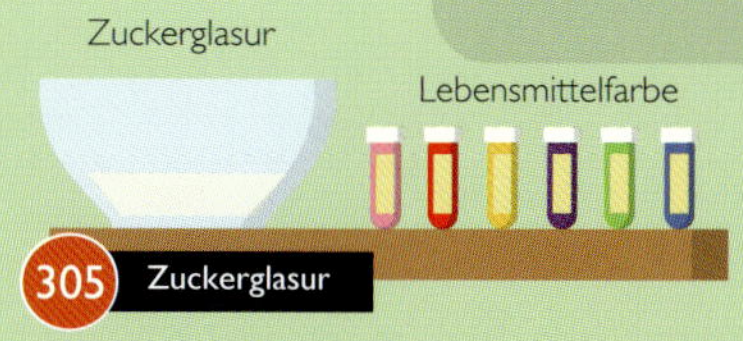

Die Cake-Pops in die Zuckerglasur eintauchen, drehen und zum Trocknen in ein Glas stellen.

262 Cake-Pops mit Schokoglasur und Gesicht

Cake-Pops in die Schokoladenglasur eintauchen, drehen und zum Trocknen in ein Glas stellen.

Mit Zuckerglasur ein Gesicht aufspritzen.

263 Cake-Pops mit Zuckerstreuseln

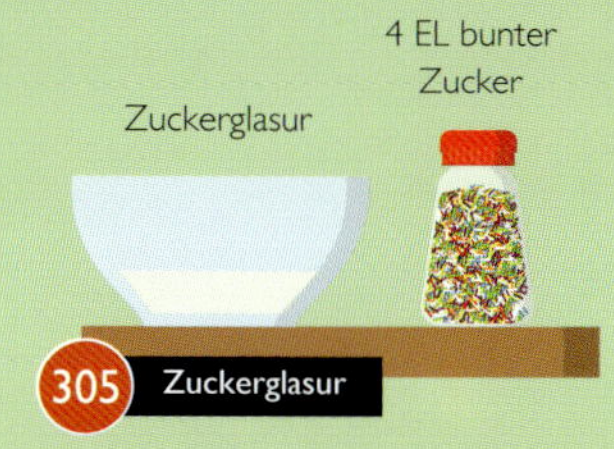

Die Cake-Pops in die Zuckerglasur eintauchen und drehen.

Bunten Zucker darüberstreuen und zum Trocknen in ein Glas stellen.

264 Cake-Pops mit bunten Farben

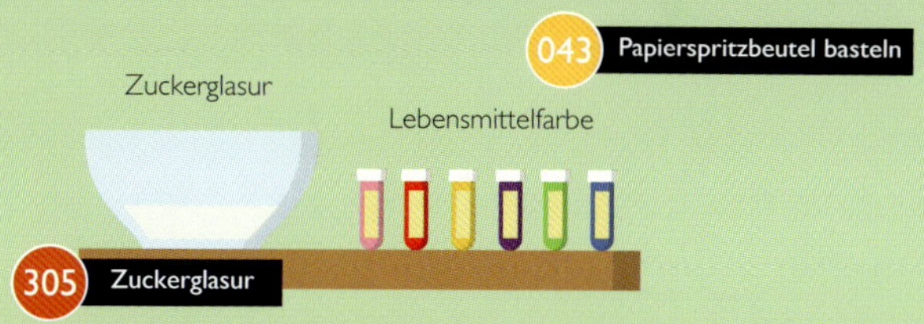

Die Zuckerglasur mit Lebensmittelfarbe einfärben.

Die Cake-Pops in die Glasur eintauchen, drehen und trocknen lassen. Muster aufspritzen.

Soufflés und Puddings

265 Grand-Marnier-Soufflé

Milch erhitzen, sie darf nicht kochen.

Eigelbe, Zucker, Mehl, Orangenschale und Salz schlagen, bis die Masse hell und schaumig ist.

Die warme Milch langsam unterrühren.

Die Masse in den Kochtopf geben und unter ständigem Rühren aufkochen lassen.

Vom Feuer nehmen. Grand Marnier und Vanille-Aroma unterrühren.

Abkühlen lassen.

Den Ofen vorheizen.

Eiweiße halbsteif schlagen, nach und nach Zucker dazugeben und weiterschlagen, bis der Eischnee steif ist.

Die Eigelbmasse aufschlagen.

Ein Drittel des Eischnees unterheben.

Den Rest des Eischnees unterheben.

Die Förmchen bis 2 cm unter den Rand füllen.

Die Förmchen auf das Backblech stellen und heißes Wasser hineingießen, sodass die Förmchen bis zur Hälfte im Wasser stehen.

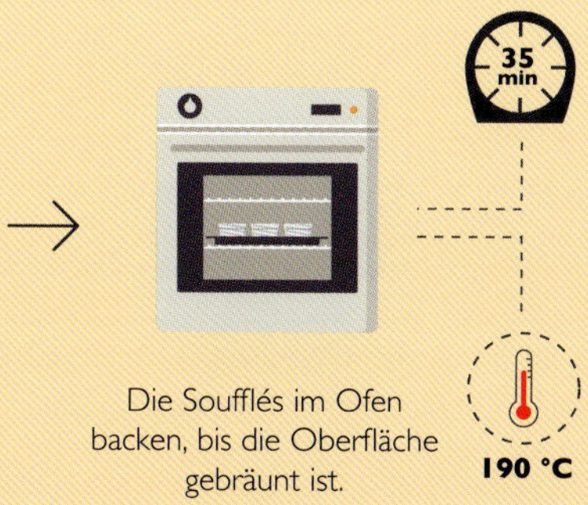

Die Soufflés im Ofen backen, bis die Oberfläche gebräunt ist.

* Die Ofentür nicht öffnen, sonst fallen die Soufflés zusammen.

* Mit Crème anglaise oder Orangensauce servieren.

293 Crème anglaise
299 Orangensauce

266 Apfelsoufflé

3 Äpfel, geschält, entkernt und in Achteln
2 EL Weißwein
6 Eiweiß
1 Prise Salz
1 TL Zitronensaft
90 g Zucker

1 Soufflé-Form (1,5 l), gefettet

✱ Die Eigelbe können für Crème anglaise verwendet werden.

293 Crème anglaise

Äpfel und Weißwein langsam weich kochen, bis die Flüssigkeit verdampft ist.

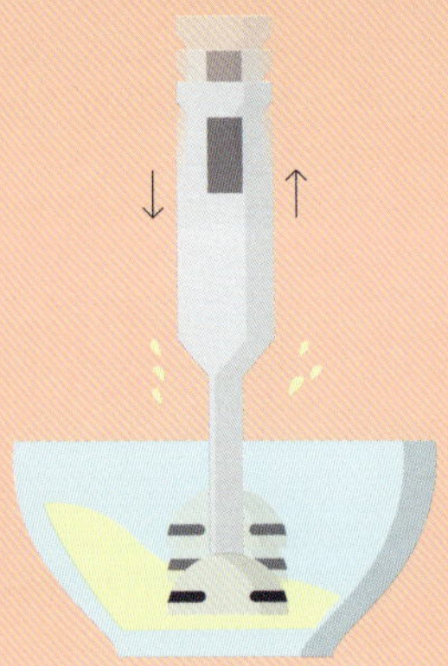

Pürieren und abkühlen lassen.

Den Ofen vorheizen.

Den Eischnee schlagen, Salz, Zitronensaft und Zucker nach und nach zugeben und steif schlagen.

Das Apfelpürée vorsichtig unterheben.

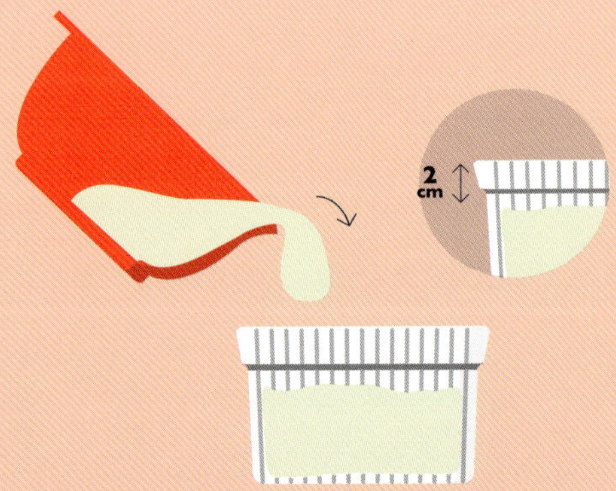

Die Form bis 2 cm unter den Rand füllen.

Im Ofen backen, bis das Soufflé aufgegangen und fest ist.

267 Quarksoufflé

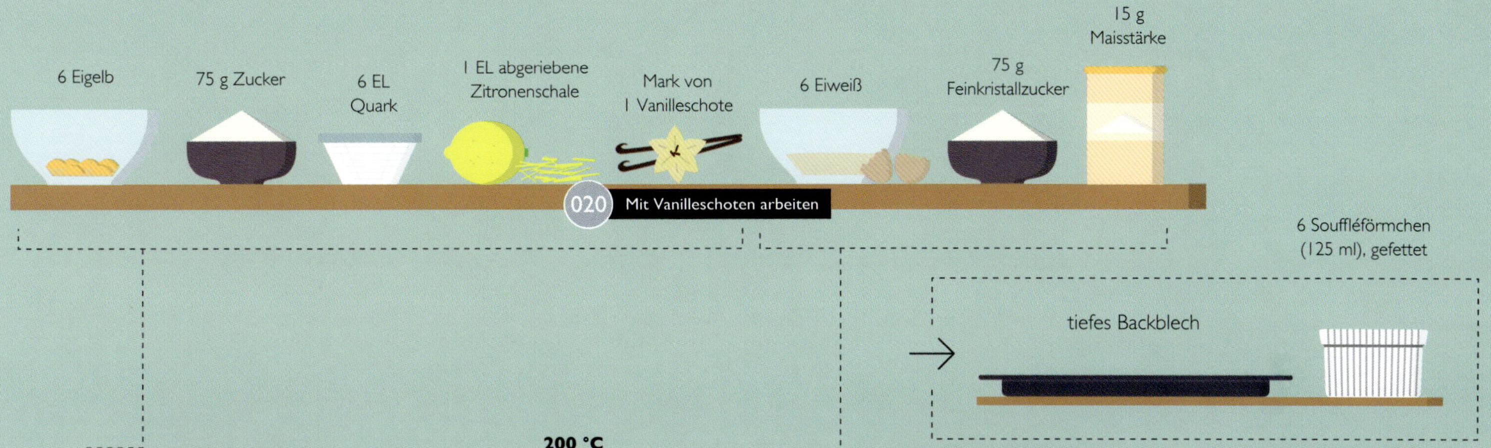

Eigelbe, Zucker, Quark, Zitronenschale und Vanillemark schaumig rühren.

Den Ofen vorheizen.

Eiweiße mit Zucker und Maisstärke steif schlagen.

Ein Drittel des Schnees unter die Masse heben. Den restlichen Eischnee unterheben.

Die Förmchen bis 2 cm unter den Rand füllen.

Die Förmchen auf das Backblech stellen und heißes Wasser hineingießen, sodass die Förmchen bis zur Hälfte im Wasser stehen.

Im Wasserbad backen, bis die Oberfläche gebräunt ist.

Schokoladensoufflé

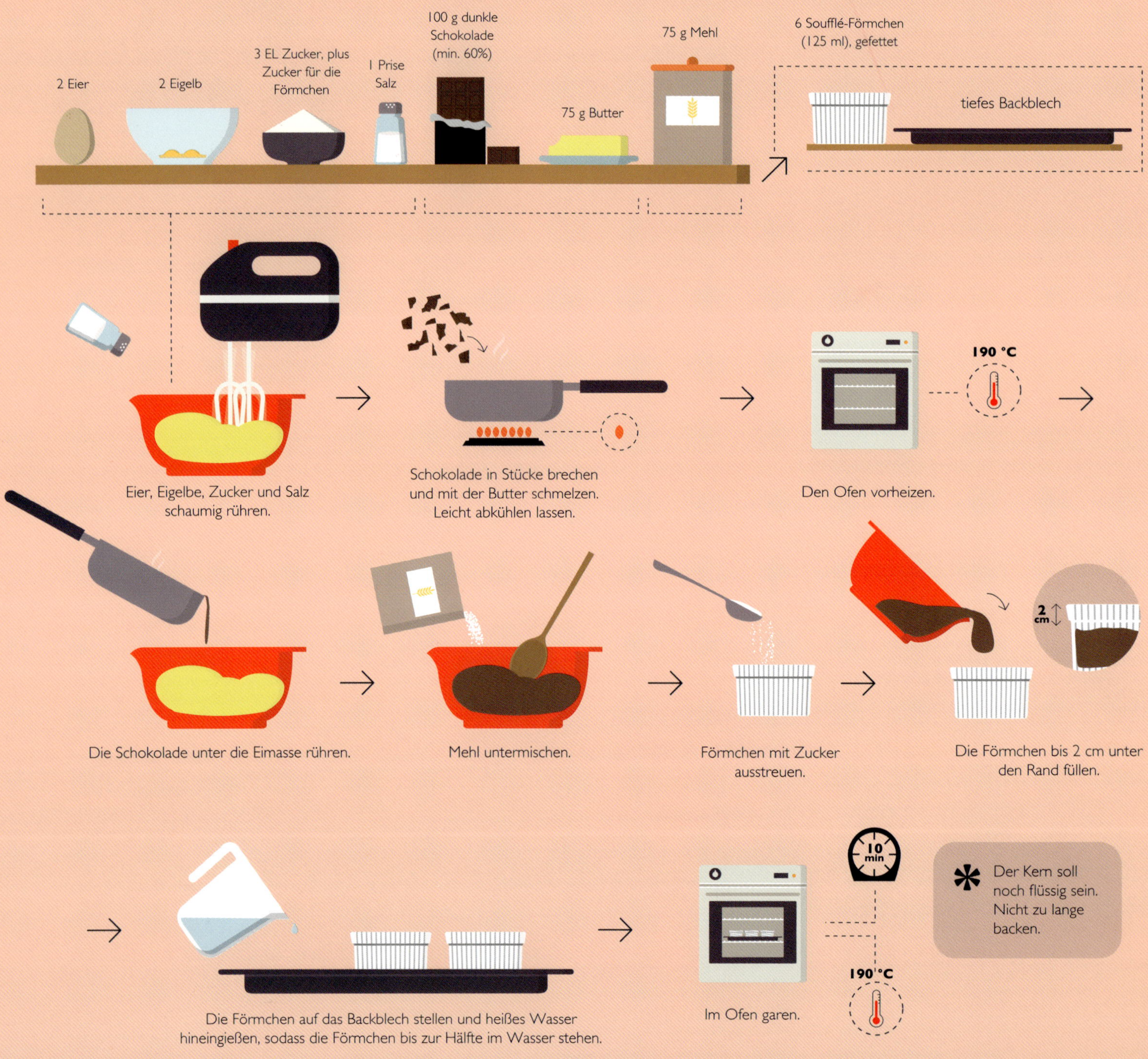

269 Schoko-Töpfchen

340 g Sahne
340 ml Milch
185 g Bitterschokolade, gehackt
1 EL Instantkaffee
6 Eigelb
50 g Zucker

tiefes Backblech
8 Soufflé-Förmchen (125 ml)
Aluminiumfolie

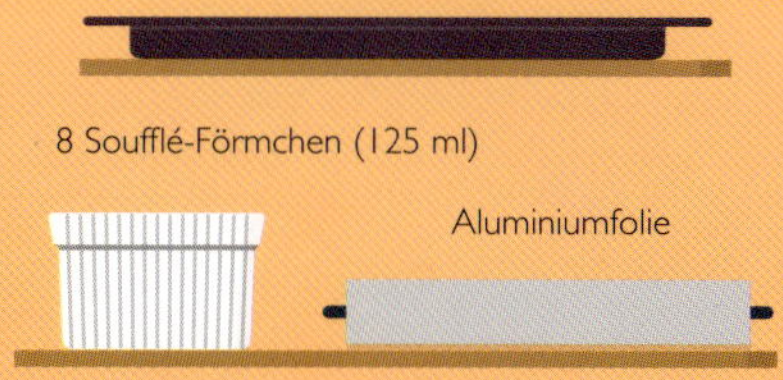

Sahne, Milch, Schokolade und Instantkaffee unter ständigem Rühren erhitzen, nicht kochen.

Eigelbe und Zucker schaumig schlagen.

150 °C

Den Ofen vorheizen.

Die Schokoladenmischung langsam unter Rühren zugeben.

In die Förmchen füllen.

Mit Aluminiumfolie zudecken.

Die Förmchen auf das Backblech stellen und heißes Wasser hineingießen, sodass die Förmchen bis zur Hälfte im Wasser stehen.

Im Wasserbad garen, bis sich die Oberfläche fest anfühlt.

Aus dem Wasserbad nehmen, zugedeckt kühl stellen.

* Die Eiweiße können für Baisers verwendet werden.

191 Baisers klassisch

270 Sommerfrüchte-Trifle mit Vanillesauce

- 600 g gemischte Früchte (Pfirsiche, Aprikosen, Nektarinen, in Stücken)
- 60 g Zucker
- 1 EL Zitronensaft
- 1 Biskuitboden
- 100 ml süßer Sherry
- Vanillesauce
- 250 g geschlagene Sahne

076 Biskuitboden

294 Vanillesauce

015 Sahne schlagen

20 min

Die Früchte mit dem Zucker und dem Zitronensaft vermischen und ziehen lassen.

Den Biskuitteig in Würfel schneiden.

Eine Glasschüssel mit der Hälfte der Biskuitwürfel auslegen.

Die Hälfte des Sherry über die Biskuitwürfel träufeln.

Die Hälfte der Früchte einfüllen.

Die Hälfte der Vanillesauce darübergeben.

Das Schichten wiederholen.

2 h

Zugedeckt kalt stellen.

Vor dem Servieren mit Schlagsahne garnieren.

In Dessertschälchen servieren.

271 Crema catalana

375 ml Milch

200 g Sahne

1 EL abgeriebene Orangenschale

½ Zimtstange

Mark von 1 Vanilleschote

6 Eigelb

60 g Zucker

1 Prise Muskatnuss

1 Prise Salz

60 g Zucker

020 Mit Vanilleschoten arbeiten

Gasbrenner

6 Soufflé-Förmchen (125 ml)

tiefes Backblech

Milch, Sahne, Orangenschale, Zimt und Vanille zum Kochen bringen. Vom Herd nehmen.

Eigelbe mit Zucker, Muskatnuss und Salz schaumig rühren.

Zimtstange entfernen.

Die warme Milchmischung nach und nach unterrühren.

Zugedeckt stehen lassen. (1 h)

Den Ofen vorheizen. (150 °C)

In die Förmchen füllen.

Die Förmchen auf das Backblech stellen und heißes Wasser hineingießen, sodass die Förmchen bis zur Hälfte im Wasser stehen.

Im Ofen stocken lassen. (50 min, 150 °C)

Aus dem Wasserbad nehmen und abkühlen lassen. (1 h)

Vor dem Servieren mit dem Zucker bestreuen und abflämmen, sodass eine Kruste entsteht.

272 Crème Brûlée

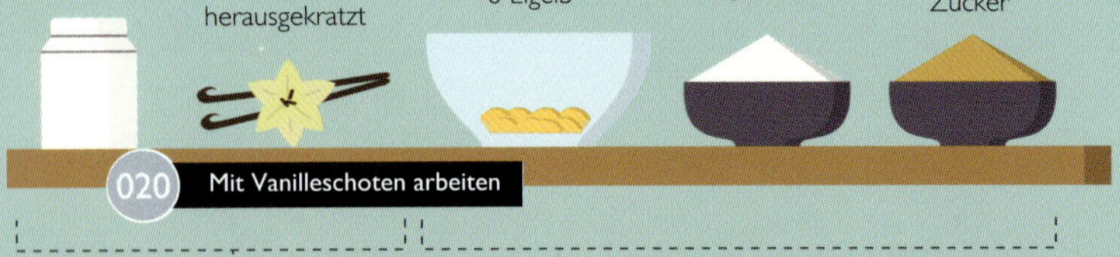

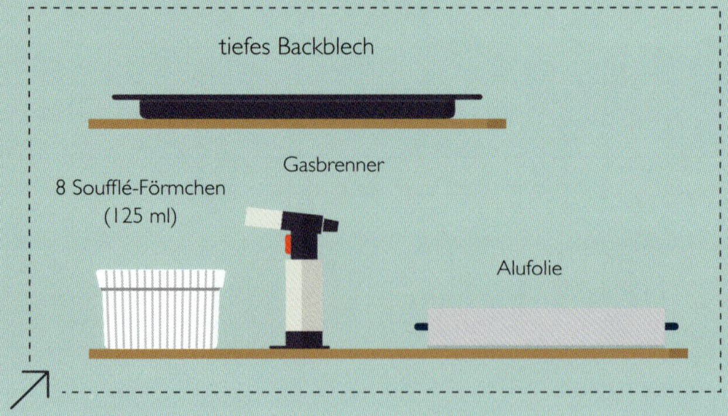

Sahne, Vanillemark und Vanilleschote aufkochen.

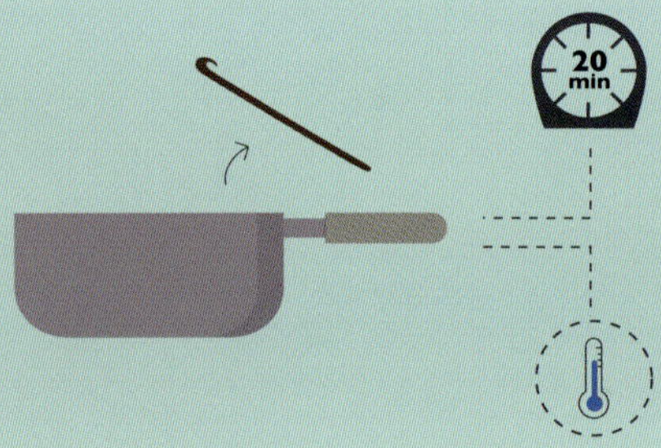

Vom Herd nehmen, ziehen lassen. Dann die Vanilleschote entfernen.

Die Sahnemischung wieder erhitzen, nicht kochen.

Eigelbe und Zucker schaumig rühren.

Die warme Sahnemischung nach und nach unterrühren.

Den Ofen vorheizen.

Die Masse wieder in den Kochtopf füllen und unter ständigem Rühren eindicken lassen.

In die Förmchen gießen.

Mit Aluminiumfolie zudecken.

Die Förmchen auf das Backblech stellen und heißes Wasser hineingießen, sodass die Förmchen bis zur Hälfte im Wasser stehen.

Im Ofen garen.

Aus dem Wasserbad nehmen.

Kalt stellen.

Vor dem Servieren die Oberfläche mit dem braunen Zucker bestreuen und abflämmen, bis der Zucker geschmolzen und gebräunt ist.

273 Crème Brûlée mit Rosmarin

Wie Crème Brûlée zubereiten.
2 Zweige Rosmarin in der Sahnemischung mitkochen, mit der Vanilleschote entfernen.

274 Crème Brûlée mit Kaffee

Wie Crème Brûlée zubereiten. Statt Vanille Espressopulver verwenden.

275 Crème Brûlée mit Kakao

Wie Crème Brûlée zubereiten. Statt Vanille Kakaopulver in der Sahne mitkochen.

276 Crème Brûlée mit Cointreau

Wie Crème Brûlée zubereiten. Statt Vanille Orangenschale und Cointreau in der Sahnemischung mitkochen und die Mischung vor der Weiterverwendung durch ein Sieb gießen.

277 Crème Brûlée mit Schokolade und Chili

Wie Crème Brûlée zubereiten. Chilischote anstelle von Vanille in der Sahne aufkochen. Chilischote entfernen. Schokolade in der Sahne schmelzen.

278 Crème Brûlée mit Whisky

Wie Crème Brûlée zubereiten. Den Whisky vor dem Einfüllen in die Förmchen unter die Masse rühren.

279 Crème Caramel

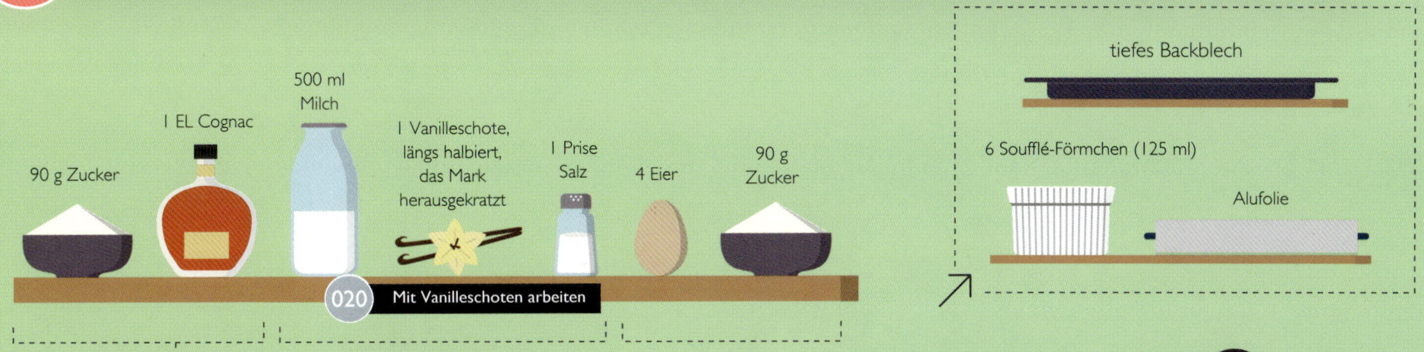

Zucker schmelzen, bis er leicht gebräunt ist. 2 EL Wasser und Cognac dazugeben.

Karamell in die Förmchen gießen, der Boden soll gut bedeckt sein.

Milch, Vanillemark, Vanilleschote und Salz aufkochen.

Vom Herd nehmen, ziehen lassen. Vanilleschote entfernen.

Den Ofen vorheizen.

Eier und Zucker gut verrühren.

Die warme Milchmischung nach und nach unterrühren.

Die Eiermilch durch ein feines Sieb in die Förmchen gießen.

Die Förmchen mit Alufolie abdecken, auf das Backblech stellen und heißes Wasser hineingießen, sodass die Förmchen bis zur Hälfte im Wasser stehen.

Im Ofen garen.

Aus dem Wasserbad nehmen, zugedeckt kühl stellen.

Zum Servieren die Förmchen kurz in heißes Wasser tauchen und auf einen Teller stürzen.

280 Butterscotch-Pudding

- 3 EL Butter
- 185 g brauner Zucker
- 375 g Sahne
- 180 ml Milch
- 5 Eigelb
- 1 TL Vanille-Aroma
- 1 EL Whisky
- 1 Prise Salz
- 125 g geschlagene Sahne

015 Sahne schlagen

- 6 Soufflé-Förmchen (125 ml)
- Frischhaltefolie
- tiefes Backblech

Butter schmelzen.

Den Zucker dazugeben und erhitzen, bis der Zucker schäumt.

Sahne unter ständigem Rühren dazugeben und kochen, bis die Creme eindickt. (3 min)

Die Milch dazugeben, weiterrühren und vom Herd nehmen. In eine Schüssel füllen.

Den Ofen vorheizen. (150 °C)

Eigelbe nach und nach mit dem Handmixer einrühren. Vanille, Whisky und Salz unterrühren.

In die Förmchen gießen.

Die Förmchen auf das Backblech stellen und heißes Wasser hineingießen, sodass die Förmchen bis zur Hälfte im Wasser stehen.

Im Ofen garen. (30 min, 150 °C)

Aus dem Wasserbad nehmen, mit Frischhaltefolie abdecken und kühl stellen. Vor dem Servieren mit Schlagsahne garnieren. (6 h)

* Die Creme darf nicht kochend heiß sein, wenn die Eigelbe eingerührt werden, ansonsten gerinnt sie.

281 Brotpudding

375 g altes Weißbrot
4 Eier
125 g brauner Zucker
¾ TL Vanille-Aroma
1 TL gemahlener Zimt
1 Prise Muskatnuss
1 Prise Salz
1 l Milch
45 g Rosinen
Puderzucker zum Bestreuen

tiefes Backblech
Auflaufform (2 l), gefettet

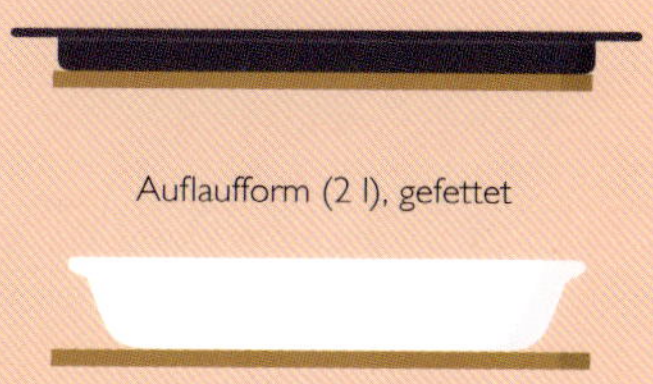

Weißbrot in etwa 2 cm große Würfel schneiden.

Eier, Zucker, Vanille, Zimt, Muskatnuss, Salz und Milch verquirlen.

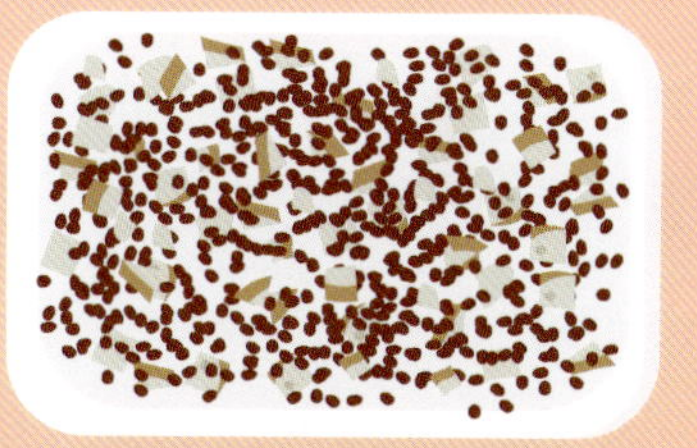

Brotwürfel in die Auflaufform schichten und Rosinen darüberstreuen.

Eimasse darübergießen und einziehen lassen.

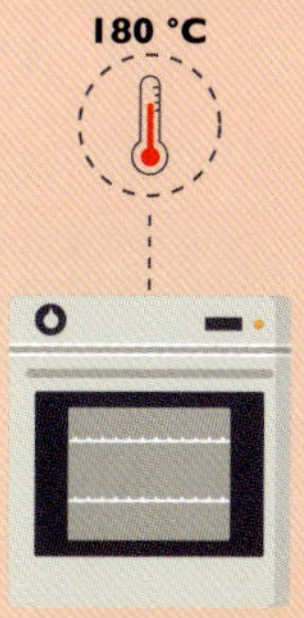

Den Ofen vorheizen.

Die Form auf das Backblech stellen und heißes Wasser hineingießen, sodass die Form bis zur Hälfte im Wasser steht.

Im Ofen backen.

Vor dem Servieren mit Puderzucker bestreuen.

* Dazu schmeckt Frucht- oder Vanillesauce.

298 Fruchtsauce
294 Vanillesauce

Gebackener Schokoladenpudding

Schokolade in der Butter schmelzen.

Eier, Eigelbe und Zucker schaumig schlagen.

Den Ofen vorheizen.

Die geschmolzene Schokolade, den Orangensaft und das Mehl untermengen.

Förmchen mit Zucker ausstreuen.

Die Förmchen füllen.

Die Förmchen auf das Backblech stellen und heißes Wasser hineingießen, sodass die Förmchen bis zur Hälfte im Wasser stehen.

Im Ofen backen.

283 Grießpudding

Milch, Grieß und Salz in einem Topf zum Kochen bringen.

Vom Herd nehmen, Zucker, Zitronenschale und Butter unterrühren und quellen lassen.

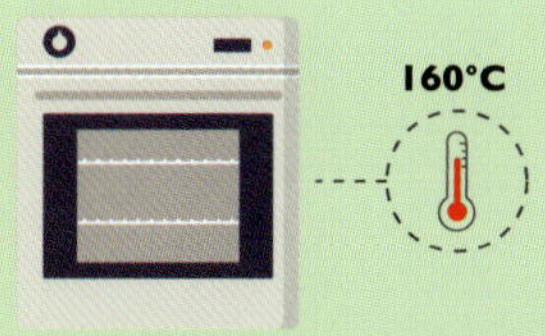

Den Ofen vorheizen.

Die Eigelbe unterrühren.

Eiweiße zu steifem Schnee schlagen.

Ein Drittel des Eischnees unter die Masse heben. Mit dem Rest des Eischnees wiederholen.

In die Auflaufform einfüllen.

Im Ofen backen.

Vor dem Servieren mit Puderzucker bestreuen.

* Fruchtstücke, z. B. kleingeschnittene Äpfel, im Auflauf mitbacken.

284 Risottopudding

298 Fruchtsauce

285 Gebackener Quarkpudding

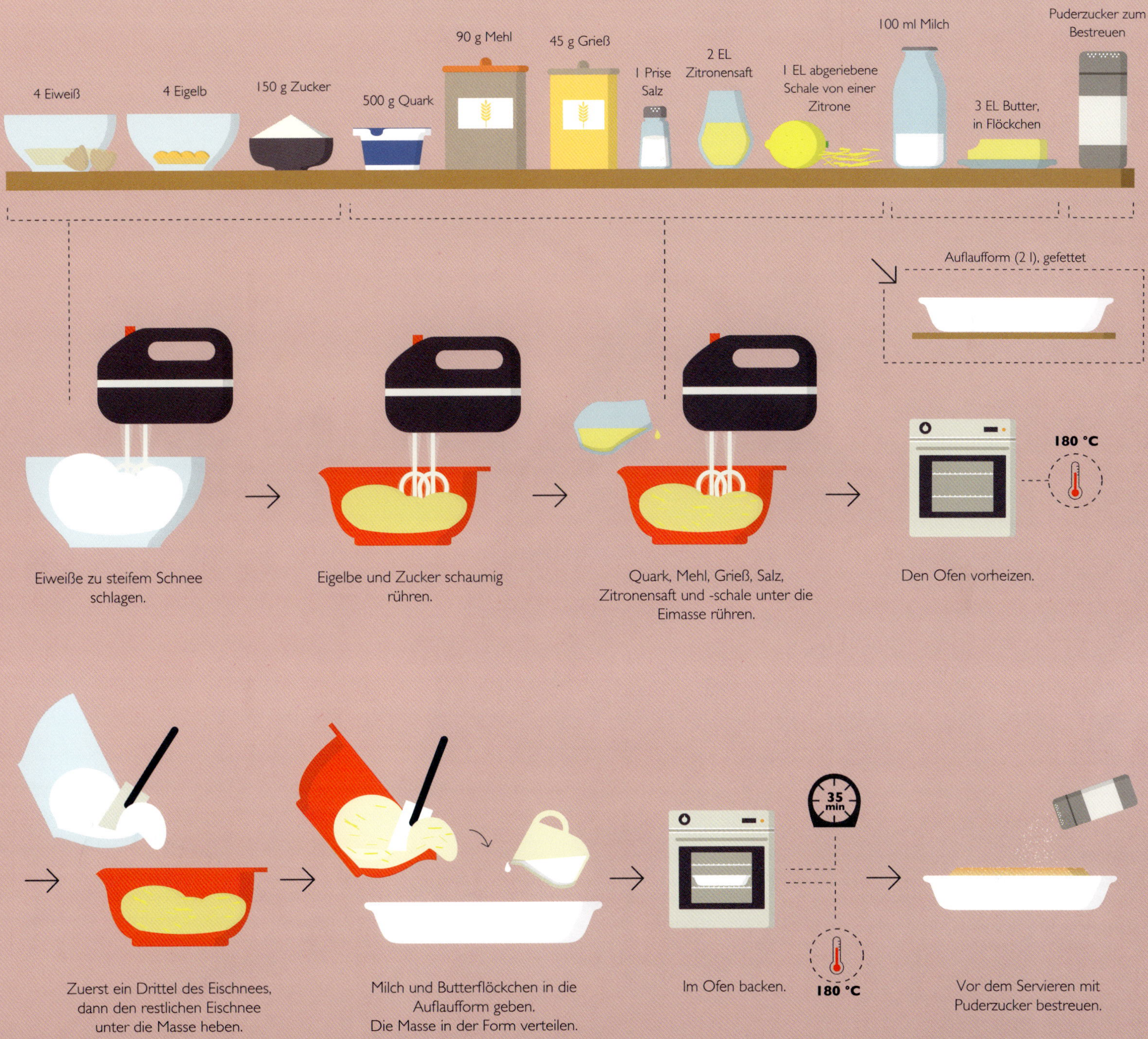

286 Gebackener Zitronenpudding

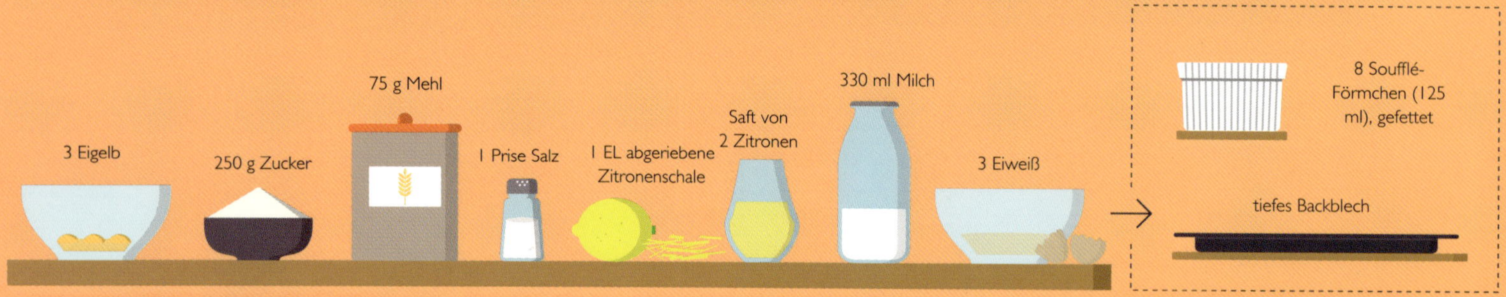

1. Eigelbe und Zucker schaumig schlagen.
2. Mehl und Salz gut unterrühren.
3. Den Ofen vorheizen.
4. Zitronenschale, Zitronensaft und Milch dazugeben und verrühren.
5. Eiweiße zu steifem Schnee schlagen.
6. Ein Drittel des Eischnees unter die Masse heben. Den restlichen Eischnee unterheben.
7. Auf die Förmchen verteilen.
8. Die Förmchen auf das Backblech stellen und heißes Wasser hineingießen, sodass die Förmchen bis zur Hälfte im Wasser stehen.
9. Backen.
10. Im Wasserbad auskühlen lassen und servieren.

287 Toffee-Pudding

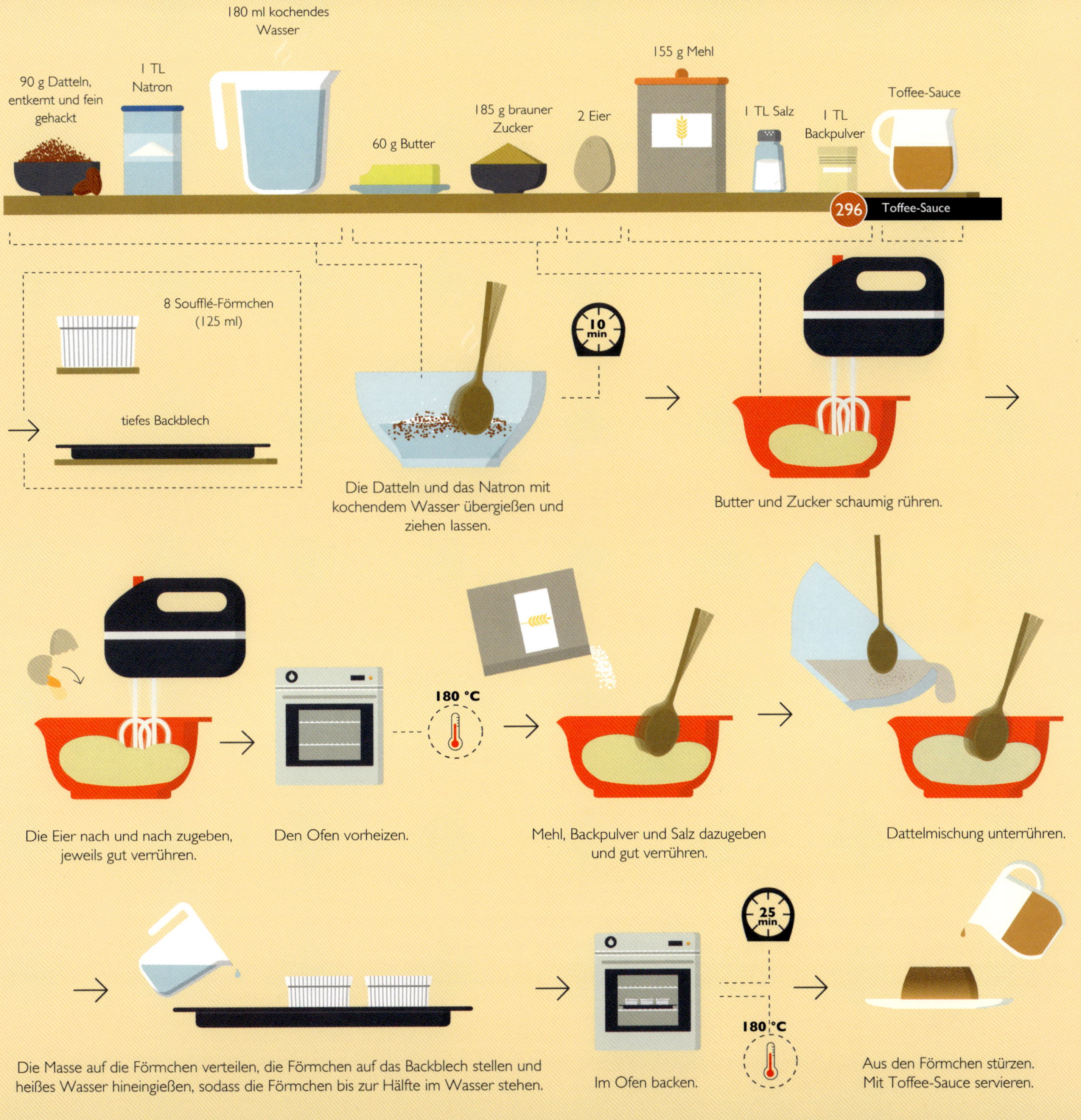

Saucen, Cremes und Glasuren

288 Pfirsichpüree

6 Pfirsiche (ca. 650 g)

50 g Zucker

1 TL Zitronensaft

* Zum Aufbewahren in Schraubgläser füllen. Die verschlossenen Gläser umgedreht abkühlen lassen. Hält im Kühlschrank 1–2 Wochen.

Pfirsiche an der Unterseite kreuzweise einritzen.

Mit kochendem Wasser übergießen. Bis 10 zählen. Das Wasser abgießen.

Die Haut von den Pfirsichen abschälen.

Pfirsichfleisch vom Stein schneiden.

Pfirsiche mit Zucker, Zitronensaft und 2 EL Wasser aufkochen und vom Herd nehmen.

Fein pürieren.

289 Bayerische Creme

- 4 Blatt Gelatine (7 g)
- 3 Eigelb
- 100 g Zucker
- 225 ml Milch
- 2 EL Cognac
- 1 TL Vanille-Aroma
- 1 Prise frisch geriebene Muskatnuss
- 225 g geschlagene Sahne

019 Mit Gelatine arbeiten
015 Sahne schlagen

Gelatine in kaltem Wasser einweichen.

Eigelbe und Zucker schaumig schlagen.

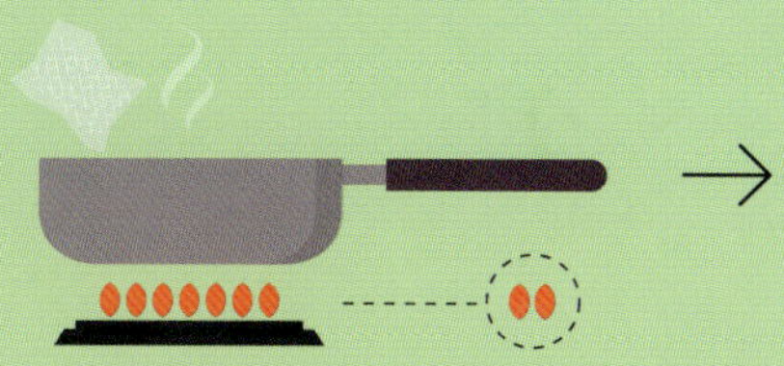

Milch erhitzen, Gelatineblätter ausdrücken und in der Milch auflösen.

Die heiße Milch unter ständigem Rühren langsam in die Eimasse gießen.

Die Mischung wieder in den Kochtopf geben und köcheln, bis die Creme eindickt.

Cognac, Vanille und Muskatnuss dazugeben.

Den Topf in eine Schüssel mit Eiswasser setzen und die Creme kalt rühren, bis sie geliert.

Die geschlagene Sahne unterrühren.

In eine Auflaufform gießen und im Kühlschrank fest werden lassen, mit Frischhaltefolie abdecken.

290 Buttercreme

✱ Zum Aufbewahren in eine Form geben und mit Frischhaltefolie abdecken. Die Frischhaltefolie direkt auf die Creme legen, damit keine Haut entsteht.

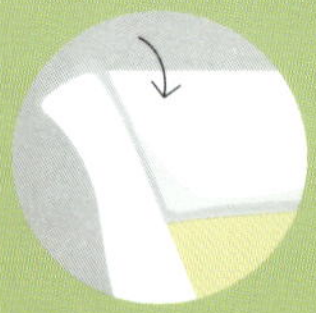

Butter und Eier 2 Stunden vor der Verarbeitung aus dem Kühlschrank nehmen.

→

Mit dem Handmixer Butter und Zucker schaumig rühren.

→

Die Eigelbe nach und nach dazugeben und cremig rühren.

291 Schokoladenbuttercreme

Wie Buttercreme zubereiten.

→

Schokolade schmelzen und unter die Buttercreme rühren.

292 Crème Pâtissière

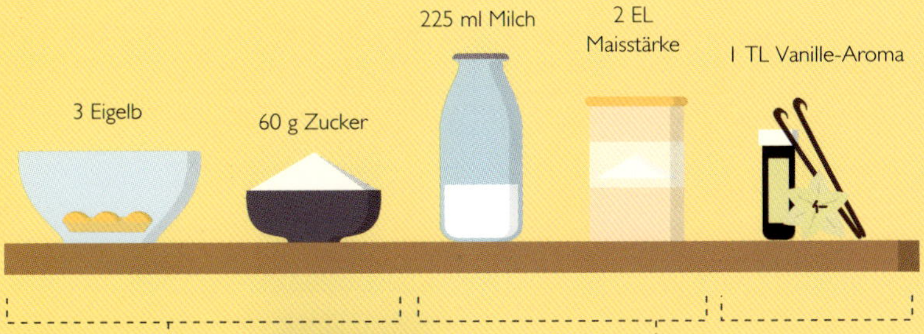

* Die Creme darf nie kochen, sonst stocken die Eigelbe. Immer mit niedriger Hitze arbeiten. Hält gekühlt bis zu 4 Tage.

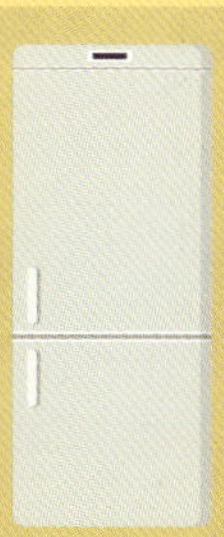

Eigelbe und Zucker schaumig schlagen.

2 EL Milch mit Maisstärke glatt rühren.

Maisstärkemischung in die Eimasse einrühren.

Milch erhitzen.

Die Milch unter ständigem Rühren langsam unter die Eimasse mischen.

In den Kochtopf füllen, Vanille dazugeben und unter ständigem Rühren simmern lassen, bis die Creme eindickt.

In eine Rührschüssel füllen.

Frischhaltefolie direkt darauflegen und kühlen.

293 Crème anglaise

250 ml Milch

180 g Sahne

1 Vanilleschote

80 g Zucker

4 Eigelb

020 Mit Vanilleschoten arbeiten

✱ Hält gekühlt 2–3 Tage.

Milch, Sahne, Vanilleschote und -mark sowie Zucker erhitzen.

Vom Herd nehmen und abkühlen lassen; die Vanilleschote entfernen.

Eigelbe schaumig schlagen.

Ein Viertel der Milchmischung mit den Eigelben vermengen.

In die restliche Milchmischung gießen.

Unter ständigem Rühren köcheln, bis die Creme eindickt.

In eine Rührschüssel gießen und abkühlen lassen, immer wieder umrühren.

Frischhaltefolie direkt darauflegen und im Kühlschrank aufbewahren.

294 Vanillesauce

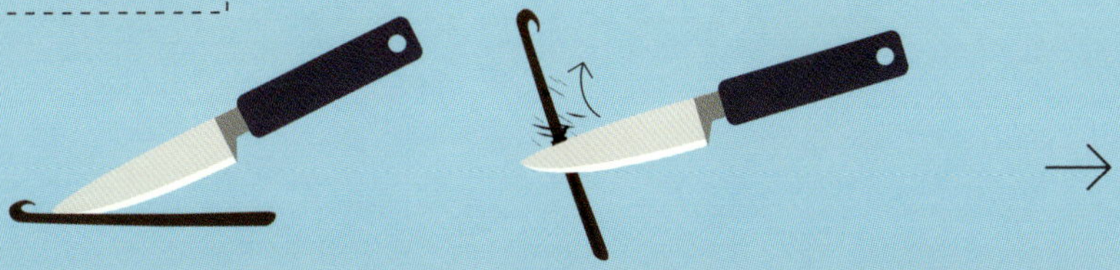

Vanilleschote aufschlitzen, Mark herauskratzen.

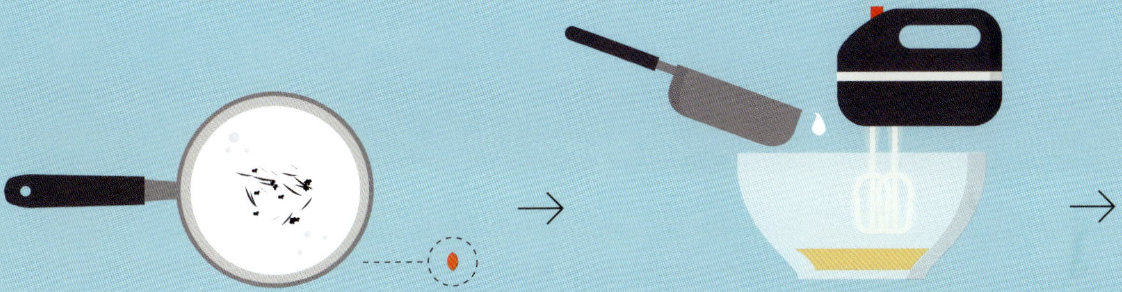

Vanillemark und -schote mit der Milch erwärmen.
Vom Herd nehmen, leicht abkühlen lassen. Schote entfernen.

Eigelbe und Zucker in einer Schüssel schaumig schlagen.
Unter ständigem Rühren ein Drittel der Vanillemilch
langsam zur Eimasse geben.

Die Mischung zur restlichen Milch geben und unter ständigem Rühren
vorsichtig erhitzen, sie darf nicht kochen.
Rühren, bis die Creme dick ist. Kann heiß oder kalt gegessen werden.

Frischhaltefolie direkt darauflegen
und im Kühlschrank aufbewahren.

295 Schokoladensauce

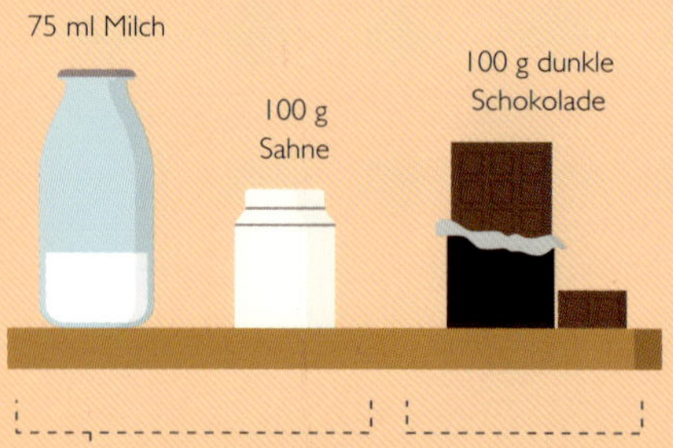

Milch und Sahne in einem kleinen Topf aufkochen und vom Feuer nehmen.

Schokolade in kleine Stücke brechen.

Die Schokoladenstückchen dazugeben und so lange rühren, bis sie vollkommen geschmolzen sind.

Nochmals erhitzen und sofort servieren.

296 Toffee-Sauce

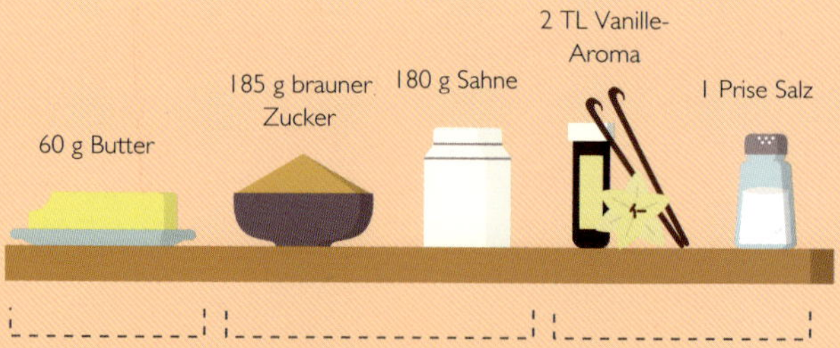

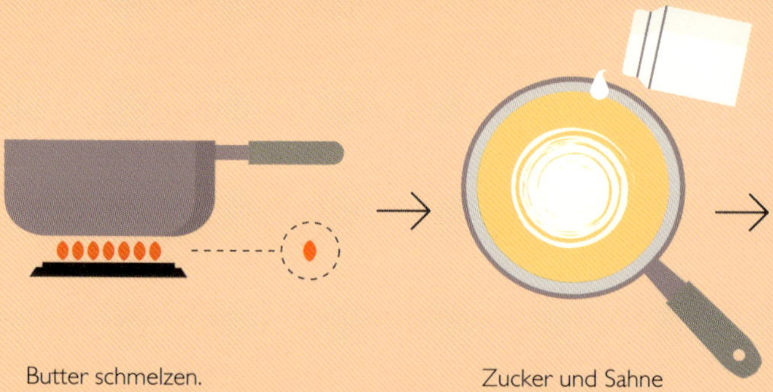

Butter schmelzen.

Zucker und Sahne dazugeben.

Unter ständigem Rühren eindicken.

Vom Herd nehmen. Vanille-Aroma und Salz dazugeben, gut verrühren.

* Die doppelte Menge zubereiten und bis zu 7 Tage gut verschlossen im Kühlschrank aufbewahren. Passt zu vielen Desserts.

297 Karamellsauce

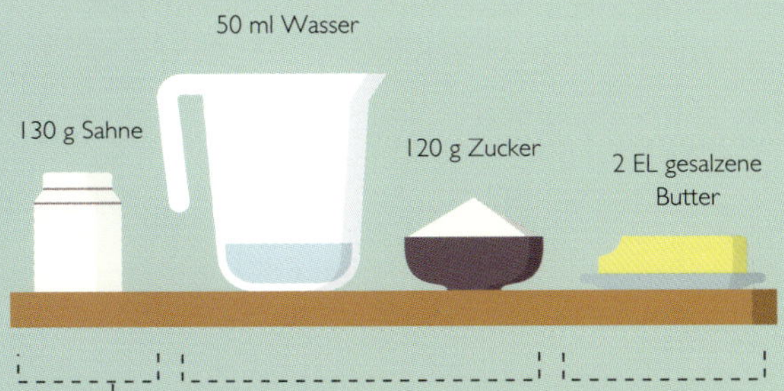

✱ Die Sauce hält mit Frischhaltefolie zugedeckt im Kühlschrank 2–3 Tage.

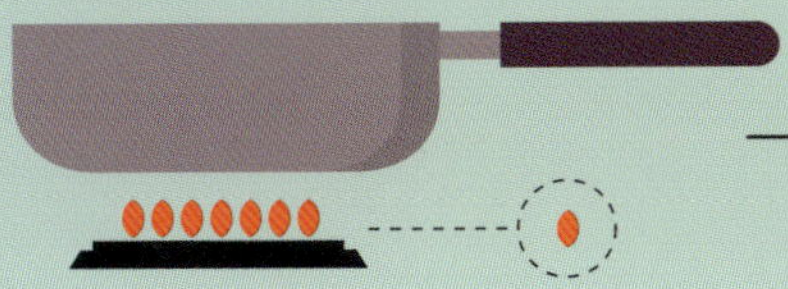

Sahne erhitzen.

In einem zweiten Topf Wasser und Zucker erhitzen, nicht rühren.

Wenn der Zucker Farbe angenommen hat, vom Herd nehmen und die heiße Sahne vorsichtig einrühren.

Wieder auf den Herd stellen und einmal aufkochen lassen, ca. 3 Minuten köcheln lassen. Butter einrühren. Die Sauce wird fest, wenn sie erkaltet.

✱ Den festen Karamell erwärmen, dann wird die Sauce wieder flüssig.

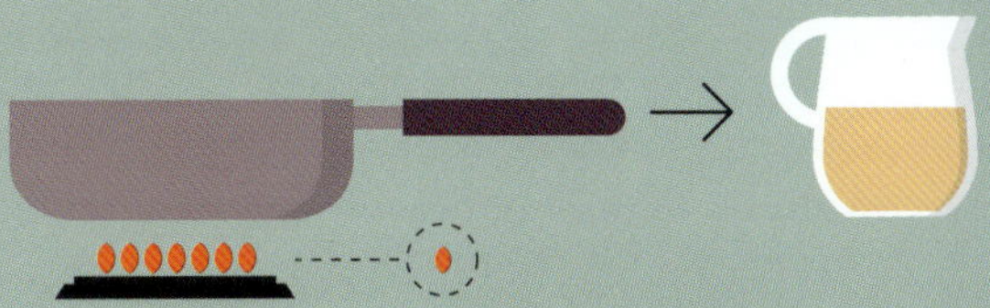

298 Fruchtsauce

2 EL Wasser

250 g gefrorene rote Beeren

60 g Zucker

2 EL Zitronensaft

1 Prise Salz

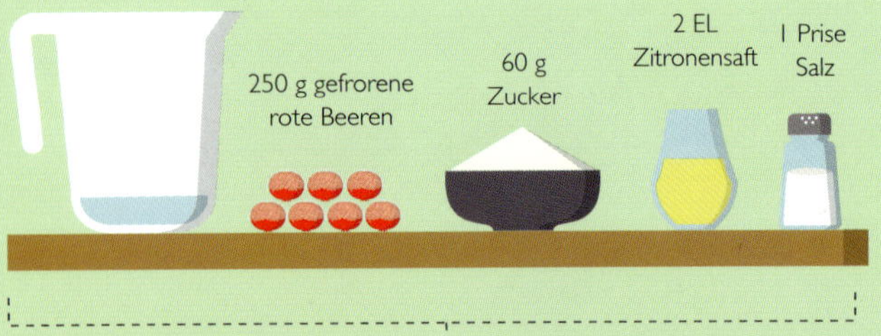

✱ Kann auch mit frischen Früchten zubereitet werden. Die Zuckermenge an die jeweiligen Früchte anpassen.

Zum Aufbewahren das Fruchtpüree noch heiß in Gläser füllen, auf dem Kopf stehend abkühlen lassen und im Kühlschrank aufbewahren. Angebrochene Gläser innerhalb von 2 Tagen verwenden.

Alle Zutaten in einem Topf gemeinsam erhitzen und rühren, bis der Zucker aufgelöst ist.

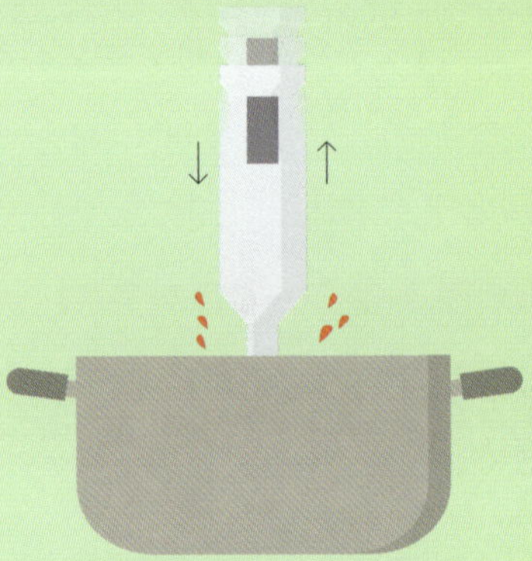

Mit dem Pürierstab pürieren.

Durch ein feines Sieb gießen, um die Körner zu entfernen.

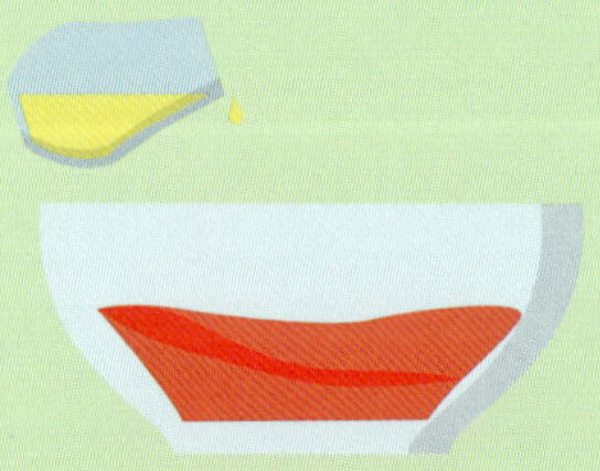

Nach Geschmack mit Zucker und Zitrone abschmecken und kalt stellen.

299 Orangensauce

110 g Zucker
60 g Butter, in kleinen Stücken
200 ml Orangensaft
2 EL Zitronensaft
2 EL abgeriebene Orangenschale
3 EL Grand Marnier

* Lässt sich im Kühlschrank in Schraubgläsern aufbewahren.

Zucker schmelzen und ohne Rühren leicht karamellisieren.

Butterstücke zugeben, mit Orangen- und Zitronensaft ablöschen.

Orangenschale dazugeben und unter Rühren kochen, bis sich der Karamell aufgelöst hat.

Vom Herd nehmen und mit Grand Marnier verfeinern. Heiß oder kalt servieren.

300 Lemon Curd

3 Eier
80 ml Zitronensaft
abgeriebene Schale von 1 Zitrone
125 g Zucker
125 g Butter in Stücken

* Die Masse darf nicht kochen, sonst gerinnt sie.

3 Eier leicht schlagen.

Zitronensaft und -schale, Zucker und Eier bei geringer Hitze im Wasserbad aufschlagen.

Nach und nach Butter dazugeben und schmelzen lassen. Ca. 10–15 Minuten schaumig rühren.

In ausgekochte Gläser füllen und verschließen. Hält im Kühlschrank ca. 2 Wochen.

301 Weinschaum

250 ml Gewürztraminer oder Muskateller

4 Eigelb

90 g Zucker

Zitronensaft zum Abschmecken

* Auf die Temperatur achten. Die Masse darf nicht kochen, sonst flockt sie aus.

Alle Zutaten miteinander verrühren. → Wasser erhitzen. → Im Wasserbad über Dampf so lange schlagen, bis die Masse schaumig und fest ist. → Sofort in Dessertschalen oder Gläsern servieren.

302 Zabaione

80 ml Marsala

4 Eigelb

90 g Zucker

Zitronensaft zum Abschmecken

Den Weißwein durch Marsala ersetzen. Wie Weinschaum zubereiten

303 Amaretto-Espuma

2 Blatt Gelatine (3,5 g)
250 ml Milch
1 Prise Salz
100 g Crème fraîche
3 EL Amaretto

019 Mit Gelatine arbeiten

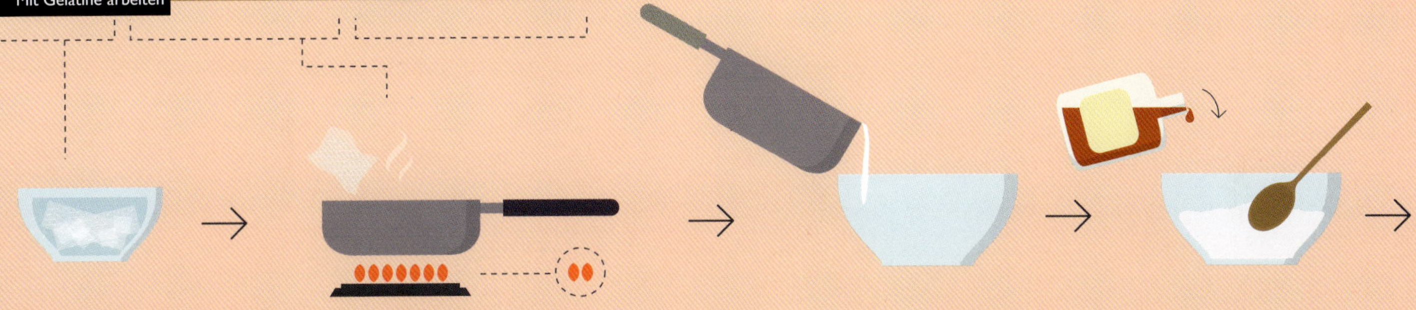

Gelatine in kaltem Wasser einweichen.

Milch mit Salz erhitzen, Gelatineblätter ausdrücken und in der Milch auflösen.

In eine Schüssel geben.

Crème fraîche und Amaretto einrühren.

Durch ein feines Sieb gießen.

Abkühlen lassen.

In einen Sahnespender füllen und kühlen.

Vor dem Servieren gut schütteln und aufsprühen.

304 Mandelschaum

2 Blatt Gelatine (3,5 g)

100 g Mandelblättchen

250 ml Milch

1 Prise Salz

100 g Crème fraîche

Gelatine in kaltem Wasser einweichen.

Mandelblättchen ohne Fett unter ständigem Rühren goldbraun rösten.

Milch und Salz in den Topf mit den Mandeln geben und aufkochen.

Ziehen lassen.

Crème fraîche einrühren.

Durch ein feines Sieb gießen, die Mandeln entfernen.

125 ml von der Mandelmilch erhitzen, Gelatineblätter ausdrücken und in der Milch auflösen.
Mit der restlichen Mandelmilch verrühren.

Abkühlen lassen.

In einen Sahnespender füllen und kühlen.

Vor dem Servieren gut schütteln und aufsprühen.

305 Zuckerglasur

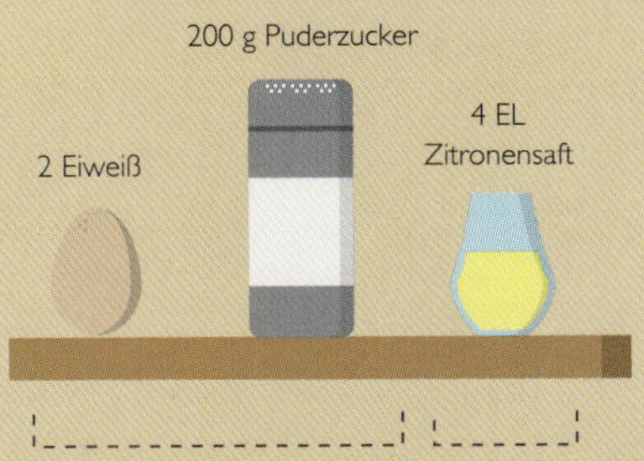

Eiweiße und Zucker in einer Schüssel mit einem Holzlöffel gut verrühren, nicht schlagen.

Zitronensaft dazugeben und gut verrühren. Zuckerglasur über Kuchen gießen und etwa 1 Stunde fest werden lassen.

306 Zuckerglasur einfärben

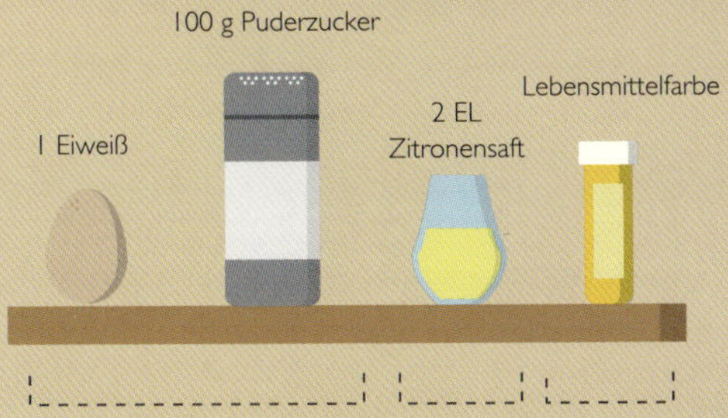

Die Zuckerglasur mit je 2–4 Tropfen Lebensmittelfarbe färben.

307 Kaffeeglasur

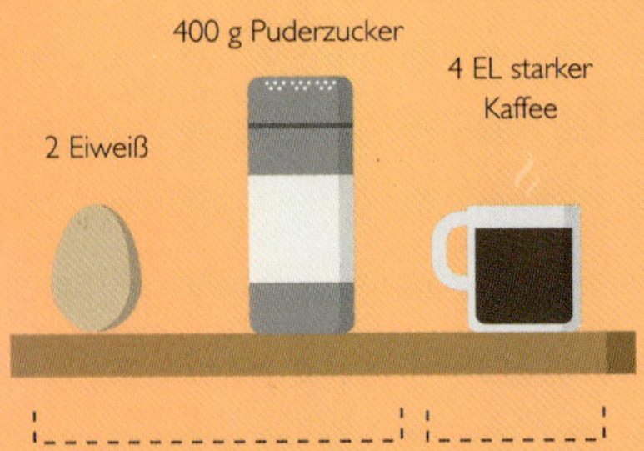

Eiweiße und Zucker in einer Schüssel verrühren, bis sich der Zucker löst, nicht schlagen.

Kaffee dazugeben und gut verrühren. Zuckerglasur über Kuchen gießen und etwa 1 Stunde fest werden lassen.

308 Frischkäseglasur

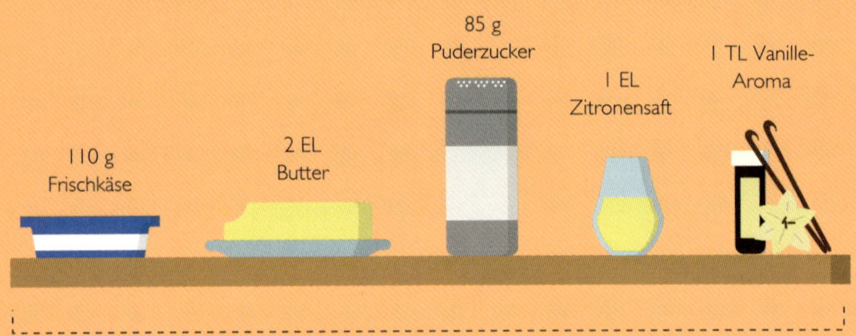

Alle Zutaten auf Zimmertemperatur bringen. Alle Zutaten glatt rühren.

Sofort verwenden oder im Kühlschrank aufbewahren.

* Hält gekühlt 2–3 Tage.

309 Schokoladenpudding

500 ml Milch
50 g Schokolade, in Stücken
1 EL Kakaopulver
40 g Zucker
2 EL Speisestärke

300 ml Milch erwärmen und die Schokolade darin schmelzen.

Die restlichen Zutaten mit 200 ml Milch glatt rühren.

Zur heißen Masse geben und unter ständigem Rühren aufkochen lassen. Auf kleiner Flamme köcheln, bis die Masse dickflüssig wird.

In Puddingformen füllen, Frischhaltefolie direkt darauflegen und kühlen.

310 Vanillepudding

1 Vanilleschote
500 ml Milch
3 Eigelb
60 g Zucker
30 g Speisestärke

Vanilleschote aufschlitzen, Mark herauskratzen.

Das Mark mit der Milch erwärmen.

Eigelbe und Zucker in einer Schüssel schaumig schlagen.

Wenn die Masse hell wird, Speisestärke einrühren. 5 EL der heißen Milch hinzufügen.

Die Masse in die heiße Milch einrühren und einmal aufkochen lassen.

In Puddingformen füllen, Frischhaltefolie direkt darauflegen und kühlen.

Macaron-Schablonen

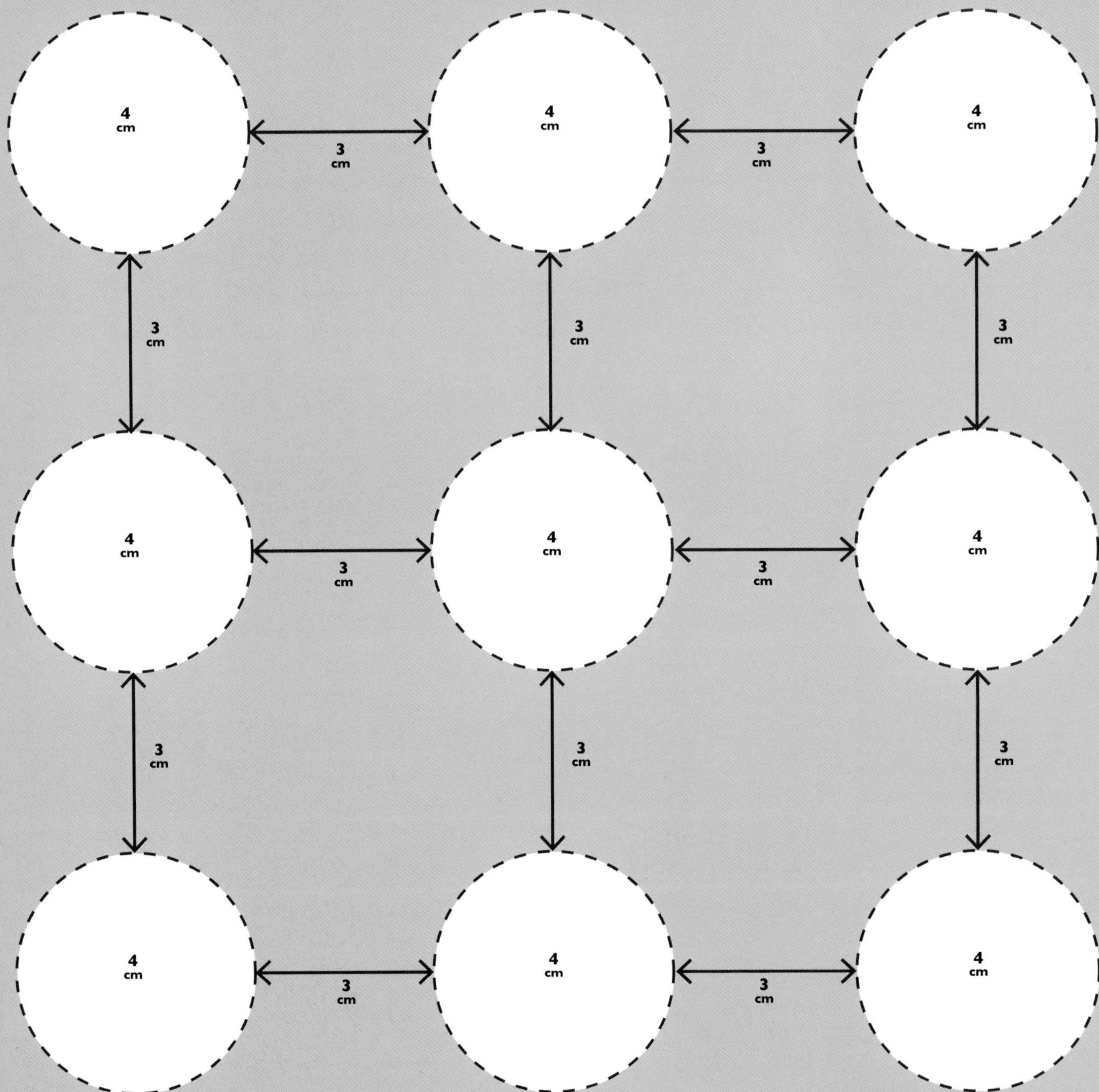

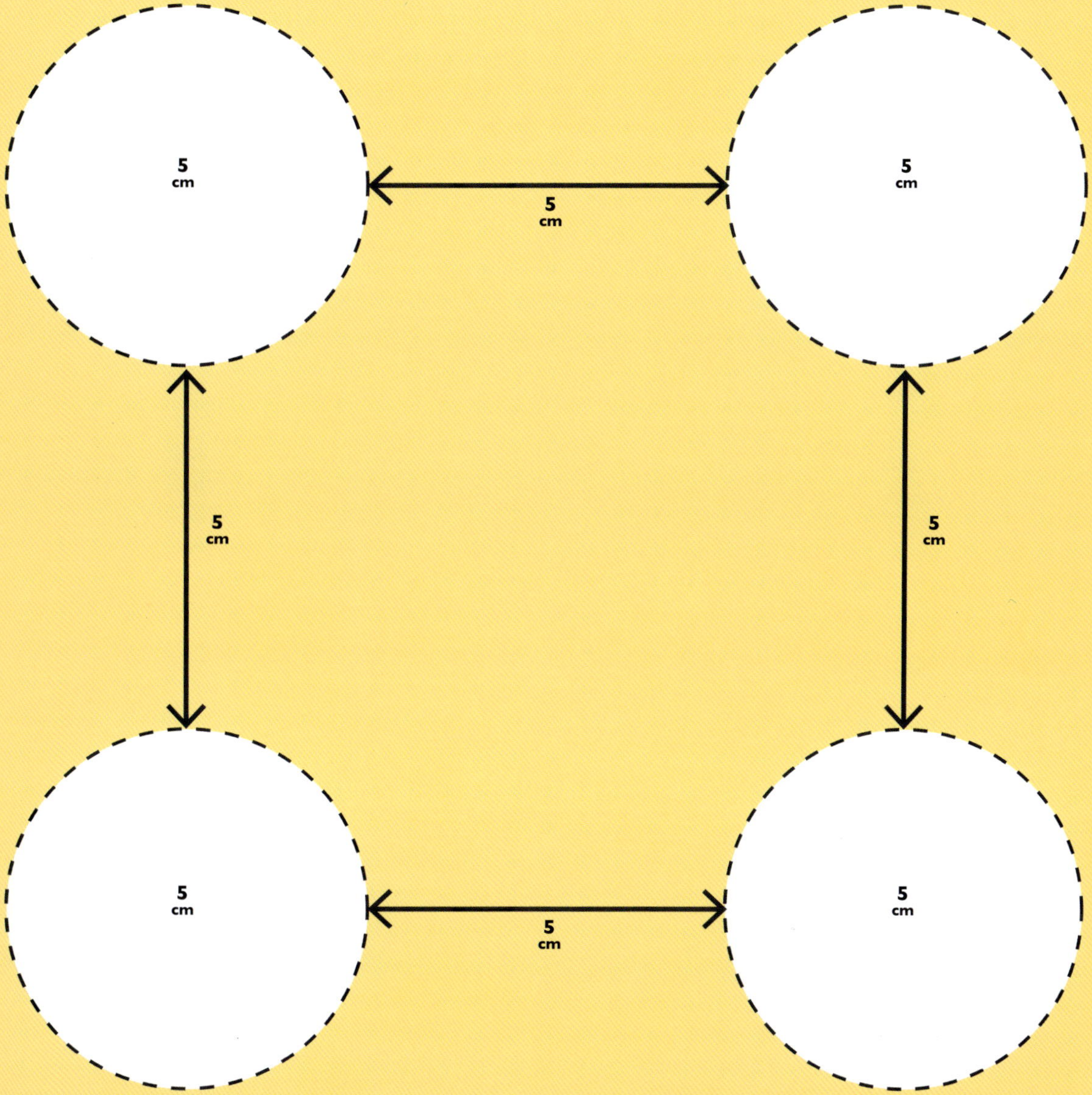
5
cm
5
cm
5
cm
5
cm
5
cm
5
cm
5
cm
5
cm

Register

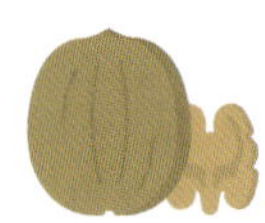

Moewig

Ein Verlag der Edel Germany GmbH

Neumühlen 17, 22763 Hamburg

www.moewig.de

1. Auflage 2015

Originaltitel: Show Me How to Bake

Autor: Gabriela Scolik
Infografik: no.parking, www.noparking.it
Lektorat: Bettina Dietrich
Team: Kathrin Raminger, Daniela Schmid

Projektkoordination: Julia Sommer
Produktion der deutschsprachigen Ausgabe:
Print Company Verlagsges.m.b.H., Wien

ISBN 978-3-86803-587-2

Printed in China by 1010 Printing International

SHOW ME NOW™